U0613191

农村土地
流转进程中耕地保护问题研究

孙丽娜 ◎ 著

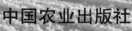

中国农业出版社
北京

图书在版编目（CIP）数据

农村土地流转进程中耕地保护问题研究 / 孙丽娜著
. —北京：中国农业出版社，2023.6
　　ISBN 978-7-109-30828-2

　　Ⅰ.①农…　Ⅱ.①孙…　Ⅲ.①耕地保护－研究－中国
Ⅳ.①F323.211

中国国家版本馆 CIP 数据核字（2023）第 109162 号

中国农业出版社出版
地址：北京市朝阳区麦子店街 18 号楼
邮编：100125
责任编辑：闫保荣　　文字编辑：何　玮
责任校对：吴丽婷
印刷：北京中兴印刷有限公司
版次：2023 年 6 月第 1 版
印次：2023 年 6 月北京第 1 次印刷
发行：新华书店北京发行所
开本：700mm×1000mm　1/16
印张：12.75
字数：220 千字
定价：68.00 元

版权所有·侵权必究
凡购买本社图书，如有印装质量问题，我社负责调换。
服务电话：010 - 59195115　010 - 59194918

在当前土地制度改革的重要阶段，推进土地流转促进农业适度规模化经营已经并将继续成为发展主流，在这样的背景下，研究土地流转与耕地保护的关系问题具有重要的现实意义。2001 年，中国农村土地流转进入依法推进阶段；2004 年以来，连续 13 年中央 1 号文件均将农村土地流转列为全国农业改革的重要课题；2008 年党的十七届三中全会通过《中共中央关于推进农村改革发展若干重大问题的决定》，明确规定农民享有稳定并长久不变的土地承包经营权，并可以依法、自愿、有偿地流转；2015 年，国家耕地保护工作会议提出，"规范有序推进土地流转，像保护大熊猫一样保护耕地"；2018 年，中央 1 号文件对实施乡村振兴战略进行了全面部署，并再次强调"推行土地流转，发展多种形式适度规模经营"以及"加大东北黑土地保护力度"。相关政策的支持极大地推进了土地流转，土地流转通过对土地、劳动力、资产等要素的重组，解决土地细碎化、农业生产效率低下等问题，带来了耕地资源空间形态及耕地质量的变化。同时，受农村土地产权制度影响，土地流转是土地经营权的流转，这就出现了为实现经营期内耕地利用效益最大化而导致的耕地资源超负荷利用或用途转用等现象，耕地质量遭到破坏、耕地非农化流转等屡见不鲜。可见，在当前阶段，土地流转对于耕地保护的作用是不确定的，揭示土地流转对耕地演变的影响，对于规范土地流转行为、保护耕地资源至关重要。

本书共分为八个章节。第一章绪论，主要阐述本研究的现实背景，梳理了中国农村土地流转政策的演进过程及中国耕地保护的政策演进过程，并从农村土地流转制度、农村土地流转市场与交易、农村土地流转方式、农村土地流转与耕地保护的关系等方面，对国外研究成果进行总结分析，从土地承包经营权的确立与保护、农村土地流转制度、农村土地流转市场与交易、农村土地流转影响因素、农村土地流转模式、农村土地流转与耕地保护的关系等方面，对国内研究成果进行总结分析，为研究开展奠定了坚实的基础。第二章相关概念界定及理论基础，对本研究的主要概念耕地、耕地安全、农村土地流转进行界定，并阐述系统科学理论、人地关系理论、资源稀缺理论、土地资源价值理论、可持续发展理论、土壤肥力理论等相关理论对本研究的指导价值，研究方法主要包括理论分析法、比较分析法、案例分析法和计量分析法等，从边际报酬递减与资产专用性两个方面对农村土地流转进行了基础的经济学理分析，本章节的内容为研究提供了理论支撑和方法指导。第三章我国典型农村土地流转案例分析，对我国典型农村土地流转地区的流转案例进行分析借鉴，主要包括重庆江津模式、浙江温州模式、浙江嘉兴模式、安徽小岗模式、上海奉贤模式、重庆开县模式和河北曲周模式，总结分析各类农村土地流转模式成功的原因，为全国农村土地流转提供参考和借鉴。第四章我国农户土地流转意愿及行为分析，主要从农民分化的视角对我国农村土地流转的影响因素进行计量分析，揭示影响农民进行土地流转的主要因素。第五章农村土地流转影响因素分析，通过建立农村土地流转评价指标体系，运用 BP 神经网络模型揭示农村土地流转的主要因素，找到影响农村土地流转的关键症结。第六章农村土地流转进程中的耕地利用变化问题，采用案例分析的方法，分别对土地流转进程中导致的耕地利用变化情况进行计量分析，主要包括耕地利用格局演变、耕地利用压力演变、耕地资产价值演变、耕地利用效益演变、耕地集约利用水平演变等多个方面，找出农村土地流转对于耕地利用变化产生的影响。第七章农村土地流转进程中的耕地利用问题，基于已取得的研究结果，从共性和个性两个方面找出对耕地利用保护产生影响的农村土地流转问题。其中，共性问题主要包括地权稳定性对耕地保护行为的影响、投资结构改变对耕地保护行为的影响、政府引导对耕地保护行为的影响，个性问题主要包括土地流转后耕地利用经济效益提高不显著、部分农民被迫流转土地后耕地利用社会效益降低、土地流转配套保障体系不健全进而影响耕地利用生态效益。第八章土地流转进程中的耕地保护对策建议及保障措施，从农村土地流转的角度提出耕地保护的对策建议，具体包括规范农村土地流转行为、稳定农村土地产权推进确权登记、财政鼓励合作增加经济效益、多因素综合协同保障粮食安全；为确保对策建议的实施提出相应的保障措施，主要包括创建农村土地流转服务平台、健全农村土地流转监督机制、完善耕地保护法律法规和促进政府管理政策落实。

CONTENTS **目　录**

前言

第一章

绪 论

一、研究背景

（一）中国农村土地流转政策演进

中华人民共和国成立之初，农村土地经历了从私有私营到公有公营的变革，公有公营模式导致农业生产效率低下，温饱问题的解决仍然面临瓶颈制约。改革开放后，我国开始探索农村土地家庭联产承包责任制，家庭联产承包责任制极大地解放了农村生产力，温饱问题逐步得到解决，但随之而来的是农村土地细碎化、分散化带来的土地无法有效适度规模经营的问题。从农村土地"两权分离"到"三权分离"，从"承包经营权"流转到"土地经营权"流转，我国农村土地经营政策的演变彰显了党和国家对保障农民利益、实行适度规模经营、提高农产品竞争力的执着追求和不懈努力。土地流转的相关政策沿革如表1-1所示。

表1-1 农村土地流转相关政策沿革

时间	文件名称	文件核心内容
1979年9月	《中共中央关于加快农业发展若干问题的决定》	不许分田单干，除某些副业生产的特殊需要和边远山区、交通不便的单家独户外，也不要包产到户
1980年9月	《关于进一步加强和完善农业生产责任制的几个问题》	群众对集体丧失信心，因而要求包产到户的，应当支持群众的要求，可以包产到户，也可以包干到户，并在一个较长的时间内保持稳定；已经实行包产到户的，如果群众不要求改变，就应允许继续实行
1982年1月	《全国农村工作会议纪要》（1982年中央1号文件）	可以包产到户，也可以包干到户，并在一个较长的时间内保持稳定；已经实行包产到户的，如果群众不要求改变，就应允许继续实行

（续）

时间	文件名称	文件核心内容
1983 年 1 月	《当前农村经济政策的若干问题》（1983 年中央 1 号文件）	分户承包的家庭经营只不过是合作经济中一个经营层次，是一种新型的家庭经济；联产承包制采取了统一经营与分散经营相结合的原则，使集体优越性和个人积极性同时得以发挥
1984 年 1 月	《关于一九八四年农村工作的通知》（1984 年中央 1 号文件）	鼓励土地逐步向种田能手集中；承包户对承包地可以转包，也可以交给集体统一安排；自留地、承包地均不准出租
1986 年 1 月	《关于一九八六年农村工作的部署》（1986 年中央 1 号文件）	随着农民向非农产业转移，鼓励耕地向种田能手集中，发展适度规模的种植专业户
1993 年 11 月	《中共中央关于建立社会主义市场经济体制若干问题的决定》	允许土地使用权依法有偿转让；本着群众自愿原则，可以采取转包、入股等多种形式发展适度规模经营，提高农业劳动生产率和土地生产率
1998 年 10 月	《中共中央关于农业和农村工作若干重大问题的决定》	土地使用权的合理流转，要坚持自愿、有偿的原则依法进行，不得以任何理由强制农户转让；少数确实具备条件的地方，可以在提高农业集约化程度和群众自愿的基础上，发展多种形式的土地适度规模经营
2001 年 12 月	《中共中央关于做好农户承包地使用权流转工作的通知》	土地流转的主体是农户，土地使用权流转必须建立在农户自愿的基础上；在承包期内，农户对承包的土地有自主的使用权、收益权和流转权，有权依法自主决定承包地是否流转和流转的形式
2009 年 12 月	《中共中央 国务院关于加大统筹城乡发展力度进一步夯实农业农村发展基础的若干意见》（2010 年中央 1 号文件）	加强土地承包经营权流转管理和服务，健全流转市场，在依法自愿有偿流转的基础上发展多种形式的适度规模经营
2013 年 11 月	《中共中央关于全面深化改革若干重大问题的决定》	稳定农村土地承包关系并保持长久不变，在坚持和完善最严格的耕地保护制度前提下，赋予农民对承包地占有、使用、收益、流转及承包经营权抵押、担保权能，允许农民以承包经营权入股发展农业产业化经营
2014 年 11 月	《关于引导农村土地经营权有序流转发展农业适度规模经营的意见》	坚持农村土地集体所有权，稳定农户承包权，放活土地经营权，以家庭承包经营为基础，推进多种经营

（续）

时间	文件名称	文件核心内容
2016 年 10 月	《关于完善农村土地所有权承包权经营权分置办法的意见》	农村土地集体所有权是土地承包权的前提，农户享有承包经营权是集体所有的具体实现形式，在土地流转中，农户承包经营权派生出土地经营权
2017 年 5 月	《关于加快构建政策体系培育新型农业经营主体的意见》	坚持农村土地集体所有，坚持家庭经营基础性地位；用市场的办法推进生产要素向新型农业经营主体优化配置；鼓励农民按照依法自愿有偿原则，通过流转土地经营权，提升土地适度规模经营水平
2018 年 9 月	《国家乡村振兴战略规划（2018—2022 年）》	衔接落实好第二轮土地承包到期后再延长 30 年的政策；完善农村承包地"三权"分置制度；在依法保护集体所有权和农户承包权前提下，平等保护土地经营权
2019 年 1 月	《关于坚持农业农村优先发展做好"三农"工作的若干意见》（2019 年中央 1 号文件）	保持农村土地承包关系稳定并长久不变；完善落实集体所有权、稳定农户承包权、放活土地经营权的法律法规和政策体系；健全土地流转规范管理制度，发展多种形式农业适度规模经营，允许承包土地的经营权担保融资
2020 年 1 月	《关于抓好"三农"领域重点工作确保如期实现全面小康的意见》（2020 年中央 1 号文件）	农村土地改革从管理转向应用，破解乡村发展用地难题，在乡村产业发展中进一步释放土地改革的红利

资料来源：根据国家发布的政策文件整理。

（二）中国耕地保护政策演进

1. 理念萌芽期

1949—1977 年，我国进行土地改革、引导农民开展互助合作运动及政治运动，耕地保护极不充分。1950 年颁布的《土地改革法》和 1951 年《关于农业生产互助合作的决议（草案）》均未提到耕地保护；1954 年《政府工作报告》中提到增施肥料、尽可能扩大耕地面积；1955 年《政府工作报告》规定了"一五"计划扩大耕地面积的最低指标，并提出合理施肥和加强技术推广站工作力度的要求；1956 年《农业生产合作社示范章程》首次提到改良土壤，修整耕地，将"耕地保护"作为促进生产的一种方式，预示着国家耕地保护政策理念的初步形成。这一时期我国政府逐渐认识到封闭式小农的弊端，耕地规模很小，农机具严重不足，因而在 1955 年规定了 5 年最低耕地面积标准和采取增补旧式农具的方式来推广一些新式农具。但是这个时期的主要任务是经济建设，优先发展重工业，如 1955 年国家决算中经济建设费用支出占本年支出总额的 46.89%，而当年农业、林业和水利支出占支出总额的 5.1%。1958—1965 年期间认识到机械化为农业生产发展的根本出路，由此大搞农具改革运动。

2. 耕地保护行为探索期

1978—1991 年，该阶段包含改革开放的第一个十年，是我国农业改革的初期，耕地保护意识不断觉醒。国内改革从农村开始。1978 年 11 月，安徽小岗村先实行"分田到户，自负盈亏"的家庭联产承包责任制，1981 年扩展到全国大多数地区。分析这一时期的《政府工作报告》发现，政府对农业的注意力和预算决算数据出现新高。1981 年《政府工作报告》首次提出合理利用土地是国策；1986 年指出要大力加强农业科学技术的开发研究和推广应用，动员和组织更多的科技人员到农村去；1987 年提出要切实保护农业耕地；1989 年提出要鼓励广大农民积极增施农家肥，改善土壤结构；1991 年提出要扩大绿肥面积，提倡增施农家肥，推广秸秆还田。1983 年中央 1 号文件指出耕地减少是农村三大隐患之一，1986 年通过《中华人民共和国土地管理法》，首次以立法形式确定保护土地是基本国策。这一时期支援农村人民公社和各项农业事业的费用持续增长，1978 年为 76.95 亿元，比 1977 年增加 51.8%，除 1984 年不变外，1985—1991 年平均增长率为 16.08%，最大增长幅度为 1990 年的 27.48%，最低增长幅度为 1987 年的 7.93%。

3. 耕地保护体系初建期

1992—2003 年，该阶段耕地保护有所进展，耕地保护体系初步建立。中央政府对耕地保护的政策力度持续增加，中央支出决算先大幅下降，再缓慢回升。耕地保护进入有法可依的新阶段，如 1993 年通过《中华人民共和国农业法》（以下简称《农业法》）、《九十年代中国农业发展纲要》（以下简称《纲要》）和《中华人民共和国农业技术推广法》（以下简称《农业技术推广法》）；1994 年通过《基本农田保护条例》（表 1-2）；1998 年修订《中华人民共和国土地管理法》（以下简称《土地管理法》）；2002 年修订《农业法》和《中华人民共和国草原法》（以下简称《草原法》）。透析这些文件发现，1992 年《政府工作报告》提出要切实保护耕地，搞好水土保持；1993 年《纲要》提出采取综合治理措施，提高现有耕地的质量；1994 年《政府工作报告》提出要十分爱惜和重视保护耕地。支援农村生产和各项农业事业的费用从 1992 年的 269.12 亿元下降到 1996 年的 42.76 亿元，尔后逐年增加，1999—2003 年分别为 87.41 亿元、77.42 亿元、99.09 亿元、135.59 亿元和 194.39 亿元。其中，1997 年、1999 年、2000 年决算数未完成预算数，说明耕地保护政策的执行力度不足，这与耕地保护易受外部环境和经济条件的影响有关。在旱灾的影响下，2000 年粮食种植面积、粮食产量和农民收入下降至该阶段最低，2003 年粮食减产较为严重。

4. 耕地保护补贴调整期

该阶段进入"工业反哺农业"时期，国家不断加强耕地保护支持力度，并完善补贴政策。自 2004 年以来，中央 1 号文件（除 2011 年）和《政府工作报告》连续 15 年涉及"耕地保护""补贴"等。例如，2005 年中央 1 号文件提出最严格的耕地保护制度；2006 年《政府工作报告》中提出农业部实施测土配方施肥行动；2007 年《政府工作报告》中提到耕地保护红线；2011 年《政府工作报告》中提到要探索建立耕地保护补偿机制；2015 年《政府工作报告》指出中央财政专项安排 5 亿元资金支持黑土地保护利用试点。另外，2012 年重新修订《农业技术推广法》，标志着农业技术推广的法制化程度不断提高。2016 年我国实行农业补贴改革，将"三项补贴"合并为"农业支持保护补贴"，此后国家持续重视农业资源保护和利用，对补贴政策进行制度上的调整，补贴政策文件数量加速增长。例如，2016 年国务院印发《全国农业现代化规划（2016—2020 年）》，提出环境友好的农业现代化；2017 年印发《关于创新体制机制推进农业绿色发展的意见》，提出建立耕地地力保护补贴机制，同年，农业部印发《东北黑土地保护规划纲要（2017—2030 年）》。2018 年国务院机构改革，组建生态环境部和自然资源部，显示国家决策层的理念共识——生态环境保护是民生问题。同年，国务院先后发布的 3 个文件都与扩大耕地轮作休耕制度试点有关，又有 2 个文件分别提出要明确耕地保护的政府责任和建立以绿色生态为导向的农业补贴制度。主要从国家层面发起的这些文件初步体现耕地保护从部门问题向民生问题演变。在资金上，2004 年中央政府支持"三农"力度空前，用于农林水气的支出达 665 亿元，除 2008 年、2011 年和 2017 年外，其他各年农林水气事务中央财政支出决算数都超过预算数。国家不断优化耕地补贴政策，农业生产支持和技术补贴在 2010—2015 年期间波动起伏、增加较小，2016 年到达 46.85 亿元的顶点后，2017 年陡降至 7.99 亿元，2018 年继续下降为 4.59 亿元。而农业资源保护与利用补贴额逐年增加，从 2010 年的 2.04 亿元增加到 2018 年的 11.38 亿元。自此，我国耕地保护补贴政策从增量改革进入存量优化的阶段。

表 1-2　农村土地流转相关政策沿革

时间	出台政策/文件/法律	政策/文件/法律有关内容
1981 年	政府工作报告	提出"十分珍惜每寸土地，合理利用每寸土地"
1986 年	中华人民共和国土地管理法	十分珍惜和合理利用每寸土地
1987 年	耕地占用税	
1994 年	基本农田保护条例	建立健全基本农田保护制度
1996 年		实行耕地总量动态平衡
1997 年	耕地破坏罪	
1998 年	土地管理法（修订）	十分珍惜、合理利用每一寸土地，切实保护耕地
1998 年	基本农田保护条例	
1999 年		耕地占补（量）平衡
2004 年	国务院关于深化改革严格土地管理的规定	实行最严格的耕地保护制度
2005 年	中央 1 号文件	切实提高耕地质量
2006 年	中央 1 号文件	耕地占补（质）平衡
2007 年	中央 1 号文件	强化和落实耕地保护责任制，守住 18 亿亩红线
2008 年	中央 1 号文件	永久基本农田，加强基本农田保护，耕地占用税
2010 年	中央 1 号文件	建立耕地保护补偿机制
2012 年		高标准基本农田，数量管控—质量管理—生态管护
2014 年	国土资源部农业部关于进一步做好永久基本农田划定工作的通知	重金属污染耕地修复试点
2015 年		健全耕地保护补偿
2016 年		耕地地力保护和粮食产能提升
2017 年	中央 4 号文件	耕地轮作休耕制度，占补平衡跨省域调剂
2018 年		规模推进高标准农田建设
2019 年		耕地保护基金，落实永久基本农田特殊保护制度

二、研究意义

在当前土地制度改革的重要阶段，推进土地流转促进农业适度规模化经营已经并将继续成为发展主流，在这样的背景下，研究土地流转与耕地保护关系具有重要的现实意义。2001 年，中国农村土地流转进入依法推进阶段；2004 年以来，连续 13 年中央 1 号文件均将农村土地流转列为全国农业改革的重要课题；2008 年十七届三中全会通过《中共中央关于推进农村改革发展若干重大问题的决定》，明确规定农民享有稳定且长久不变的土地承包经营权，并可以依法、自愿、有偿地流转；2015 年国家耕地保护工作会议提出："规范有序推进土地流转，像保护大熊猫一样保护耕地"；2018 年中央 1 号文件再次强调"推行土地流转，发展多种形式适度规模经营"以及"加大东北黑土地保护力度"。相关政策的支持作用极大地推进了土地流转，土地流转通过对土地、劳动力、资产等要素的重组，解决土地细碎化、农业生产效率低下等问题，带来了耕地资源空间形态及耕地质量的变化。同时，受农村土地产权制度影响，土地流转是土地经营权的流转，这就出现了为实现经营期内耕地利用效益最大化而导致耕地资源超负荷利用或用途转用等现象，耕地质量遭到破坏、耕地"非农化"流转等现象屡见不鲜。可见，在当前阶段，土地流转对于耕地保护的作用是不确定的，揭示土地流转对耕地演变的作用机理，对于规范土地流转行为、保护耕地资源至关重要。

三、国内外研究综述

（一）国外研究动态

1. 农村土地流转制度研究

科斯在《社会成本问题》一文中较早对土地制度进行研究，指出如果交易费用为零，则无论土地产权制度是否影响经济效率，人们总能够通过谈判达到帕累托最优的结果；当交易费用为正时，则不同土地产权制度安排具有不同的资源效率配置。土地制度的出现和土地产权界定决定了土地资源的配置效率。实际上产权越接近完整产权，则人们对产品归属自己的预期越稳定，越会寻求更加有利的资源利用方式，借以实现资源的有效配置和利用。国外对土地产权稳定性的研究显示，土地产权的稳定性是土地所有者进行长期投资的关键，如果这些权利受到的限制越多，也就是说，土地产权越不完整，投资激励将会越弱，土地效率也就越低下。而土地产权的稳定和土地市场功能的发挥是由土地制度体现，土地制度则是由正式制度和非正式制度构成，正式制度包括法院系统、政策、合法的土地调查登记和公告的代理机构，非正式制度是指社会规范、信仰、习俗等。

D. C. North 的制度变迁理论认为，制度的改进同技术进步一样可以提高经济效率，是内在动力和外部竞争共同作用导致的结果。制度变迁理论对认识农村土地制度变迁、指导农村土地制度改革有着重要的作用。1984 年，诱致性制度变迁假说正式提出，认为所有权的变迁受到某一要素相对价格的诱导，相对价格提高的要素的所有权更趋向于向私人占有的方向发展，比如当土地的相对价格提高时，土地的所有权更趋向于私人占有。

西奥多·舒尔茨在《改造传统农业》中指出，通过对农产品和生产要素的价格变动控制市场规模，通过所有权和经营权合一的、能够适应市场变化的家庭农场的方式来改造传统农业和不同所有制形式。瑞士农业经济学家也指出，大多数发展中国家在二战以后缺乏完善的金融、保险市场以及社会保障制度，绝大多数国家的土地改革出现了土地集中和两极分化，导致了经济效率和社会稳定的丧失。在此情况下，土地租赁被认为是带来土地资源分配效率的有效形式，比土地买卖市场更有效率。

各国国情和发展的不同使得各国土地流转制度不尽相同。目前，美、英、法、日的土地流转制度比较具有代表性。但是，从世界范围来看，土地使用权的强化成为一种发展趋势，土地的所有权和使用权分离已经成为普遍选择。各国都在将土地权属制度的重心由土地归属转移到土地利用上，在一定程度上摆脱了对土地所有制性质的讨论，而是将关注的焦点转移到土地资源的使用效率与土地收益的分配公平上。

2. 农村土地流转市场与交易研究

由于土地制度的差异，国外没有土地流转的概念，更多学者研究的是土地市场、土地交易和土地的租佃问题。传统的土地租佃市场主要关注佃农（租入者）或佃农与地主之间的关系，近些年也有文献分析了要素市场不完善对土地租佃市场发展的影响。例如，学者们分别从不同角度强调了信贷约束的影响、劳动力市场的不完善对租佃的影响等，还有学者分析了转型经济国家农户参与土地租佃市场的决定因素，在要素市场不完善假设的基础上，建立了农户参与土地租佃市场的模型，说明了农户的经营能力、土地禀赋、土地质量和租金、租佃的交易成本、信贷市场的不完善和非农就业约束都是影响农户土地租佃行为的重要因素。

俄罗斯自 1990 年彻底实施土地产权私有化改革以来，农地流转非常活跃，农地交易市场迅速发展，农村土地市场的交易在所有的私人土地交易中占有绝对比例。2000 年，乡村土地交易占所有私人土地交易的 42%，土地租赁约占全部土地市场交易的 90%。相比较而言，土地所有权买卖所占比例极低，农户并不希望出售自己的土地。印度相关研究表明，自 20 世纪 70 年代政府实行了土地改革后，通过推行政府干预农地市场的制度活跃了农地市场中的私人土地交易，使得穷人和无地的农户获得了土地。但是，土地租佃市场受到交易成本等其他要素以及市场不完善性的影响，农户通过租佃市场来调整土地经营面积并不十分顺利。匈牙利研究发现，1994 年的农地买卖占全部农地比例的7%，尽管东欧前社会主义国家在 20 世纪 90 年代普遍实行农村土地私有制，但对农地买卖实行了严格的限制，农地所有权买卖比较少。

美国研究认为，政府干预会影响土地市场，导致土地市场的低效率和对穷人的歧视，好的土地交易管理须具备完善的制度体制，应该建立土地信息系统提供土地价格、附加投资以及地租等信息；建立地界纠纷处理系统用于调节土地划分的变动，促进土地以较快的速度和合理的成本进行交易，解决土地交易争端和实施所有权；建立土地估价系统，依据地块大小、所有关系、产量、投入及产出等，估计地块的市场价，为农村土地流转交易提供价格信息；地方政府和社区提供专门的土地技术支持，对因为公共目的进行的土地征用进行合理补偿等。

在研究方法上，有学者利用一般土地租借均衡模型来说明农村土地市场和信息是否有效。小规模土地经营状况研究认为农业生产的联合经营会减少土地交易的障碍，但必须有清楚的土地所有关系和正式授权的土地证书。帕金斯对中国长江中下游和其他高度商品化地区以及主要产米富足的地方的农地制度研究后认为，即使有某种机会，农民也不会轻易地出卖他们的土地，长期和永久的租佃契约是农民利用土地的主要做法。许多外国学者对本国农村土地产权进行了深入的研究，Ciaian 等人对欧盟 11 个国家 18 个区域进行研究发现，政府对农业的支持程度是影响土地交易市场化进程的重要因素；Dieninge 等人认为，农村金融市场、农民的资产组合和劳动力成本是影响农民土地流转的主要因素。

3. 农村土地流转方式研究

在商品经济社会里，所有权流转是最基本的方式，不仅可以实现社会财富的增加，还会影响社会财富在社会成员之间的分配。把资本运用于土地上面，将土地和资本进行相互比较、相互交换，以满足人们致富的需要。商品经济社会极力倡导的自由竞争市场经济思想也主张实现土地的自由买卖。对俄罗斯5个省进行调查的结果显示，2000年乡村土地交易占了所有私有土地交易的42%，而这种交易有利于经济的发展。

然而，土地交易容易导致土地集中，并引发很多社会问题。从经济学的角度分析土地市场，认为土地可以进行公开买卖，但其过程中会发生市场失效，造成土地利用的动荡，政府要干预市场以弥补市场缺陷。因此，许多国家和政府都会对土地买卖采取一定程度的干预和限制。对中欧国家土地私有化的研究显示，社会环境和经济发展影响着农户土地所有权的买卖，对于土地的买卖，农户试图在利润与安全之间寻求一种平衡。其他研究也发现，土地如同其他商品一样，其买卖不仅仅受到经济因素的影响，还受到其他许多因素的影响。从各国土地流转的发展情况来看，土地买卖所占比例非常小。例如，美国土地买卖比例为2%～5%，英国约为1%，印度仅0.19%～1.23%，匈牙利为7%。

土地租赁是目前土地流转最为流行的模式。通过对世界各国土地流转情况的研究发现，越来越多的农户获取土地的方式是土地租赁而不是土地买卖。在土地资源配置过程中，土地租赁是土地开发和利用最为普遍的方式。还有研究显示，由于缺乏农村金融和保险市场以及必要的社会保障，绝大多数进行土地改革的国家在市场机制作用下出现了土地集中和两极分化，从而导致了经济效率低下和社会稳定丧失。并且，在很多发展中国家，土地的买卖不仅不能缓解贫困和改善土地资源配置，反而可能使失去土地的农民失去攀登社会阶级的机会。因此，土地租赁比土地买卖更具有效率。

在研究土地私有化时，Terry发现经济发展和社会环境对农民的土地所有权交易有更大的影响，农民参与度受到土地交易收入和安全心理的影响。Binswanger认为，由于农村金融和保险市场不发达以及缺乏社会保障支持，二战后的土地改革经历了不同程度的两极分化和土地集中，对社会的稳定造成影响并导致经济效率低下。从经济学角度对土地市场进行研究，Macmilillan认为土地可以公开买卖，但必须有政府的大力支持，以弥补交易过程中的市场失灵，避免土地市场过度波动。因此，政府干预和对土地交易进行限制是合理的。

4. 农村土地流转与耕地保护关系研究

由于各个国家的性质、政策、制度等不同，发展阶段也存在差异，因此所面临的土地问题也不尽相同。土地流转"三权分置"的制度安排具有浓厚的中国特色，国外可以搜集到的相关研究相当有限。但值得参考的是国外在土地产权及土地流转方面的研究。

在土地产权方面，国外研究成果较为丰富。如 Erik Lichtenberg（2004）认为农业土地资源的最佳配置是一个限制因素，并且土地产权制度不安全，这导致土地生产力的投入减少。Gou S. T（1996）从经济学角度分析土地市场运行机制问题，认为自由的土地交易会使土地市场失灵，政府要适时干预市场，以弥补市场机制中存在的缺陷。

在土地流转方面，Klaus Deininger（2006）认为在土地流转机制中，相较于行政机制，市场机制可以更好地提高土地利用的效率。Brandt Loren（1985）长期关注我国农村土地流转市场的变化，认为由于我国缺少行之有效的土地流转制度和措施，所以我国农村土地市场机制不健全。George Vachadze（2013）研究了土地市场自由化对资本积累的动态效果，认为伴随着农业技术转变，土地市场自由化难以导致发达国家和发展国家的双赢结果。美国学者 Ranjan 等根据对农户的随机访谈，认为农户缺乏保护非自有耕地的积极性。Klaus 等认为，农户对投资成本回收的稳定性反应灵敏，流转户对耕地的长期投资倾向与其预期收益的稳定性显著相关。根据相关理论研究及国际经验，产权明晰的土地流转市场在影响农户投资水平、稳定耕地质量上有积极作用。有关耕地的产权与耕地保护决策的回归结果说明，耕地使用权的高保障激励农户支付生态费用。Kamau 等调查发现农户对土壤改良剂等维持耕地质量的生产资料的需求直接受租金的影响。

（二）国内研究现状

1. 土地承包经营权的确立与巩固

（1）土地承包经营权的确立。邓小平同志在中共十一届三中全会闭幕式上发表的《解放思想，实事求是，团结一致向前看》的重要讲话，以及党的十一届三中全会通过的《中共中央关于加快农业发展若干问题的决定（草案）》打破了中国计划经济的框架，"包产到户""包干到户"等生产责任制迅速推开，到 1981 年 10 月，全国农村基本核算单位中，建立各种形式生产责任制的已占97.8％。1983 年 1 月，中共中央发布《当前农村经济政策的若干问题》，高度评价了以包产到户为主的农业生产责任制的实行，肯定了家庭联产承包责任制是长期发展的方向。农民由于获得了土地的经营权，生产积极性得到提高，到

1984 年，粮食产量达到了全国粮食产量的最高水平，林毅夫通过测算认为其中大约一半得益于家庭联产承包责任制所带来的劳动生产率的提高。家庭联产承包责任制是迄今为止中国农村最为成功的制度变迁之一，其实质是一种社会结构的调整和利益的重新分配，通过对村社集体和农民在土地和其他农业生产资料所有权上的分配，使农民获得土地、耕畜以及农具等生产资料的自主经营权，有效地提高了劳动效率，降低了监督成本，增加了农民福利的保障以及公共积累。

（2）土地承包经营权的巩固。自家庭联产承包责任制确立以后，中国实行了所有权和经营权"两权分离"的土地制度，并从法律层面不断巩固农民的土地承包经营权，沿着赋予农民长期且有保障的经营权的方向发展。早期的土地承包经营关系基本上处于一种自发的状态，1983 年的中央 1 号文件肯定了联产承包制，从政策层面上开始了土地承包经营关系的法定化进程。其后，1986 年 4 月《中华人民共和国民法通则》规定："公民、集体依法对集体所有的或国家所有由集体使用的土地的承包经营权，受法律保护。承包双方的权利和义务，依照法律由承包合同规定。"同年 6 月，《中华人民共和国土地管理法》出台，以立法形式对土地所有权和承包经营权进行保护。1993 年家庭联产承包责任制写入《中华人民共和国宪法》，土地承包经营关系上升到了宪法高度。2002 年 8 月《中华人民共和国农村土地承包法》开启了以土地利用为中心的物权制度的新阶段，明确了承包方、发包方的权利和义务，并规定了"承包期内，发包方不得收回承包地"，进一步强化了土地承包经营权的稳定。2007 年的《中华人民共和国物权法》对土地承包经营关系进行了更加明确具体的规定，使承包经营权的法定化程度达到了相对完备的状态，真正确定了家庭承包经营权的物化权。

党的十七届三中全会通过的《中共中央关于推进农村改革发展若干重大问题的决定》提出"赋予农民更加充分而有保障的土地承包经营权，现有土地承包关系要保持稳定并长久不变。"把"长久不变"写入党的全会决议，反映了人民群众的意愿，妥善解决了遗留问题。2013 年，党的十八届三中全会通过的《中共中央关于全面深化改革若干重大问题的决定》提出农村土地制度改革问题，主要包括建立统一的城乡建设用地和坚持农村土地集体所有权，赋予农民对承包地的流转权能；同年，中央农村经济工作会议聚焦农村土地流转问题，提出农村承包地和集体建设用地的确权工作将相应展开；2014 年中央 1 号文件提出深化农村土地制度改革，主要包括完善农村土地承包政策、引导和示范农村集体经营性建设用地入市、完善农村宅基地管理制度和加快推进征地制度改革四个方面，这些都是对现有土地承包关系的进一步发展。

2. 农村土地流转制度研究

农村土地流转离不开土地制度。林毅夫等研究了我国农村的基本经济制度，中央政府是农村土地流转制度的制定者，从 1984 年开始，中央 1 号文件鼓励土地使用权向种田能手集中，明确了承包期内的土地使用权可以在农民自愿的基础上依法、有偿流转，规定合理流转要坚持自愿、有偿的原则，不得强制农户转让。2002 年《中华人民共和国农村土地承包法》第一次以法律形式明确了农村土地承包期，具体规定了参与土地流转的主体、权限和方式等内容，这些制度鼓励了农村土地流转。

陈锡文研究认为地方政府一方面提供适合当地的土地流转制度，另一方面又充当着土地流转的主体。农村集体经济组织拥有对土地进行行政性调整的权力，频繁地调整抑制了农村土地流转市场机制的发育。为此，既要在经济上降低或消除土地行政性调整给乡村干部带来的收益，又要借助于农村综合改革，建立起有效的约束和监督机制，最大限度地抑制可能产生的机会主义行为。李晓明、廖小军研究认为，农村土地制度是村集体共同决策的结果，不同的制度造成了不同的资源配置方式和不同的资源配置效率，制度不稳定会降低农户进行长期投资的积极性，造成生产率的损失。研究表明应该加快土地承包经营权的"物权化"进程，尽快建立土地交易制度，完善土地流转市场，政府或集体经济组织的介入必须注意合理的边界。

3. 农村土地经营权流转交易市场

土地资源是否被充分利用关键取决于农村土地经营权流转交易市场的发育程度。然而，目前中国农村土地经营权流转交易市场的现状是：农村土地经营权流转交易市场处于初级阶段，发育缓慢，具有显著的区域差异性；基层政府对农村土地经营权流转交易市场的干预力度不够，市场垄断现象严重，交易双方市场信息不对称严重，不公平的市场交易较多；农村社会保障法律制度缺位，限制了农民参与土地流转的积极性；农户土地需求意愿远高于供给；流转土地规模比较小；土地转包的期限较短，而且不稳定；大多数土地流转没有书面合同。

影响农村土地经营权流转交易市场发展的因素是多方面的。其中，产权和制度因素是制约中国农村土地经营权流转交易市场发展的主要因素，此外，农户家庭人口数、非农人口比例、农民受教育程度以及区位条件等也是显著影响因素。为了建设和完善我国农村土地经营权流转交易市场，首先，政府应转变观念，帮助市场机制趋于完善，而不应该以市场发育不健全为借口来随意扩大政府干预市场的权利范围；其次，成立专门的中介组织，以组织和提供土地流转所需的启动资金、建立和保管土地登记档案、解决交易纠纷等；第三，建立农村土地流转委托代理权利均衡机制、农村集体经济组织、村民委员会人员的动态筛选机制和稽查特派员制度；第四，完善价格机制，确定合理的利益分配原则；第五，加强国家宏观管理和土地市场法规制定，包括建立农村社会保障法律体系、加快农村社会保障相关政策的制订与完善、法律责任与监督机制的确立等。

4. 农村土地流转影响因素分析

我国土地流转影响因素的相关研究表明，土地产权、市场机制、社会保障以及政府干预等与土地流转存在密切关系。在我国家庭联产承包责任制中，土地产权模糊是土地流转的最大障碍这点在理论界已经达成了普遍共识。中国土地改革取得了三方面的成就：一是土地承包制的建立促进了土地和劳动力的融合，实现了粮食产量的快速增长；二是土地流转市场的建立，提高了土地资源的市场配置效率；三是土地管理制度的确立，土地税收和土地使用费等经济措施得到实施。然而，在家庭联产承包责任制下，土地产权界定不清是阻碍土地流转和农村劳动力非农转移的重要原因。农村土地权属不明导致难以在大范围进行土地流转，影响土地资源配置效率。对于完善产权问题，有些学者认为现行的两种土地公有制不符合市场经济要求，主张两种公有制并轨，国家拥有所有土地的终极所有权；有些则认为现有土地集体所有权模糊，应在宪法和法律上明晰土地私有产权；大部分学者认为应在维持现有集体所有制基础上，进一步明确界定土地集体所有权的主体地位。关于我国农村土地所有权产权的界定问题尚停留在理论争辩层面，但所有权和使用权的分离是农村土地经营和使用制度创新的突破口。农户对土地使用权稳定性的预期显著影响其土地流转行为，对稳定性的预期越高，农户租入土地的可能性越大，租入的土地面积也越大。

农村土地流转市场发育相对滞后，存在规模小、交易不规范、配置效率低下等诸多缺点，土地流转陷入困境是现实条件下的必然结果。通过对经济发达地区的农民进行调查得知，由于市场信息不灵、交易费用高、耕地收益低等原因，多数土地流转行为没有实现。将我国非农劳动力市场与农村土地租赁市场结合分析，提出促进农村土地流转市场发展的首要选择是加快农村劳动力市场建设，通过加强制度建设、建立土地基金、建立市场中介、保证交易信息的畅通等方法培育土地流转市场。土地租赁市场和劳动力市场等的建设，是未来土地流转市场机制建设的重点。建立农村土地流转市场应重点做好三个方面的工作：物化农民的土地使用权、构建土地流动市场服务体系、提高农民土地市场化流动意识和参与能力。在流转前应明确产权设置并加强思想引导，在流转过程中应注意建立规范程序并加强流转管理，在流转之后应加强监督管理和配套措施的建立。

我国城乡分割的社会结构尚未从根本上破除，农民不享有现代意义的社会保障，农民的社会保障仍然停留在土地保障阶段，土地是农民生活的基本保障也是最后的保障。尽管农业收益不断下降，但基于对土地的物质和精神两方面的依赖，农民不愿放弃土地，这直接影响土地的流转。要促进土地流转，必须加快完善农村社会保障机制，扩大农村社保覆盖面，从根本上解决农民的后顾之忧，弱化农村土地的福利性质和社会保障功能，切实落实好新型农村合作医疗、养老保险、五保供养、就业引导和最低生活保障等制度。以土地股份合作制为突破口，探讨农村社会保障体系建设新途径。

5. 农村土地流转模式研究

《中华人民共和国农村土地承包法》规定，通过家庭承包取得的土地承包经营权可以依法采取转包、出租、互换、转让或者其他方式流转，并确定转包、出租、互换、转让、入股、抵押等 6 种为合法土地流转方式。《农村土地承包经营权流转管理办法》提出转包、出租、互换、转让、入股等 5 种土地流转方式，并提出"四荒"地可以采取转让、出租、入股、抵押或者其他方式流转。《中华人民共和国物权法》规定土地承包经营权人有权对其承包经营的耕地、林地、草地等占有、使用和收益，以从事种植业、林业、畜牧业等农业生产。学术界对土地流转模式的应用与实践也进行了广泛深入的研究，主要流转模式有以下几种：

（1）基本流转模式。①出租。出租是指土地承包人将土地承包经营权有偿转给承租方，承租方既包括统一集体经济组织的其他农户，也包括本集体经济组织以外的"他人"。这种模式包括转包、出租和代耕。转包和出租都是由承租方付给土地承包人一定的费用，只是承租的对象不同，转包的承租人是"统一集体经济组织的其他农户"，出租的承租人是"他人"。代耕是指暂时无力或不愿经营承包地的农户，经自行协商临时把承包地交由别人（大多是亲友）代耕。出租后原土地承包关系不变，原承包方继续履行原土地承包合同规定的权利和义务，承租方按照出租时约定的条件对承包方负责。②转让。转让是指经承包方和发包方同意，将部分或全部土地承包经营权流转让渡给其他从事农业生产经营的农户，由其履行相应土地承包合同的权利和义务。转让包括转让和互换。根据对价的有无及不同，土地承包经营权的转让方式包括买卖、互换及赠予三种。其中，互换仅限于同一集体经济组织承包方之间，没有买卖标的，互换之后双方都还有土地承包经营权。转让可以在非同一集体经济组织承包方之间进行，且有买卖标的。对于转让行为，需要双方签订书面合同，并经发包方同意备案。转让后原土地承包关系自行终止，原承包方承包期内的土地承包经营权流转部分或全部灭失。③入股。入股是指在明确农村土地集体所有权的基础上，坚持农民自愿的原则，土地承包人以土地承包使用权作为股权联合从事农业合作生产经营，或以土地承包使用权量化为股权入股组成股份公司或合作社进行生产经营的行为。入股的优点是在不改变承包使用权的基础上，改变了单家独户耕种的局面，实现土地资本集约化、规模经营化、市场化。其缺点是风险较高，一旦企业效益不好或破产，农民利益将受到较大损失，但入股合作社则相对风险较小。④抵押。抵押是指土地承包人以自己拥有的土地承包使用权为抵押，取得银行贷款的行为。抵押具有一定的个人风险，如果农户不能按期还贷，所抵押的土地将由农村信用社接管并进行经营，直至贷款还完。目前，我国对土地使用权抵押贷款采取严格的限制，主要是由于农村土地是我国农业人口主要甚至唯一的收入来源，抵押过程可能造成农民失去生存之本，引发严重社会问题。

（2）新型流转模式。为了实现土地的有效流转，实现集约化、规模化生产，提高土地的经营效益，土地流转实践过程中出现了一些操作性较强的新思想和新模式。例如，以土地整理项目为先导，通过引导地方政府招商引资逐步实现农村土地承包经营权的流转，达到农业结构的调整、投入产出效益最大化和促进社会主义新农村建设的目的。针对湖南省农村土地流转的现状，提出了"公司＋基地"、土地股份合作、季节性流动等模式，解决农村土地出现的"四荒""有地无人种，有人无地种"问题，有效推进农村土地流转。还有学者在对中国农村实行30年土地使用权情况进行调查的基础上，提出有偿转租或转让、土地投资入股、土地信托、土地互换等流转模式是实现农业产业化、现代化和农村城镇化的有效方式。广西富川农业土地流转在总结目前农村土地流转面临的问题的基础上，提出了"集体统一规划、小组协调生产、分户承包管理"和"公司＋基地＋农户"等土地流转模式。利益的多元化是土地承包经营权流转的瓶颈，而利益协调推进模式是建立农民、企业、集体和政府"四位一体"的、根本目标一致的、四方合力推进土地经营权流转的有效模式。对不同地区实行不同的土地流转模式，提倡在东部经济较发达和城郊非农就业机会较多的地区使用股份合作经营模式、承包土地资本化模式、承包土地证券化模式；在经济条件不太好、农民非农就业机会不多的地区采用承包土地反租倒包模式、团体租赁经营模式和托管经营模式。

新型流转模式的提出最大限度地提高了土地利用效率，有利于实现规模化经营，同时实现了土地所有权和使用权的稳定分离，也有利于分散农业经营的风险。但新型流转模式对农业内外部要求比较高，存在农村富余劳动力转移、建立农村社会保障体系、培育优秀集体或龙头企业等一系列问题。

6. 农村土地流转与耕地保护关系研究

在这一方面，较多研究肯定了"三权分置"政策的积极意义，认为该政策在一定程度上解决了耕地抛荒问题，把农民们从耕地上解放了出来，更有利于形成规模化经营，有利于现代农业的发展，对耕地保护也起到了正向的作用。研究认为"三权分置"制度产生于农村土地承包实践，实行"三权分置"的目的是推动建立"集体所有、家庭承包、多元经营"的新型农业经营机制，有利于巩固和完善农村基本经营制度，促进农业现代化的实现。还有学者认为"三权分置"将农村土地承包权与经营权相互分离出来，可以在一定程度上破除只有农民在耕种本村耕地以及"均田承包"方面的局限，同时满足农民不同生存和发展水平的需求，为市场资本进入农业生产领域提供了渠道，也是实现农业生产规模化和企业主体多元化的有效保障，进一步将农民从土地上解放出来，促进农村经济的发展。

然而经营权流转的行政机制以及市场机制的不健全无疑会给耕地保护带来新的挑战。闫佳晖等认为面对巨大的利益驱动，许多政府和农民过于追求土地为自身带来的利益，忽视了土地对生态和社会的利益，将流转的土地用于能有高回报高收益的项目而不是耕种粮食，这将导致耕地面积的大幅度减少。宗仁认为，由于土地的开发权属于土地所有者而不是实际经营者，因此，保护耕地的补贴应支付给所有权份额的所有者，而不是土地承包经营权流转后的实际经营者。郑荣宝等通过梳理"三权分置"下各主体的权能范围，分析"三权分置"下耕地保护存在的问题与风险，认为建立各主体间权利与义务对等机制能够有效地保护耕地。朱继胜认为这次"三权分置"改革存在一定的风险，如何通过政策的完善处理好各权利主体间的关系对保护耕地尤为重要。杨少垒等通过分析"三权分置"可能面临的风险，提出应当通过坚持农民主体地位、推进经营权流转规范运行、设立流转保证金和风险基金、严格实施耕地保护制度、加强对工商资本的监管及健全农村社会保障体系等对策对耕地进行保护。韩振华等认为"三权分置"改革应以巩固提升农业农村基础地位和保障国家粮食安全为基本目标，纳入乡村振兴战略布局，同时应当围绕"地""粮""人""钱"完善制度。任洁认为"三权分置"实施后，应当对耕地经营权人的保护责任进行规范，在立法上明确耕地经营权人的保护责任，并加强监管。

部分研究还表明，土地流转对耕地保护产生了一定的负效应。孔祥智等通过对农户在承包地和流转地上的投资进行分析，发现农户对流转地的有机肥投资较少。这一结论与国内几位学者实证后的研究发现一致，即农户受经营时效、租金等因素影响，在流转地上进行秸秆还田等保护性耕地投资比承包地少。从中国近几年的农业种植结构来看，农户将越来越多的耕地用于种植水果、蔬菜等经济作物，这些作物在提高农户收益的同时有更高的化肥需求。俞海等利用土壤肥力模型，证明当前土地流转交易已对耕地的可持续利用产生了负面影响。综合考虑，当前农户种植结构调整与土地流转相结合会加重耕地保护的压力。王晓等抽样对比土地流转前后地块的土壤理化性质，虽然其实证中未按种植结构严格区分地块，但其结果在印证流转地土壤肥力的下降趋势上仍有说服力。此外，据实证研究，农户对流转地质量的稳定性缺乏关注，在流转地上进行绿色生产的意愿低，这些结论在证明流转地的土壤肥力下降趋势上有较高的借鉴意义。

我国农村的土地流转中包含着亲缘及人情，这种稳定的社会关系可以激励农户保护流转的耕地。然而，近几年的市场化趋势使非熟人之间流转耕地的比重提高，学者认为农户在从非亲友方流转来的耕地上投入有机肥的概率明显偏低，其长期维持耕地质量的心态会懈怠。农户力求从流转地中攫取更多收益，对待流转地尤其是非熟人的耕地，农户要么不顾环境成本，过量地使用化肥、农药，要么种植地力消耗高的作物，几乎不再施用农家肥。

我国耕地的所有权是农村集体土地所有权，使用权是农户承包经营权。稳定的经营环境有利于耕地更好地贡献经济价值，促使农户维护耕地资源。事实上，耕地产权的稳定性问题不仅影响农户对自家承包地的生态投入，更影响了农户对流转耕地的投资决策。如果农户的土地保有权薄弱，就无法抵御外在权力与资本征用耕地的风险。杨柳等根据农户绿肥种植密度的实证研究，证明了耕地经营权的稳定性对流转户长期投资以提高土壤肥力的影响显著。一般来说，流转的耕地经营权越稳定，农户的生态投资意向越大。

农户经营的重点是利益最大化，农户对耕地的保护与经营耕地的时间显著相关，顺利收回投资成本是农户在租期内做出投资决策的一项原则。张亚丽等的调研数据分析结果表明，土地流转期限与农户成本收益呈正相关，杨柳等运用的 IV - Tobit 模型与马贤磊等的入户调查分析均得出此结论。流转期限越长，投资收益越稳定，农户的顾虑就越低；如果土地流转期限过短，农户投资的不稳定性会明显增加。若期限内难以获得生态收益，则农户对耕地追加投资的意向会受到抑制。土地流转的租金越低，农户对耕地采取保护措施的概率越高、空间越大。对大部分农户而言，耕地质量提高的收益难以超过资本偏向型的耕地保护投资额。在这种情况下，租金的提高增加了农户的生产成本并减少了其对耕地保护的支出。

（三）国内外研究评述

国外土地所有制形式多为土地私有制，且相关研究主要集中在土地制度研究、土地流转市场和交易研究、土地流转方式研究等方面。我国农村土地所有权为农民集体所有，在土地制度、土地流转市场、土地流转模式等方面与国外均存在较大差别。

国外相关研究表明：①农户家庭经营是当前最优越的经营形式，具有很强的适应性，能有效发挥生产要素的最佳配置效应。②应充分重视土地立法在构建农村土地制度中的重要作用，完善相关法律能够切实维护农民利益，也有利于制度的有效实施。③土地流转的决策者是农户自己，土地流转应依靠市场机制，注重市场化因素，并制定相应的制度降低交易成本。④鼓励农业适度规模经营，并在鼓励适度规模经营的同时，使不同耕地的经营规模与不同的生产力水平相适应，防止土地的兼并与过度集中。

国内相关研究表明：①我国的农村土地流转是建立在土地制度基础之上的，是土地制度框架的完善与补充，有效率的土地制度是促进我国农业发展的关键。同时，农村土地经营权流转是对当前农村土地制度的改革与完善，是农业经济发展和农业资源优化配置的制度保障。②我国农村土地细碎化程度较高，提高了农村土地流转的交易成本，土地仍然具有主要社会保障功能，再加上农户的"恋土情结"，土地流转的动力不足。③农村土地流转缺乏合理的价格评估体系，没有完善的价格标准，流转价格随意且偏低，也是流转动力不足的主要原因。④土地流转对于促进农业的产业化、现代化、规模化发展具有积极的意义，但是农户的素质、科技发展水平、农村信息化水平等因素抑制了土地流转的发展。⑤农村土地经营权流转影响因素的相关研究表明，土地产权、市场机制、社会障碍、政府干预等因素都对农村土地流转产生影响，其中，土地产权模糊、农村土地市场发育滞后是我国土地流转的最大障碍。⑥农村土地流转模式较多，法律规定的基本流转模式主要有出租、转让、入股、抵押等。近年来，随着相关政策的出台，新型流转模式相继出现，如"公司＋基地"模式，农民、企业、集体和政府"四位一体"模式，土地信托模式等。新型农村土地流转模式的提出极大限度地提高了土地利用效率，实现了土地所有权与使用权的稳定分离，但新型流转模式对农业内部要求较高，农村富余劳动力转移、农村社会保障等问题随之出现，新型农村土地流转模式研究将成为顺利推进农村土地流转的突破口。

我国土地流转存在明显的区域异质性，由于国内学者们对耕地质量采取的评估方法不尽相同，计量结果存在一定差异。国内相关研究在耕地质量模型构建、影响因子选择等定量分析方面还有很多需要商榷的地方。但如前所述，在土地流转中，经营权的稳定性、流转期限、流转租金及规模等四类影响耕地质量保护的因素受到国内学者的广泛关注。现阶段，国内关于土地流转及耕地质量保护的研究尚处于初步设想与讨论阶段，国外相对成熟的有关耕地保护成本分摊机制等的研究及耕地生态环境价值评估方法给我国尚未完善的耕地保护研究提供了新思路及技术手段。

从土地流转与耕地质量保护关系来看，根据现有文献研究，当前农户耕地保护的积极性明显不足，且土地流转行为下，农户保护耕地的意愿更低。当前城乡二元结构影响尚存，农业收益远低于工商业平均利润，要使农户保护耕地，必须认真对待追求自身利益最大化的农户及其行为，使农户有利可图。因此，从学术界的研究轨迹和趋势上来看，创新耕地保护的社会化补偿制度、多元拓展保护耕地质量的经济效益，无论在理论还是实践层面都较为迫切而重要。

本 章 小 结

本章对我国农村土地流转及耕地保护的政策演进进行梳理，可以看出推行农村土地流转的必要性及耕地保护的重要性。总结国内外相关研究，国外主要开展了对农村土地流转制度、农村土地流转市场及交易、农村土地流转方式、农村土地流转与耕地保护的关系的研究，国内则从土地承包经营权的确立与巩固、农村土地流转市场及交易、农村土地流转影响因素、农村土地流转模式、农村土地流转与耕地保护的关系等方面开展研究。研究结果表明，土地流转在推进的过程中，对耕地资源的数量、质量、分布等情况产生影响，开展农村土地流转进程中的耕地保护问题研究，对于实现耕地资源可持续利用、保障国家粮食安全具有重要意义。

参考文献

毕继业，朱道林，王秀芬，2010. 耕地保护中农户行为国内研究综述 [J]. 中国土地科学，24 (11)：77-81.

曹茜，于德永，孙云，等，2015. 土地利用/覆盖变化与气候变化定量关系研究进展 [J]. 自然资源学报，30 (5)：880-890.

陈和午，聂斌，2006. 农户土地租赁行为分析：基于福建省和黑龙江省的农户调查 [J]. 中国农村经济 (2)：42-48.

陈军，田永中，王林松，等，2019. 基于耕地保护的农用地流转有效模式研究 [J]. 中国农学通报，25 (6)：295-298.

陈丽，曲福田，师学艺，2006. 耕地资源社会价值测算方法探讨——以山西省柳林县为例 [J]. 资源科学，28 (6)：86-90.

仇焕广，栾昊，李瑾，等，2014. 风险规避对农户化肥过量施用行为的影响 [J]. 中国农村经济 (3)：85-96.

褚彩虹，冯淑怡，张蔚文，2012. 农户采用环境友好型农业技术行为的实证分析——以有机肥与测土配方施肥技术为例 [J]. 中国农村经济 (3)：68-77.

杜鑫，杜志雄，2015. 劳动力转移、土地租赁对农户生产收入的影响述评 [J]. 学术界 (5)：49-59.

鄂施璇，宋戈，2019. 东北区县域耕地资源非市场价值测算及其空间分布 [J]. 经济地理，35 (6)：149-153.

高志强，刘纪远，庄大方，1999. 基于遥感和 GIS 的中国土地利用/土地覆盖的现状研究 [J]. 遥感学报，3 (2)：134-139.

郜亮亮，黄季焜，2011. 不同类型流转农地与农户投资的关系分析 [J]. 中国农村经济 (4)：9-17.

郜亮亮，冀县卿，黄季焜，2013. 中国农户农地使用权预期对农地长期投资的影响分析 [J]. 中国农村经济 (11)：24-33.

葛全胜，赵名茶，郑景云，2019. 20 世纪中国土地利用变化研究 [J]. 地理学报，55 (6)：698-706.

关兴良，方创琳，鲁莎莎，2016. 中国耕地变化的空间格局与重心曲线动态分析 [J]. 地

　　理科学，36（4）：564－570.

韩长赋，2016. 土地"三权分置"是中国农村改革的又一次重大创新［N］. 光明日报，
　　01－26.

韩振华，胡九龙，2018. 深化农地"三权分置"改革：原则、目标和制度完善［J］. 前线
　　（8）：56－59.

郝丽丽，吴箐，王昭，等，2015. 基于产权视角的快速城镇化地区农村土地流转模式及其
　　效益研究——以湖北省熊口镇为例［J］. 地理科学进展，34（1）：55－63.

何春阳，史培军，陈晋，等，2001. 北京地区土地利用/覆盖变化研究［J］. 地理研究，20
　　（60）：679－687.

黄季焜，冀县卿，2012. 农地使用权确权与农户对农地的长期投资［J］. 管理世界（9）：
　　76－81.

黄烈佳，张安录，2016. 农地价值与农地城市流转决策若干问题探讨［J］. 地理与地理信
　　息科学，22（2）：88－91.

蒋满元，2017. 农村土地流转的障碍因素及其解决途径探析［J］. 农村经济（3）：23－25.

黎夏，叶嘉安，2015. 基于神经网络的元胞自动机及模拟复杂土地利用系统［J］. 地理研
　　究，1：19－27.

李成桡，杨朝现，陈兰，等，2015. 基于农户收益风险视角的土地流转期限影响因素实证
　　分析［J］. 中国人口·资源与环境，25（5）：66－70.

李昊，李世平，南灵，2019. 中国农户土地流转意愿影响因素——基于29篇文献的Meta
　　分析［J］. 农业技术经济（7）：78－93.

李恒哲，郭年冬，陈召亚，等，2015. 县域耕地资源价值综合评价及动态分析［J］. 土壤
　　通报，46（6）：1334－1340.

李庆海，李锐，王兆华，2012. 农户土地租赁行为及其福利效果［J］. 经济学，11（1）：
　　269－288.

李伟，郝晋珉，冯婷婷，等，2008. 基于计量经济模型的中国耕地变化政策与资产因素分
　　析［J］. 农业工程学报，24（6）：115－118.

李跃，2010. 新农村建设中的土地流转问题分析［J］. 农业经济问题（4）：26－28.

刘洪斌，王秋兵，东秀茹，等，2012. 城乡结合部区域农户土地利用行为差异及其空间分
　　布特征［J］. 资源科学（5）：879－888.

刘纪远，布和敖斯尔，2000. 中国土地利用变化现代过程时空特征的研究：基于卫星遥感
　　数据［J］. 第四纪研究，20（3）：229－239.

卢泽羽，陈晓萍，2015. 中国农村土地流转现状、问题及对策［J］. 新疆师范大学学报
　　（哲学社会科学版）（4）：114－119.

罗玉辉，林飞龙，侯亚景，2016. 集体所有制下中国农村土地流转模式的新设想［J］. 中
　　国农村观察（4）：84－92.

马贤磊，仇童伟，钱忠好，2015. 农地产权安全性与农地流转市场的农户参与：基于江苏、湖北、广西、黑龙江四省（区）调查数据的实证分析 [J]. 中国农村经济 (2)：22-37.

马育军，黄贤金，许妙苗，2006. 上海市郊区农业土地流转类型与土地利用变化响应差异性研究 [J]. 中国人口·资源与环境，16 (5)：117-121.

潘俊，2015. 新型农地产权权能构造：基于农村土地所有权，承包经营权和经营权的权利体系 [J]. 求实 (3)：88-96.

邵培霖，孙鹤，2018. 黑龙江省农村土地流转情况调查报告 [C]. 哈尔滨：黑龙江省统计学会第十二次统计科学讨论会论文集：91-93.

沈仁芳，陈美军，孔祥斌，等，2012. 耕地质量的概念和评价与管理对策 [J]. 土壤学报 (6)：1210-1217.

宋宜农，2017. 新型城镇化背景下我国农村土地流转问题研究 [J]. 经济研究 (2)：63-67.

王国刚，刘彦随，陈秧分，2018. 中国省域耕地集约利用态势与驱动力分析 [J]. 地理学报，69 (7)：907-915.

王慕，王羊，蔡运龙，2018. 土地利用变化的 ANN-CA 模拟研究——以西南喀斯特地区猫跳河流域为例 [J]. 北京大学学报，（自然科学版），48 (1)：116-122.

王晓，陈海，顾铮鸣，2014. 土地利用规划对区域景观格局的影响：陕西省蓝田县为例 [J]. 山东农业大学学报（自然科学版），45 (3)：399-402.

王亚楠，2018. 有偿 VS 无偿：产权风险下农地附加价值与农户转包方式的选择 [J]. 管理世界 (11)：87-94.

吴晗，1996. 集体土地使用权流转制度研究 [J]. 农业经济问题 (3)：7-14.

吴美琼，陈秀贵，2014. 基于主成分分析法的钦州市耕地资源面积变化及驱动力分析 [J]. 地理科学，34 (1)：54-59.

夏雯雯，杜志雄，郜亮亮，2019. 土地经营规模对测土配方施肥技术应用的影响研究：基于家庭农场监测数据的观察 [J]. 中国土地科学，33 (11)：70-78.

肖建英，谭术魁，程明华，2012. 保护性耕作的农户响应意愿实证研究 [J]. 中国土地科学，26 (12)：57-63.

谢高地，肖玉，甄霖，等，2005. 我国粮食生产的生态服务价值研究 [J]. 中国生态农业学报，13 (3)：10-13.

徐志刚，张骏逸，吕开宇，2018. 经营规模、地权期限与跨期农业技术采用：以秸秆直接还田为例 [J]. 中国农村经济 (3)：61-74.

亚当·斯密，2011. 国民财富的性质和原因的研究（上卷）[M]. 北京：中国人民大学出版社.

闫佳晖，李晋宏，王晶，2018. 基于土地流转的乡村旅游发展之效应分析 [J]. 辽宁农业职业技术学院学报，20 (5)：58-60.

杨桂山，2012. 长江三角洲耕地数量变化趋势及总量动态平衡前景分析 [J]. 自然资源学报，17（5）：525－532.

杨柳，吕开宇，阎建忠，2017. 土地流转对农户保护性耕作投资的影响：基于四省截面数据的实证研究 [J]. 农业现代化研究，38（6）：946－954.

杨少垒，雍滨瑜，陈娟，2017. 农村土地"三权分置"：潜在风险与防范对策 [J]. 政治经济学报，10（3）：203－210.

俞奉庆，蔡运龙，2015. 耕地资源价值探讨 [J]. 中国土地科学，17（3）：3－9.

俞海，黄季焜，Rozelle S，等，2003. 地权稳定性、土地流转与农地资源持续利用 [J]. 经济研究（9）：82－91.

岳意定，刘莉君，2010. 基于网络层次分析法的农村土地流转经济绩效评价 [J]. 中国农村经济（8）：36－47.

张红宇，2001. 中国农村土地制度变迁的政治经济学分析 [D]. 重庆：西南农业大学.

张红宇，刘玫，王晖，2002. 农村土地使用制度变迁阶段多样性与政策调整 [J]. 农业经济问题（2）：12－20.

张良悦，2018. 土地流转的基本含义与政府行为 [J]. 农村经济（3），27－29.

张倩月，吕开宇，张怀志，2019. 农地流转会导致土壤肥力下降吗？——基于 4 省种粮大户测土结果的实证研究 [J]. 中国农业资源与区划，40（2）：31－39.

张仕超，魏朝富，邵景安，等，2014. 丘陵区土地流转与整治联动下的资源整合及价值变化 [J]. 农业工程学报，30（12）：1－17.

张效军，2006. 耕地保护区域补偿机制研究 [D]. 南京：南京农业大学.

张亚丽，白云丽，辛良杰，2019. 耕地质量与土地流转行为关系研究 [J]. 资源科学，41（6）：1102－1110.

赵锐锋，王福红，张丽华，等，2017. 黑河中游地区耕地景观演变及社会经济驱动力分析 [J]. 地理科学，37（6）：920－928.

赵中建，2018. 土地流转影响下的乡村景观演变 [J]. 南京航空航天大学学报（社会科学版），14（4）：72－76.

郑荣宝，郑雪，陈美招，等，2018. "三权分置"下的耕地保护风险防范机制研究 [J]. 农业经济（7）：84－86.

钟佩云，2006. 农地"三权分置"改革背景下的耕地保护问题与对策研究：以江门市 J 区为例 [D]. 广州：华南理工大学.

钟文晶，罗必良，2013. 禀赋效应、产权强度与农地流转抑制：基于广东省的实证分析 [J]. 农业经济问题，34（3）：6－16.

周成虎，欧阳，马廷，等，2009. 地理系统模拟的 CA 模型理论探讨 [J]. 地理科学进展，28（6）：833－838.

朱会义，李秀彬，何书金，等，2001. 环渤海地区土地利用的时空变化分析 [J]. 地理学报，56（3）：253－260.

朱继胜，2017.“三权分置”下土地经营权的物权塑造 [J]. 北方法学，11（2）：32-43.

宗仁，2018.“三权分置”、土地发展权设立与征地制度改革 [J]. 江海学刊（2）：220-228.

AdamopoulosT，2008. Land inequality and the transitionto modern growth [J]. Review of Economic Dynamics，11（2）：257-282.

A. Myrick Freeman Ⅲ，2002. 曾贤刚，译. 环境与资源价值评估——理论与方法 [M]. 北京：中国人民大学出版社.

Batty M，Xie Y，2014. Possible urban automata [J]. Environment and Planning B：Planning and Desige，24（2）：175-192.

Berling-Wolff S，Wu J G，2018. Modeling urban landscape dynamics：a review [J]. Ecological Research，19（1）：119-129.

Brandt Loren，1985. Chinese agriculture and the international economy，1870â-1930：Areassessment [J]. Academic Press，22（2）.

CARSON R T，1998. Valuation of tropical rainforests：philosophical and practical issues in the use of contingent valuation [J]. Ecological Economics，24：15-29.

Chang H，Ai P，Li Y，2018. Land tenure policy and off-farm employment in rural China [J]. Journal of Development and Migration，8（1）：1-28.

Cheng W，Xu Y，Zhou N，et al.，2019. How did land titling affect China's rural land rental market? Size，composition and efficiency [J]. Land Use Policy，82：609-619.

Costanza R，d'De Groot R，et al.，2016. The Value of the World's Ecosystem Services and Natural Capital [J]. Ecological Economics，41：393-408.

Daily G C，1997. Nature's Service：Societal Dependence on Natural Ecosystem [M]. Washington D C：Island Press.

Deininger K，2014. Moving off the farm：land institutions to facilitate structural transformation and agricultural productivity growth in China [J]. World Development，59：505-520.

Erin O Sills，Jill L Caviglia-Harris，2008. Evolution of the Amazonian frontier：Land values in Rondonia，Brazil [J]. Land Use Policy（26）：55-67.

Feng S，Heerink N，Ruben R，et al.，2010. Land rental market，off-farm employment and agricultural production in southeast china：a plot-level case study [J]. China Economic Review，21（4）：598-606.

George Vachadze，2013. Land market liberalization，transfer of agricultural technology，and the process of industrialization [J]. Land Use Policy.

Jahnson B G，Zuleta G A，2013. Land-use land-cover change and eco-system loss in the Espinal ecoregion，Argentian [J]. Agriculture Ecosystems & ENVIRONMENT，181（4）：31-40.

James，2018. Off-farm labor market and the emergence of land rental markets in rural china

[J]. Journal of Comparative Economics（30）：395－414.

Joshua& Eleonora，et al.，2019. Price repression in the Sovak agricultural land market [J]. Land Use Policy（21）：59－69.

J Stephen Clark，Murray Fulton and Johe T，1993. The inconsistency of land values，land rent and capitalization formulas [J]. American Agricultural Economics Association（75）：652－665.

Kamau M，Smale M，Mutua M，2014. Farmer demand for soil fertility management practices in Kenya's grain basket [J]. Food Security，6（6）：793－806.

Karl Marx，2001. An Economic case for Land Reform [J]. Land Use Policy，vol.

Kimura S，Otuska K，Sonobe T，et al.，2011. Efficiency of land allocation through tenancy markets：evidence from China [J]. Economic Development and Cultural Change，59（3）：485－510.

Klaus D，Jin S Q，2008. Land sales and rental markets in transition：evidence from rural Vietnam [J]. Oxford Bulletin of Economics and Statistics，70（1）：67－101.

Ma X L，Heerink N，Feng S，et al.，2015. Farmland tenure in China：comparing legal [J]. Actual and Perceived Security（42）：293－306.

Ma X L，Heerink N，van Ierland E，et al.，2020. Decisions by Chinese households regarding renting in arable land：the impact of tenure security perceptions and trust [J]. China Economic Review，60：101328.

Macmillan D C，2000. An Economic Case for Land Reform [J]. Land Use Policy，17（1）：49－57.

Paul C，Pyle W，2019. Land rights，rental markets and the post－socialist cityscape [J]. Journal of Comparative Economics，47（4）：962－974.

Qiu T，Luo B，He Q，2020. Does land rent between acquaintances deviate from the reference point? Evidence from rural China [J]. World Economy，28（3）：29－50.

Ranjan P，Chloe B W，Feancis R E，et al.，2019. Understanding barriers and opportunities for adoption of conservation practices on rented farmland in the US [J]. Land Use Policy，80：214－223.

Reidsma P，Tekelenburg T，van den Berg M，et al.，2018. Impacts of land use change on biodiversity：an as－sessment of agricultural biodiversity in the European Union. Agric Ecosyst Environ（114）：86－102.

Ren G，Zhu X，Heerink N，et al.，2019. Perceptions of land tenure security in rural China：the impact of land reallocations and certification [J]. Society and Natural Resources，32（12）：1399－1415.

Sandhu Harpinder S，Wratten Stephen D，Cullne Ross，2018. The role of supporting ecosystem services in conventional an orfanic arable farmland [J]. Ecological Complexity, 7 (3): 302 – 310.

Turner MG, Ruscher CL, 2012. Change in Landscape Patterns in Georgia, US [J]. A. Landscape Ecol, 1 (4): 241 – 251.

Verburg PH, Schulp CJE, Witte N, Veldkamp A, 2016. Downscaling of land use change scenarios to assess the dyn – amics of European landscapes. Agric Ecosyst Environ (114): 39 – 56.

Vikaas R, 2001. Agrarian Reform and Land Market: A Study of Land Transactions in Two Villages of West Bengal, 1977—1995 [J]. Economic Development and Cultural Change (7): 611 – 629.

Wallin D O, Swanson F J, Marks B, 2019. Landscape pattern response to changes in pattern generation rules: land – use legacies in forestry [J]. Ecological Application (4): 569 – 580.

Wang Y Y, Cai Y Y, 2017. Relationship between cultivated land use functions and land rent-al behavior of rural households: empirical evidence from different dominant functional regions in central China [J]. Chinese Journal of Population Resources and Environment, 15 (3): 262 – 272.

Wefere S K, 2019. Why Rural Russians Participate in the Land Market: Socio – economic Factors [J]. Post communist Economics, 15 (4): 483 – 501.

Xin L J, Li X B, Tan M H, 2011. Temporal and regional variations of China's fertilizer con-sumption by crops during 1998—2008 [J]. Journal of Geographical Sciences, 22 (4): 643 – 652.

第二章
相关概念界定及理论基础

一、相关概念界定

（一）耕地

国外一般将"耕地"称之为"Cropland""Cultivated land""Farmland""Arable land"等。"Cropland"翻译成中文为农田，美国农业部对"Cropland"范围的界定要比"耕地"广，"Cropland"包括可耕地和非耕地，可耕地包括种植大田作物或密植作物的土地，以及其他农田，例如与大田作物或密植作物轮作的干草或牧场；非耕地包括永久性干草地和园艺田地。"Cultivated land"包括行播粮食作物和根用经济作物用地这两种土地覆盖类型，例如小麦、水稻、花生、油菜籽以及玉米等，而牧草、谷粒作物以及灌木作物用地放在草本覆盖和灌木一类（Rossiter，1996）。"Farmland"和"Arable Land"与我国农业用地的概念更为相似，"Arable Land"翻译成中文指用于种植农作物并经常耕耘的土地，"Farmland"指种植农作物的土地以及果园、牧草地等农业用地，是农场范围的总称。我国农耕历史悠久，对耕地的记载与描述比较丰富，《正字通》中对耕地的释译为"耕，治田也"，《说文解字》记载为："耕，犁也。"《辞海》对耕地的描述为经过开垦用于农作物耕种的土地，主要类型有种植农作物的土地、休闲用地、新开荒和三年之内抛荒的土地（沈仁芳，2012）。1984 年我国颁布了《土地利用现状调查技术规程》，将耕地定义为种植农作物的土地，包括新开荒地、休闲地、轮歇地、草田轮作地；以种植农作物为主，间有零星果树、桑枝或其他树木的土地；耕种三年以上的滩地和海涂，耕地中包括南方宽小于 1.0 米，北方宽小于 2.0 米的沟、渠、路田埂。2017 年中国国家标准化管理委员会与中华人民共和国国家质量监督检验检疫总局联合发布了《土地利用现状分类》（GB/T21010－2017）国家标准，将耕地定义为种植农作物的土地，包括熟地，新开发、复垦、整理地，休闲地（含轮歇地、休耕地）；以种植农作物（含蔬菜）为主，间有零星果树、桑树或其他树木的土地；平均每年能保证收获一季的已开垦滩地和海涂。基于以上对耕地的论述可知，耕地是人类多年进行周期性耕作形成的一种特定的土地类型，是人类社会发展中进行农业生产活动必不可少的生产资料。

耕地是由气候、地形地貌、土壤、植被等自然要素和土地利用管理方式、基础设施、权籍等人为要素构成的自然经济综合体（孔祥斌，2018），这些要素之间都是相互作用、相互影响的。气候是土壤形成的必要条件，同时也为农业生产提供了必备的物质能量，包括热量、光照、水分、空气等，不同的气候类型影响农作物的种类、分布、熟制、产量、种植方式等。不同海拔、坡度、坡长、高差、形态的地表特征形成了多种多样的地形地貌，例如山地、丘陵、平原、高原和盆地等，从而影响地表物质和能量的再分配，造就了多样的局部环境、耕地类型和空间分布格局，一般地势平缓、海拔低的平原、河谷等地，水热条件、土壤发育都比较优越，适宜农业生产，易发展成为优质耕地（邱维理，2012）。土壤是耕地组成的核心要素，为作物生长提供了空间、养分和水分，土壤的物理、化学和生物特性影响着耕地的肥力，能供应和调节作物所需水分、养分、空气和热量，质地良好、土层深厚、有机质丰富、无障碍因素的土壤能够长期为人类利用。植被，包括种植的农作物以及生长的杂草、农田防护林等，植被类型反映了耕地的利用类型和适宜程度，能够体现出人类对耕地利用的目标和方式。人类进行农业生产的根本在于对自然环境的利用与改造，因此人类对耕地的作用和影响也十分复杂，社会资源的投入是人类进行农业生产的基本要素，利用方式和强度会提升或降低耕地的生产能力，影响农田系统的稳定性和周围环境，例如对地形等一些不利因素的改造以及土壤改良等生产活动，将自然土壤不断熟化，形成产能更高的耕作土壤。灌溉、排水设施、田间道路等基础设施的建设是耕地发挥最佳功能和可持续发展的外部保障。

（二）耕地安全

耕地作为一种资源而存在，人们对耕地安全的定义也通常基于资源安全展开。在我国古代，道家的"五行学说"出于对自然的敬畏与崇拜，早已对资源进行了高度的概括。其中，"金"可理解为矿产资源，"木"指植物，可深入理解为生物资源；"水"顾名思义为水资源；"火"则可认为是现代社会所说的能源资源；"土"为土地资源，这之中最为重要的当属耕地资源。当代社会对资源的释义为，资源是能为人类创造财富的来源，能为人类所利用的具有经济价值的生产生活资料都可以称之为资源。有研究认为资源的内涵不仅仅是指各种自然要素本身，同时也涵盖了自然环境和社会经济环境，其中自然环境是不同要素之间相互联系生成的，而社会经济环境是人类通过利用和改造自然要素创造各种产品形成的，最后还要叠加在这一过程中形成的人类社会的知识技能和社会制度，这表明自然与社会在一定程度上具有相似性。

资源安全的产生源于自然界中自然资源的稀缺性，人类社会要保证长期的发展和进步离不开各种资源的支持，但由于人类的技术水平是一个循序渐进提高的过程，在短时期内开发一种新的资源去替代另一种资源是十分困难的，因此人类社会的需求与自然资源的存量和供给能力产生了矛盾，这种矛盾的存在对资源安全构成威胁。对资源安全的定义有两种，一种强调资源本身和所处的环境是否保持良好的状态，或者能否在受到外界破坏时及时恢复（王逸舟，1999）；另一种是站在经济学的角度，从资源对人类社会发展的保障程度出发，指一个国家或地区可以持续稳定且经济地获取所需的自然资源的状态或能力，这种能力越强，对国家或地区发展的保障程度越高，则越安全（谷树忠，2002）。

在资源安全的基础上，人们引申出土地资源安全的定义。吴次芳等基于谷树忠的资源安全理论提出土地资源安全是指一个国家或地区可以持续地获取，并能保障人类和生物群落健康、高效生产及高质量生活的土地资源状态或能力（吴次芳，2004），具体地说就是人类能持续地获取土地资源并且不突破土地资源的承载力，土地能为人类和生物群落提供健康的环境、物质和能量，保证自身的健康和高效地生产，进而提高生活品质。

耕地作为土地资源的精华，其重要性不言而喻，因此学术界对耕地安全的研究也较为丰富。在定义耕地安全时，人们通常基于资源安全或土地资源安全来阐述。赵其国认为耕地资源安全应包括耕地资源系统本身安全、耕地的食物供给安全以及耕地利用的环境效应安全（赵其国，2002）。朱永恒认为耕地资源安全是指一定区域能够长期充足、适时经济地获得保障国民经济当前发展、参与国际竞争和未来可持续发展需要的耕地的状态和能力（朱永恒，2005）。朱洪波认为耕地资源安全是一个国家或地区可以持续保障生物群落（主要指人类）健康生存的耕地状态或能力（朱洪波，2006）。宋伟、陈百明等把耕地资源安全定义为一个国家或地区的耕地得到有效保护，能够保障人类社会的生存和发展，促进生态系统和谐、平衡的耕地状态和能力（宋伟，2007）。以上阐述可以理解为是一种宏观意义上的安全，更侧重于耕地的供给安全，通常从耕地的数量、质量、生态这三方面进行概括。其中，耕地数量安全指在特定的区域内耕地的数量可以满足人们基本的生存和发展，是质量安全和生态安全的基础；耕地质量安全指耕地能够充分发挥生产能力，适当协调耕地数量供给与需求之间的矛盾；生态安全指耕地开发利用的生态环境负面影响小，利用可持续的状态（宋伟，2007）。第一章中已经提到有学者认为耕地生态安全的概念不仅指生态环境安全，还包括耕地能够保持自身正常功能结构和满足社会经济发展的需求（朱洪波，2008；王军，2009），这种认识实际上是把耕地数量和质量包含在生态的范畴内。目前看来，这三者之间存在相互重叠、相互影响的关系，因此对于耕地安全的概念和内涵还需进行更深入的探讨。

（三）农村土地流转

根据我国法律的规定，农村土地属于集体所有，所有权不能流转，承包权和经营权可以流转，具体包括土地承包经营权、宅基地使用权和乡镇建设用地使用权三类用益物权的流转。目前，无论是在理论还是实践中，对土地流转的内涵并未达成共识（丁关良、李贤红，2008）。一般来说，土地流转按照流转的范围可以划分为两类：一类是在农业内部发生的土地流转，主要是指土地在不同的耕种者之间的流转，土地的农业用途没有发生改变，即狭义的土地流转；另一种是在农业外部发生的土地流转，主要是指土地从农业用地转变为非农用地及其之后的流转。这两种不同范围的土地流转加在一起就构成了广义的土地流转。实际中，判断土地流转是否发生的根本标志是看土地经营的主体是否发生了改变，如果发生了改变，就认为发生了流转。按照2004年《中华人民共和国土地管理法（修正版）》，农村土地流转不可以改变土地原有农业用途，因此本文对农村土地流转的具体定义是指在不改变农业用途下的农村土地承包经营权的流转，也就是狭义的土地流转。另外需要特别说明的是，农村土地涵盖范围极广，包含了耕地、林地、滩涂、草地和养殖水面等各种利用类型的土地，本书主要研究农户承包耕地的流转，所以本文中对农地的定义专指农户承包经营的耕地，在不做特别说明的情况下，文中农地和耕地是同一个意思，只是称谓不同。

二、理论基础

（一）系统科学理论

系统科学理论主要是从系统的角度，研究客观事物和现象之间的相互联系和作用关系，揭示其相互间的共同本质和内在规律，主要包含基础科学、科学技术和工程技术，其中被称为"新三论"的耗散结构论、协同论和突变论，与一般系统论均对本研究具有重要指导意义，都属于基础科学的内容。耕地系统安全是耕地可持续利用的重要体现，耕地可持续利用是耕地保护的重要目标，而耕地可持续性利用主要根据的理论基础是系统自组织演化理论，"新三论"的耗散结构论、协同论和突变论是自组织理论的部分内容。

耕地系统是一个复杂系统，耕地系统安全包括数量安全、质量安全和生态安全，每一个安全的变化都会引起整个耕地系统安全的变化。引起耕地系统安全变化的因素非常复杂，即使是单因子变化也会引起系统整体的变化，使耕地系统更具复杂性。优化耕地系统安全格局，优化配置土地供给，确保耕地系统安全达到最大化，系统科学理论为耕地系统的研究提供了重要指导。

耕地系统是一个远离平衡态的开放系统，系统内部自然环境条件、人类活动、经济发展、农业结构调整和城市化进程等对耕地系统的干预，使耕地系统表现的安全状态偏离平衡态朝非线性方向发展，在偏离平衡态的非线性区，一个小的随机性涨落可引起放大效应而成为巨涨落，使系统形成新的耗散结构，表现为新的安全状态。耗散结构论为耕地系统朝着有序方向发展，研究系统内部各组成因子及其作用关系提供理论依据。耕地系统安全研究中的应用协同理论通过研究耕地系统安全变化趋势、驱动因子、因子作用机理及未来可能的发展状态等，可以更好地理解和找出制约耕地系统安全性和稳定性的影响因素，进而最大化地保障耕地系统安全性。耕地系统安全等级是根据一定等级标准进行划分的，耕地系统安全等级和稳定性受驱动因素的影响，当驱动因子朝着利于耕地系统安全水平提升方向发展，累积超过一定程度时，耕地系统安全等级朝更优方向上升；当驱动因子朝着不利于耕地系统安全提升方向发展，累积到一定程度时，耕地系统安全等级将下降。

（二）人地关系理论

人地关系是对人类系统与自然环境系统之间相互作用关系的一种简称，对它的经典解释是人类在其社会活动中与自然环境之间发生的作用与反作用关系（杨青山，2001）。人地系统是人类与自然地理的复合系统，是客观存在的物质实体，是人类生产生活资料的源泉，为人类一切活动提供空间场所，是一个开放的巨系统。人地关系随人类起源，与自然接触开始就客观存在，并不以人的意志为转移，人地关系理论是地理学最基本的理论。随着人类社会的不断发展，人地关系的内涵也随之不断丰富，逐渐形成了人地系统协调共生与耦合优化理论、人地系统危机冲突与错位异化理论、人地关系分形辩证与系统构型理论三大理论研究流派（方创林，2004）。这些理论从不同角度研究人地关系，使得人地关系的内涵不断丰富和提升，但他们的共同点均是关注人地协同共生，从人口、资源、环境问题出发，解决地球危机，建立和谐的人地关系，造就和谐的人类社会。耕地系统是人类参与的复合地域系统，人类对耕地资源的利用过程体现了人地关系，人地关系理论贯穿于耕地系统安全研究的全部过程。在协调人类活动与耕地系统发展时，应从空间结构、整体效应、互补协同等方面进行整体优化，使人类社会活动需求与耕地供给之间保持一个平衡、和谐的关系，这样才能保证耕地的合理有效利用，保持耕地系统安全状态稳定良好运行。

　　土地是人类生产生活和生产资料产生的必要条件与基础，在人类发展进程中发挥着重要的作用。目前，受到城镇化进程加快、工业化不断发展等的影响，土地资源被占用和被破坏的现象严重，对耕地资源数量与质量、粮食安全等产生影响。现代人地关系倡导可持续发展，这是一种新型的发展方式，也是土地资源高效利用的方式，不仅有利于耕地资源的保护与利用，促进社会长远发展，而且对于生态环境的保护具有重要意义。将人地关系理论作为研究耕地利用问题的基础理论，对于缓解土地资源的稀缺性、促进社会经济长远发展具有重要意义。我国是人口大国，人地关系矛盾较为突出，人地关系理论是从长远发展的角度探索人地共存模式的基础理论。正是基于人地关系理论，才能够实现在有限的土地资源条件下创造无限的价值，并实现土地资源的可持续利用。在人地关系理论中，人地和谐相处是理论的核心，通过人地均衡发展实现更加健康的人与土地的关系。人地关系理论是本研究的理论基础，在此基础上才可以提出更具可操作性和现实意义的耕地利用对策和建议，进而实现耕地资源高效利用与可持续利用均衡发展的目标。

（三）资源稀缺理论

　　资源在一定的时空范围内是有限存在的，人类需求的不断增加导致了资源存量与需求之间的不平衡，由此产生了资源的稀缺性。资源稀缺理论的研究方向主要是如何在有限的资源条件下创造出最大的经济效益和利用率。耕地资源的稀缺主要表现在耕地面积有限性、耕地质量差异性、土地永续利用相对性和土地报酬递减规律等方面。日益增长的人口数量和对耕地资源的需求，以及由于人类对耕地资源的不合理利用产生的更多威胁耕地安全的问题，使得耕地资源的稀缺性变得格外突出。这不仅反映了土地供给和需求之间的矛盾，也体现了人与土地之间的矛盾。因此，正确认识资源稀缺理论，合理利用耕地是保障耕地安全的基础条件。

资源具有有限性和稀缺性，当人口增长量大于自然资源的供应量时，资源供给无法满足人们对于资源的需求，从而使得资源减少。耕地资源一般只能在固定的位置上且面积不会出现大幅度变化，受到的约束条件较多，这就使得耕地资源的稀少程度和珍惜度大大增加。随着经济的发展，工业化进程加快，越来越多的耕地资源被占用，为保证土地资源的可持续发展，人们需要合理地利用土地资源，使其可以自我恢复。资源稀缺理论作为本文的理论基础，对从宏观角度认识耕地资源、研究耕地资源在国土资源与粮食安全中的意义具有重要作用。在资源稀缺的环境下，实现耕地资源合理、有效地开发利用，避免被乱占用、超负荷开发，对保护耕地资源、保障粮食供给意义深远。

（四）土地资源价值理论

关于土地资源的价值，学界一直存在多种说法。一种认为马克思主义的劳动价值论是自然资源无价值论的拥护者，主张自然资源是自然存在的，没有社会必要劳动凝结在其中，因而判断自然资源没有价值。另一种观点采用边际效用价值理论阐述土地资源的价值。效用价值论主张商品价值的决定性因素是人对利益的渴望，而不是由劳动决定的，后来被进一步发展成为边际效用价值理论。边际效用价值理论认为：首先，价值存在的必要条件是效用的稀缺性，人们只有对物品产生渴望才能引起对价值的肯定；其次，价值尺度是边际效用，人的需求或是说对物品的渴求程度会随着人的欲望不断被满足而不断降低直至为零。显然这种理论是错误的，它否定了价值存在的客观性，否定了价值与劳动的必然联系。

从土地资源价值理论阐述农用地转用价格的内涵，认为农用土地转用价格应是在一定的社会经济条件下，农用土地转为建设用地时，对农地资源的使用价值和非使用价值都进行补偿的农用土地价格。我国农用土地定级估价研究成果探讨了农用土地转用价格的评估方法，通过农用土地基准地价评估来确定农用土地直接使用价值的价格，又通过将农用土地的存在对农民所具有的社会保障价值和为社会提供粮食安全作用而产生的社会稳定功能所具有的价值进行量化，估计农用土地非使用价值的价格。

劳动价值论与效用价值理论都能解释部分土地自然资源的价值问题，但由于这些理论的形成背景与我国时代背景差别较大，所以具有局限性。我国许多学者针对自然资源的价值研究证实了这一结论。例如，通过研究环境的整体价值、实体价值、无形的服务性价值，提出了生态价值论；将效用的概念修正为客体的使用价值和主体的需要决定的效用，提出修正的边际效用价值理论，并认为是科学合理的自然资源价值理论；通过阐释自然资源的使用价值和补偿价值之间的关系，提出资源有价、有偿使用的观点。我们根据目前的环境保护、资源节约趋势认为自然资源特别是土地资源是有价值的，其价值和生产费用、劳动投入都是有关的；土地资源也是稀缺的，并且稀缺性能够影响价格的变化。

土地资源价值论对于农村土地流转的指导价值在于：农用土地作为自然资源为人类提供农产品，其经济价值是农用土地资源用于农业生产所获得的农产品的价值；其生态价值在于农用土地资源及其上的植物构成的生态系统具有的生态价值，包括调节气候、净化与美化环境、维持生物多样性等方面的价值；其社会价值在于直接的物质价值转化为社会功能的间接价值，主要包括提供就业保障、保障粮食安全和维护社会稳定等方面的价值。根据农用土地的自然价值、经济价值和生态价值的综合协调来确定流转规模，是实现农用土地价值最大化的有效途径。

（五）可持续发展理论

1987 年，世界环境与发展委员会（World Commission on Environment and Development，WCED）主席在《我们共同的未来》报告中阐述了可持续发展的理念，即"在满足当代人需求的同时，又不对后代人满足其需求的能力构成危害的发展"，并得到了广大民众的认同。可持续发展理论强调人口、资源、环境能够和谐共处，互相平衡，互相促进，形成协调稳定的发展关系。人类的可持续发展需要可持续的资源和环境，我国人口多，耕地面积有限，且后备耕地不足，因此必须确保现存耕地能够得到充分的保护，防止耕地的减少与退化，实现耕地功能的正常稳定发挥，进一步维持耕地生态系统的平衡，促进人口、资源、环境、社会可持续发展。可持续发展理论的基础性原则是公平性、共同性和持续性，是经济、社会、能源、大自然生态不产生矛盾，并且共同和谐运作。可持续发展也包含两个非常重要的构成部分，也可以说是可持续发展的组成要素："需要"和对需要的"限制"。满足需要对应的是对人类的基本生产生活我们应该给予满足，包括我们平时比较基础的衣食住行；而对需要的限制指的是我们应该时时注意这种需要到底会不会对我们的下一代，甚至对我们目前掌控不到的未来构成危害，如果会产生一定的威胁甚至带来危害的话，那么也一定会对支持地球上生命正常运转的生态、动植物、大气等相关要素造成威胁。因此，我们在追求经济发展的同时，也要关注到社会公平的重要作用以及生态和谐对人类的意义，实现人类和地球的共同发展。

耕地资源是一种需要保护的资源。随着经济水平和科技水平的提升，社会发展对土地资源的需求量越来越大，难免会侵占耕地，同时环境污染对于耕地资源的破坏也是显而易见的。耕地资源作为关系每一位公民生产生活的资源，亟须合理保护与利用。我们应按照可持续发展理论，在确保当代生产生活能够得到满足的基础上，为后代的生产生活提供足够的资源，强调的是一种长远的、不仅能够满足当前需要的、融合多方面的发展理论，寻求的是相对的平衡。当今社会人地矛盾、资源短缺的现象越发严重，我们生活所需要的资源越来越多，但耕地资源数量较为有限，无法满足我们日益增长的需求，这使得耕地被过度开发利用，严重破坏了耕地的产出效率与生态的可持续发展。耕地合理利用必须基于可持续发展理论，要保证耕地的供给与人们的需求达到相对平衡状态，保证耕地资源的稳定，达到既满足社会需求又有利于生态的可持续。本文对于耕地压力的研究基于可持续发展理论是必要的，只有确保耕地资源的可持续发展，我们的生产生活才有保证。本文对各地市和地区的耕地压力差异进行分析并研究其动态演变特征，系统研究耕地区域压力的情况，有利于在保证耕地质量的基础上合理利用耕地，促进经济的可持续发展，为确保国家粮食安全与社会稳定发展提供建议。

（六）土壤肥力理论

土壤肥力是土地对于大自然的供应以及植物在自身生长发育过程中所需要的最基本的因素，比如空气、水分、养分等。土壤肥力发生变化的影响因素，不仅与自然要素有关，而且与生产要素的关系也很大，所以土壤肥力由自然肥力和人工肥力共同组成。首先，自然肥力是指不涉及人类活动，由大自然原生态供应的、土壤和气候相互作用的结果，主要和空气湿度、大气温度以及土地可以吸收的养分和水分有关。气候肥力从属于自然肥力，气候肥力主要体现在热量、光照、水源等基本的自然要素上，和土壤相互作用、相互影响，共同成为自然肥力的影响因素。其次，人工肥力与自然肥力有关，自然肥力是人工肥力的基础要素，人类借助农药、化肥、机械以及不同的耕种方式、方法来提升土地肥力。人工肥力通过人们对于土地的实际运作得出，也就是说，如果人类运用科学技术、耕作制度、化肥农药等方法对土壤进行科学有效的运用，那么就可以使土壤肥力得到有效提升，否则的话就会削弱土壤肥力。

土壤肥力在一定程度上决定了作物种植生长的情况，如存活率、质量和数量。土地是有生命力的，土地生命力表现为土地的生产力，土壤肥力在其中起到了关键作用，对土地生产能力的高低产生影响。土地生命力受自然因素和经济因素的影响，二者相互作用、相互制约。在土地生命力的概念当中，自然生命力和人工生命力的差异还是比较大的。从根本上来说，土壤自然肥力是土地自然生命力的基础，其形成原因与人类种植的农作物的种类及数量等有直接关系。土地的人工生命力与农作物的产量也是相关的。在单位土地面积内，土地的人工生命力受人类生产活动的影响，人类对于土地的利用与操作可以提高农作物的产量，进而提高土地的人工生命力。因此，土地的自然生命力和人工生命力彼此相互作用形成了土地生产力。土地生产力发展的基础是土地的自然生命力，即土壤的自然肥力，但这并不是土地生产力的所有决定因素，还要取决于土地的人工生命力。因此，土地资源价值分析的重要理论依据是土地自然肥力和土地人工生命力，二者共同作用形成土地生产力。

三、研究方法

（一）理论分析法

农村土地流转不仅仅是农业经济学的问题，还涉及宏观经济学、微观经济学、制度经济学乃至社会学等多学科。综合运用农业经济学、宏观经济学、微观经济学和制度经济学等的相关理论，探讨农村土地流转与适度规模经营的成因及其绩效，从理论上解释农村土地流转的必要性、必然性与紧迫性。采用制度经济学理论、帕累托最优理论、管理科学理论和委托代理理论等分析方法，通过对各类土地规模经营模式下利益主体在追求利益最大化过程中采取的经济行为和理性选择的研究，指出各类农村土地流转模式的利益主体在运行过程中出现的问题，以及各方利益达到均衡的条件和实现可持续发展的途径。通过分析，最终形成几个可行性较高的、较为完善的农村土地流转模式。

（二）比较分析法

由于不同地区经济发展水平、耕地稀缺程度等存在差异，因此不同地区农村土地流转的发展水平、实现形式及其绩效也存在差异。通过比较分析，有助于把握不同地区农村土地流转与当地的经济发展水平、耕地稀缺程度等方面的关系，把握不同地区农村土地流转的具体经验及其绩效差异，探求农村土地流转的基本规律。

（三）案例分析法

案例分析法是研究农村土地流转的一个重要的方法。通过一些典型案例的对比分析，对农村土地流转的实现形式及其绩效进行剖析，找出各种经营实现形式产生的原因及其对农业生产的影响。以深入访谈和调查问卷的方式，对现阶段农村土地流转的状况、农民生活现状以及政府的角色分别予以分析。采用案例分析方法的优点在于，个案研究适用于现象比较复杂、有关理论又不十分完善的场合，涉及的对象比较少，能够对较多的方面展开调查，形成整体印象。农村土地流转问题有复杂的社会经济背景，案例研究能够通过几个不同性质的案例把其中存在的主要问题反映出来，以小见大，得到独到并具有针对性的见解。

（四）计量分析法

农村土地流转不仅与农村土地经营收入占总收入的比例、户主年龄、文化程度、人均耕地面积等微观因素相关，还与政府的农业政策（如粮食直接补贴政策）以及国际农业环境息息相关，不同因素对农村土地流转的影响是不同的。借鉴国内外现有研究，将所有影响因素分为内部因素和外部因素两类，并选取相关变量，建立计量模型，考察影响土地使用权流转的因素以及不同因素对土地使用权流转的影响，这对于客观反映农村土地流转的效果具有重要作用。例如，运用 logit 模型分析农村土地流转的影响因素；运用 Difference In Difference 模型分析实行土地规模经营（包括土地流转和土地合作社）对农牧民收入的影响。通过模型比较分析参与农村土地流转的农民和未参与的农民的收入状况。

四、农村土地流转的经济学理分析

（一）边际报酬递减与农村土地流转

要素边际报酬递减规律是经济活动的基本规律，也是生产投入决策的重要依据。所谓要素报酬递减，指的是在一定的生产技术水平下，当其他生产要素的投入量不变，连续增加某种生产要素的投入量，在达到某一点以后，边际产量（总产量的增量）将越来越小的现象。边际报酬递减规律存在的原因很多，但是要素的不可分割性最为关键。由于某一固定要素的不可分割性，随着可变要素投入量的增加，可变要素投入量与固定要素投入量之间的比例发生变化。在可变要素投入量增加的最初阶段，相对于固定要素来说，可变要素投入过少，因此，随着可变要素投入量的增加，其边际产量递增。当可变要素与固定要素的配合比例恰当时，边际产量达到最大。过了这个最大值点后，如果再继续增加可变要素投入量，由于其他要素的数量固定，可变要素就相对过多，边际产量就必然递减。

假设企业只投入两种生产要素，资本（K）和劳动（L），则生产函数可以表示为：$Y = \_f(K，L)$。在不考虑技术进步的条件下，如果资本投入固定，增加一单位劳动带来的产量增加就是劳动的边际产出量（MP_L）。在资本数量固定而劳动投入量较少时，投入的增加可以产生专业化分工，使产出有较大的增加。但当劳动投入较多时，再增加劳动的投入量就会带来这种要素的过度使用，劳动投入效率下降，即 MP_L 下降，劳动的边际报酬会经历快速上升—缓慢上升—下降—负数的变化过程。同理，如果 L 数量固定，资本的投入变化与其边际报酬的变化也遵循同样的规律。用数学形式表示，要素的边际报酬递减规律就是公式（2-1）和（2-2）的情况。

$$MP_L = \alpha Y / \alpha L \qquad (2-1)$$
$$\alpha MP_L / \alpha L = \alpha^2 Y / \alpha^2 L \qquad (2-2)$$

就农业而言，其生产投入品除资本（K）和劳动（L）外，土地（T）也是重要的生产要素。这样，生产函数就可以表示为公式（2-3）。

$$Y = f(K, L, T) \qquad (2-3)$$

依据同样的规律，K、L 及其他条件不变的情况下，土地 T 的边际报酬也会经历快速上升—缓慢上升—下降—负数的变化过程。

从我国的农业生产实践来看，人多地少的实际情况决定了农业产出的增加主要依赖于劳动的密集投入，资本投入不足，劳动投入的边际报酬是必然下降的。而同时，随着经济的发展，特别是城镇化的发展，我国耕地资源的逐渐减少是一个必然趋势。统计资料表明，1996年我国的实有耕地面积为13 003.92万公顷，到了2008年降至12 171.59万公顷。这种情况下，资本特别是土地的边际报酬反而有可能是上升的。至于农业产出特别是粮食产出的持续增加，则主要可以归结为新型农业技术和各类化学肥料的运用。所以，未来我国农业发展的主要问题就是要在守住耕地红线的前提下，对耕地资源进行整合，同时加大对农业的投资和现代农业技术的应用。而耕地资源整合的一个重要途径就是将耕地集中，通过土地流转使耕地向种植大户、有经验的种植能手和企业集中。

（二）资产专用性与农村土地流转

资产专用性的概念最早由威廉姆森提出。简单地说，资产专用性是指该类资产只能适用于特定的用途，改作他用则价值低微甚至可能毫无价值。资产专用性至少包括四个方面，即地理位置专用性、实物资产专用性、人力资本专用性、特定用途资产。资产专用性理论的提出突破了新古典经济学当中生产要素被假定为同质而可以无成本地相互替代的概念，为经济学的研究提供了一种新的思路。

资产专用性在农业生产领域也同样存在。就耕地而言，它同样存在专用性问题，这一专用性对土地流转和农业生产具有重要的影响。耕地的资产专用性主要包括实物及无形资产专用性、耕地的地理位置专用性、农业经营者的人力资本专用性三个方面。其中，实物及无形资产专用性主要体现在农业机械、肥料、农产品运输工具以及农业技术等方面，地理位置专用性主要体现在地理区位上，人力资本专用性主要体现在农户年龄、家庭总人口、农户身体状况、农户受教育年限和农户的掌握农业种植技术种类等方面。

就耕地的实物与无形资产专用性而言，农用机械设备、化肥、农药和农产品运输工具等农业生产实物投入具有专用性特征。首先，某种化肥、农药和农用机械往往是针对某种农产品或某一个生产环节设计的，几乎没有改做其他用途的可能，因而具有较高的专用性。例如，生物有机肥主要用于有机农产品的生产，如果用于普通农产品的生产，与其较高的成本相比就会出现亏损，失去了生物有机肥既有的价值；鲜活农产品运输需要厢式冷藏车，当厢式冷藏车用于运输鲜活农产品时就会较好地体现其价值，而用于普通大宗农产品的运输不仅难以满足要求，而且成本很高，因而其价值就会大大降低。其次，无形的农业生产技术往往仅仅适用于特定农产品的生产，这一技术在其他农产品的生产上就显得无价值或价值很小。例如，随着生物质能源的发展，新型的秸秆生物质原料加工技术在用于能源用秸秆的加工处理上具有较强的专用性。无论是农业生产实物投入还是无形的农业生产技术，它们均需要一定的经营规模与其相适应。规模越大，这些专用性资产的价值就越能得到体现。而且经营主体越少，交易成本就越低，规模经营的效率和收益就会越高。所以，从这个意义上看，通过土地流转实现规模经营是提高专用性资产价值的一个重要途径。

就耕地位置的专用性而言，拥有一般气候条件、区位条件、交通运输条件和市场条件及土地肥沃程度的耕地属于非专用性的土地资产，而拥有独特的气候条件和优越的区位、市场、交通运输等条件的耕地则具有天然的专用性资产属性。例如，北京、上海、广东等大城市的郊区容易发展成专业化的果蔬生产基地，海南、广西等气候条件优越的地区容易建立起专业化的经济作物生产区。对于这些具有区位专用性的地区而言，通过资金、技术、人力的投资或转变用途，非专用性或中等程度专用的耕地可能转变成为具有特殊用途的资产。从土地流转尤其是以专业化经营为目标的流转来看，土地在流转过程中的专用性程度往往会发生变化。对转让土地的一方而言，对土地进行专用性投资才有利可图，反之则获利甚微甚至无利益可言。所以，从这个意义上讲，通过土地流转实现适度规模经营有利于刺激经营者对土地进行投资（如整改土地、修建灌溉设施等），改善我国农业要素禀赋的结构，进而提高土地生产率和农业产出。

至于人力资本专用性，简单来说就是一个人相对他人具有的某些优势，特别是从事生产经营的信息。由于他拥有一些独一无二的信息，这些信息可能存在有利的用途，但只有在他本人利用这些信息进行决策或积极与他人合作做出决策时，这些信息才能被利用。人力资本专用性具有两个特征：一是它与投资强度有关，对人力资本投资的强度越大，时间越长，人力资本的专用性就越强，人力资本的生产效率就越高；其次，人力资本专用性适用于特定的环境，一旦环境改变（即拥有这些资本的人转行做其他事情），其拥有的特定知识就会贬值。专用性的人力资本只有在合适的时间地点与合适的资源相配置才能发挥作用，否则价值会降低，造成人力资本闲置浪费的现象。

从农业生产经营者的实践看，其所具有的人力资本同样具有专用性或不可模仿的特征。有些农民在长期生产实践中积累了丰富的经验，对当地的气候、耕地特点、耕种方式等都极为熟悉，能够正确掌握农作物的播种收割时机，搜集并运用各种农业信息，了解农作物从生产到销售的流程，熟练操作农用机械以及掌握特定的农业技术。与这些农民不同的是，另外一些农民则在这些方面处于劣势地位，他们不仅缺乏从事农业生产的经验，而且也缺乏从事农业生产的动力。除了农民外，一部分从事农业经营的企业同样具有这样的特征，他们具有先进的农业技术和管理经验，对农业生产和市场的驾驭能力强，能够较好地根据市场需求及其变化生产适销对路的农产品。与具有生产经验的农民一样，这些企业同样具有类似的人力资本专用性特征。但这些有着丰富农业生产经验的农民和企业是理性的经济人，具有机会主义的本性，如果不能形成一种有效的激励和约束机制，就会出现机会主义行为和逆向选择行为。例如，对耕地的掠夺性经营、大量使用无机肥和农业投资的不足等等。如果能通过制度调整使耕地向种植能手、大户和企业集中，以进行适度规模经营，不仅有利于规模经济的实现、农业产出的增加和农业生产率的提高，稳定经营者的收益预期，更重要的是能够从利益上形成对经营者的一种激励，提高土地经营者逆向选择行为的机会成本，降低机会主义行为发生的概率。不仅如此，此举还有利于激励经营者增加对土地的实物投资和人力资本投资，进一步强化农业经营者人力资本的专用性。

就农业生产看，如果把农户视为一种经济组织，其规模的决定因素在于内部组织生产成本和外部组织交易成本之和的最小化，生产成本主要由技术因素决定，而交易费用则受到要素禀赋结构和宏观制度环境的影响。至于土地流转与交易费用，众多国外研究显示，交易费用是阻碍土地流转的一个因素。中东欧国家20世纪90年代初的土地私有化导致了大量的土地细碎化，而大量的交易费用阻碍了土地交易所带来的福利增加。政府的市场干预政策（例如一些税收政策）也增加了土地买卖之间的交易费用，国内诸多学者的研究也证实，交易费用是制约我国农村土地流转的一个重要因素。

本 章 小 结

本章对农村土地流转进程中耕地保护问题的相关概念进行界定，包括耕地的概念、耕地保护的概念及农村土地流转的概念，引入指导本书的相关基础理论，包括系统科学理论、人地关系理论、资源稀缺理论、土地资源价值理论、可持续发展理论、土壤肥力理论等，并对上述理论的指导价值进行分析。本章还介绍了相关研究方法，并对农村土地流转进行了简单的经济学理分析，为研究奠定了坚实的基础。

参 考 文 献

陈振，2012. 农地流转风险：国内外研究进展述评及改进 [J]. 农业经济问题 (6)：76-88.

仇淑萍，江波，廖晓莲，等，2007. 家庭承包土地经营与农机服务组织模式研究 [J]. 现代农业装备 (1)：44-47.

丁关良，李贤红，2008. 土地承包经营权流转内涵界定研究 [J]. 浙江大学学报 (人文社会科学版)，38 (6)：5-13.

方创林，2003. 中国人地关系研究的新进展与展望 [J]. 地理学报 (S1)：21-32.

谷树忠，姚予龙，沈镭，等，2002. 资源安全及其基本属性与研究框架 [J]. 自然资源学报，17 (3)：280-285.

郭鸿鹏，杨印生，2004. 我国农机作业委托组织形式探讨 [J]. 农业机械学报 (1)：189-191.

黄贤金，1997. 农地价格论 [M]. 北京：中国农业出版社.

孔祥斌，张蚌蚌，温良友，等，2018. 基于要素-过程-功能的耕地质量理论认识及其研究趋势 [J]. 中国土地科学，32 (9)：14-20.

李金昌，姜文来，靳乐山，等，1999. 生态价值论 [M]. 重庆：重庆大学出版社.

李怀，2022. 农地"三权分置"下乡村振兴实现的理论、困境与路径 [J]. 农业经济问题 (2)：60.

林善浪，1999. 中国农村土地制度与效率研究 [M]. 北京：经济科学出版社.

罗丽艳，2003. 自然资源价值的理论思考——论劳动价值论中自然资源价值的缺失 [J]. 中国人口·资源与环境，13 (6)：19-22.

彭群，1999. 国内外农业规模经济理论研究述评 [J]. 中国农村观察 (1)：38-42.

邱维理，王娟，郭文祥，2012. 农用地质量是由哪些要素构成的？——农用地分等规程解读 [J]. 中国发展，12 (4)：54-57.

曲福田，2001. 资源经济学 [M]. 北京：中国农业出版社.

任治君，1995. 中国农业规模经营的制约 [J]. 经济研究 (6)：54-58.

沈仁芳，陈美军，孔祥斌，等，2021. 耕地质量的概念和评价与管理对策 [J]. 土壤学报，49 (6)：1210-1217.

舒坤良，2009. 农机服务组织形成与发展问题研究 [D]. 长春：吉林大学.

宋伟，陈百明，史文娇，等，2011. 2007 年中国耕地资源安全评价 [J]. 地理科学进展，30 (11)：1449-1455.

王军，2009. 石家庄市耕地动态变化与生态安全评价研究 [D]. 石家庄：河北师范大学.

王逸舟，1999. 全球化时代的安全新观念［J］. 世界知识（2）：26-27.

吴次芳，等，2004. 土地资源安全研究的理论与方法［M］. 北京：气象出版社.

夏明江，1989. 农业规模经营配套研究［M］. 武汉：武汉工业大学出版社.

于连生，2004. 自然资源价值论及其应用［M］. 北京：化学工业出版社.

余奉庆，蔡运龙，2003. 耕地资源价值探讨［J］. 中国土地科学，17（3）：3-9.

张淼，2014. 基于资源价值的多目标土地利用结构优化研究［D］. 南京：南京农业大学.

赵其国，周炳中，杨浩，等，2002. 中国耕地资源安全问题及相关对策思考［J］. 土壤，34（6）：293-302.

郑维国，2005. 对构建农机社会化服务体系的探讨［J］. 理论观察（4）：161-162.

周诚，1995. 对我国农业实行土地规模经营的几点看法［J］. 中国农村观察（1）：41-43.

朱红波，2006. 中国耕地资源安全研究［D］. 武汉：华中农业大学.

朱红波，2008. 我国耕地资源生态安全的特征与影响因素分析［J］. 农业现代化研究，29（2）：194-197.

朱永恒，濮励杰，赵春雨，2005. 土地质量的概念及其评价指标体系研究［J］. 国土与自然资源研究（2）：31-33.

Rossiter D G.，1996. A theoretical framework for land evaluation［J］. Geoderma，72（3-4）：0-190.

第三章

我国典型农村土地流转案例分析

一、重庆江津模式

流转地点： 重庆市江津区

基本概况： 重庆市江津区为长江上游重要的农业大县（市），2006 年经国务院批准撤市设区，当年农业户籍人口 108.68 万人，农村劳动力 66.4 万人，耕地面积 102.33 万亩*。农村劳动力不断转移，农业粗放经营现象日益突出，部分农地撂荒，宅基地闲置废弃，此类情况在山区尤其严重。

流转模式： 土地互换

重庆江津模式是农村集体建设用地互换流转的典型代表。农村土地互换模式操作难度小，土地增值收益明显。一种是村集体经济组织内部承包土地的承包方为了便于耕种或因规模种植的需要，交换自己的承包地。另一种是复垦置换村集体建设用地，土地承包经营权市场化流转，实现农村土地的集约高效利用。

流转过程： 江津为实现农业资源有效利用，加快农业产业、规模双升级，主要做了两方面工作实施农村集体建设用地互换流转。

一是用好农村土地交易所的"地票交易"。2008 年，重庆市成立了全国首个农村土地交易所——重庆农村土地交易所。农村宅基地及其附属设施用地、乡镇企业用地、农村公共设施和农村公益事业用地等农村集体建设用地，经过复垦并经土地管理部门严格验收后产生的指标，都可以采用票据的形式在交易所公开拍卖流转。这些年城市建设用地越来越多，但重庆江津的农用土地面积

---

* 亩为非法定计量单位，1 亩＝1/15 公顷。——编者注

不减反增。通过农村土地交易所拍卖流转的集体建设用地，在增加农用地规模的同时，也让普通农民和村集体获得了资金收益。

二是支持农村土地产权流转交易，推进农村建设用地市场化改革。党的十九大报告指出，农村集体产权制度改革是今后一段时期深化农村改革的一项重点任务，也是加快城乡一体化发展进程、保障农民财产权益、壮大集体经济的有效手段。江津区早在 2007 年就率先开展农村集体建设用地置换试点，同年一期复垦，全区新增农用地面积 4 160 亩，其中耕地面积 2 781 亩。之后江津区继续改革土地互换流转增值方式，进一步明晰农村集体产权归属，政府层面支持农村土地产权流转交易。2017 年出台《江津区农村产权流转交易管理办法（试行）》，对交易品种、交易机构、交易方式、纠纷调处和监管责任等都进行了明确，强调要在坚持农村基本经营制度和集体所有制的基础上，明晰农村集体产权归属、维护农村集体经济组织成员权利。重庆江津农村土地的互换流转使农村集体建设用地不再荒废，有效盘活了农村土地资源、资金和资产。

流转结果：重庆江津土地流转模式保护了农用耕地的面积和数量，有力促进了农村劳动力的有效转移，也在一定程度上支持了城市经济的发展；土地互换流转推动了当地农业的产业化和规模化经营，已经形成了一大批农业大户、市区两级农业产业化龙头企业。

2018 年江津区粮食总产量达到 64.05 万吨，粮食播种面积 99 133.33 公顷，实现农业总产值 129.7 亿元，总量重庆市第一，农民人均年收入达 1.82 万元，贫困发生率降至 0.22%。农民住房、医疗、教育水平得到显著提升，农民的钱袋子鼓了起来，群众幸福感、获得感、安全感越来越强。

成功原因分析：重庆江津政府组织开展集体建设用地复垦，支持农村土地产权流转交易，确保增值收益相对合理分配。农村土地交易所、"地票"、宅基地复垦等多种形式的创新，破解了农村土地发展"零和博弈"的局面，提高了土地发展的经济效益与社会效益，多个利益参与主体均得到了自身收益的优化。

二、浙江温州模式

流转地点：浙江省温州市

基本概况：2001 年，《中共中央关于做好农户承包地使用权流转工作的通知》［中发（2001）18 号］发布；2002 年党的十六大提出统筹城乡发展，实施"多予、少取、放活"的方针；2004—2008 年中央连续五年下发五个涉农 1 号文件，减免以土地为征收对象的农业税，实行粮食直补等一系列支农惠农政策，使土地流转价格成为净收益。农业产业化程度的提高和高效生态农业的实施催生大量新型的土地流入方市场主体，土地流转受市场机制调节的条件基本具备，流转的速度逐步加快。2002 年的温州市农村经济统计资料开始出现"农户承包地流转的总面积"栏目，当年温州市承包地流转面积达 36.04 万亩，2003 年全市承包地流转面积达到 42.44 万亩，2004 年、2005 年有所回落，分别为 33.16 万亩、40.95 万亩，2006 年又上升到 45.09 万亩，2007、2008、2009 年均保持稳步增长，分别达到 53.41 万亩、57.17 万亩和 68.62 万亩。

浙江省温州市经济发达，尤其是民营经济占比明显，民营资本发展活跃，当地素来就有浓厚的经商创业氛围。农业作为经济收益相对较小的产业，改革开放后温州当地许多农民选择专门从事手工业生产或外出创业，农民自己承包到户的土地部分无人耕种，这时开始出现自发性地在村集体内部的土地转包流转，缺乏劳动力或不能有效经营土地的家庭的土地逐步向一些种田能手流转，后来也就形成了转包流转给种田大户的形式。

流转模式：土地转包

浙江温州模式是农村土地转包流转增值的典型代表。土地转包是指承包方将部分或全部土地承包经营权以一定期限转给同一集体经济组织的其他农户从事农业生产经营。转包后原土地承包关系不变，原承包方继续履行原土地承包合同规定的权利和义务，转入方按转包时约定的条件对转包方负责。转入方享有土地承包经营权的使用权，获取承包土地的收益。转包无须发包方许可，但转包合同需向发包方备案。

流转过程：浙江温州模式的主要特征就是农民自发产生的村集体内部土地流转，这破解了以浙江温州为代表的经济发达地区"有地不种，想种没地"的难题。进入 21 世纪后，中央逐步试点推行农村土地经营权流转，温州市积极参与，形成了以有偿转包创新模式为核心的温州农村土地流转模式。政府提供服务、搭建平台，模式内涵不断丰富，目前主要形式有：种田大户转包流转、村集体代耕代种、土地耕作社会化服务。农户把自己承包的土地转包给种粮大户有三种方法，招投标式转包、中转站式转包和中介机构合同转包。转包方法的多样创新节约了转包成本，承包方与转入方灵活运用，节约流转的时间费用。转包流转方法中增加利益第三方的思想比较明显，如招投标形式、村集体垫付转包费再签订转包合同以及中介组织的协调介入，目的就是使转包过程更加公平合理，有助于保护承包土地的农民的利益。目前，向种田大户转包流转仍然是温州土地流转模式的核心，种田大户每年承担着全市 40% 以上的早稻生产任务。

温州模式中农民承包的土地不仅向种田大户转包，也可以向村集体、农业专业合作社流转。村集体和合作社对土地进行田间管理、育秧、耕种、植保、收割，提供专人负责土地耕作的社会化服务。土地被尽可能地集中起来，使用大型农用机械，实现了农村土地规模化现代化经营。

流转结果：温州市农业生产的特点表现为人多地少，人均耕地面积仅 0.31 亩，但是当地持续积极创新耕地流转模式，遏制了耕地抛荒的现象，粮食生产保持了总量稳定，土地流转制度的创新提高了土地本身和农民的价值收益。

成功原因分析：土地转包流转容易实施，成本低、流转程序简单，不更改原承包关系，在全国各地都有实践意义。近年来温州模式在各地陆续推行，促进了我国农村土地流转的进程，有效提高了村集体内部的土地使用效率。

三、浙江嘉兴模式

流转地点：浙江省嘉兴市

基本概况：嘉兴市土地流转机制不断创新，土地流转形式更趋多样化，极大地活跃了土地流转市场。据 2008 年年底的统计，全市 39.97 万亩流转的土地中，转包 17.96 万亩，占 44.9%；出租 14.5 万亩，占 36.3%；转让 0.85 万亩，占 2.1%；入股 0.58 万亩，占 1.5%；互换 0.53 万亩，占 1.35%；其他 5.55 万亩，占 13.9%。从流转年限看，5 年以下的面积有 21.1 万亩，占土地流转总面积的 52.8%；5～10 年的面积有 9.1 万亩，占土地流转总面积的 22.8%；10～20年的面积有 5.22 万亩，占土地流转总面积的 13%；20 年以上的面积有 4.55 万亩，占土地流转总面积的 11.4%。

流转模式：两分两换

浙江省嘉兴市是我国最早开始试点推行"两分两换"，即"土地换社保、宅基地换房"的城市，经过较长时间的发展，浙江嘉兴模式的一些做法已经在上海、天津、重庆等地推广开来。"土地换社保、宅基地换房"指的是农民自愿放弃土地的承包经营权，换取城市居民社会保障；农民依靠自用的农村宅基地置换城镇住房。"两分两换"方案把农民宅基地和承包地分开,把搬迁和土地流转分开。在浙江嘉兴模式下,农民土地置换后土地所有权性质和土地用途均不发生变化,农民原有的承包土地进行流转,原有宅基地进行土地整理或复耕,补充现有耕地。

流转过程:"两分两换"是我国土地管理制度的一种创新,部分农民实现市民化,对统筹城乡协调发展具有重要意义。1993 年,浙江省嘉兴市开始探索"土地换社保",取代之前的一次性征地补贴机制。1998 年,嘉兴市明确出台土地征用办法,征用农民土地,相应的征地补偿款对"农转非"人员建立社会养老保险,以此解决失地农民的保障问题。

嘉兴实行的"土地换社保"可以概括为"三统一、一差异、一配套"。"三统一"指政府对流转农户实行统一的养老金登记制度、统一的缴纳标准和养老保险统一发放;"一差异"是指执行中对不同年龄和性别,结合实际采取有差异的安置方法;"一配套"是指为"农转非"人员提供再就业培训指导。宅基地置换城镇住房解决了土地稀少、土地利用率低的问题,建设新型小城镇提高农民生活条件的同时,保护耕地,实行土地规模化经营,提高农用机械使用水平。2008 年,嘉兴市成为浙江省统筹城乡综合配套改革试点地区,嘉兴模式进一步确立。2010 年,国土资源部通过嘉兴市《土地整治规划》,更大范围内实施"两分两换",截至 2013 年,嘉兴参加土地流转的农户已达到 41 942 户,流转承包面积 21 万亩,农民人均收入达 1.86 万元,其中八成来自非农业收入。

在具体操作中,嘉兴市把承包土地流转与促进发展现代规模农业和高效农业结合起来,提升农业产业化水平。对以租赁或入股形式长期流转的,土地流转收益归农户所有。对自愿全部放弃土地承包经营权,符合有关条件的,可按不同情况参加相应的社会养老保险。同时,把宅基地换城镇住房与宅基地的联合整治结合起来,采用城乡建设用地增减挂钩办法,集聚建设用地资源,优化城乡建设用地布局,加快现代新市镇建设和新农村建设。对放弃宅基地进入城镇购买商品房的农户,政府对原住房直接给予货币补贴。置换搬迁安置房的农户,按面积实行房屋补偿,统一规划建设后置换给农户,农户也可以到统一规划的新社区自建。农户入住城镇集聚社区后,要与村委会签订原宅基地交回协议,不再享受申请、使用农村宅基地的权利。同时,原则上将户籍关系迁入社区管理,享有城镇居民的同等权利,并继续享有原村集体经济组织的权益。

流转结果:"土地换社保、宅基地换房"给农民更多的收入选择,由社保取代一次性补贴，有效保障了"农转非"人员的基本生活，也满足了部分农民进入城市的实际需求。对于政府来说，缓解了农村在城镇化建设中资金需求的压力，土地得到合理利用，增值收益明显。

成功原因分析："两分两换"流转模式坚持农民自愿原则，土地可以发展第二、三产业，拉动农村经济，就业机会增多，有利于保障农民土地流转后的稳定收益。通过实施"两分两换"，嘉兴市农村建设用地节地率均超30％，每年节地1万多亩。按公寓房的安置测算，通过宅基地置换，每个农户平均资产将由15万元增加到60万元。"两分两换"提出了新的打破城乡二元身份的思维，在嘉兴，农民逐渐由身份转变为职业。在城市化迅速发展、城乡差距明显的今天，有助于矛盾的缓解和促进城乡协调发展。

四、安徽小岗模式

流转地点：安徽省小岗村

基本概况：小岗村位于凤阳县东部小溪河镇，距凤阳县城40千米，隶属小溪河镇。小岗村于2006年1月25日开始推行农村土地流转，已流转土地3 000亩，约占承包土地的35％。其中，小岗村的特色农业葡萄、双孢菇、苗圃等所占的共计600亩地，全部由本村村民流转而来，占据了原小岗村土地面积的1/3。据统计，小岗村每户平均拥有耕地9～10亩，平均转出土地6.08亩，平均的土地流转约定年限为10.68年。小岗村农户普遍采用的是出租方式，占51.9％。

流转模式：土地出租、反租倒包

安徽小岗村，新中国改革进程中具有重要历史地位的农村之一，目前已经形成了以农村土地出租及反租倒包流转为代表的土地流转增值模式。土地出租是指承包方将部分或者全部土地承包经营权以一定期限租赁给他人从事农业生产经营，租用方支付租金给出租的农户。出租后原土地的承包关系不变，原承包方继续履行土地承包合同规定的权利义务。农村土地反租倒包是指集体经济组织通过租赁形式将承包给家庭的土地再集中到集体，通过市场将集中的土地经营权重新承包给大农户或农业公司等农业经营者。土地出租与反租倒包都是将土地承包经营权租赁给本集体经济组织以外的人或公司，属于外部经济行为。

流转过程：安徽小岗村是家庭联产承包责任制的先行者，率先大包干、包产到户，自负盈亏。1979 年小岗村迎来大丰收，当年粮食总产量达到 13.3 万斤[*]，十几年来第一次向国家交售余粮，不用再逃荒要饭。当时的包产到户是破除平均主义的错误，发挥农户个人的生产积极性。制度要面对变化的形势，连续多年的粮食丰收，小岗村农民早已解决了温饱，打造农业规模化产业化成为小岗村土地改革的新目标新任务。21 世纪以来，城市化进程加快，农民进城务工，人员的外部流动越来越多，无人耕种土地现象出现，倒逼土地经营权进行流转。同时，要发展农业产业、实现农业发展规模化集约化经营，农村土地的再次集中经营是必要条件，安徽小岗村开始了第二次小岗探索。

增产增收首先就是有效利用土地资源，小岗村进行了许多尝试，村民自发把土地出租给本村农民或外村农民耕种。国家政策开始允许土地流转后，许多进城务工的村民把土地租给企业、个人等。但安徽小岗村有进一步的改革计划，村集体出面协调有意愿出租的土地，由村集体承租，集中土地再租赁给企业。发展农村企业可以拉动经济和就业，而且由村集体出面也有助于保护农民的个人权益。这个想法刚一出现时，有些人认为这种"反租倒包"的行为是"走回头路""重返大集体"，计划实施困难。党的十七届三中全会通过的《中共中央关于推进农村改革发展若干重大问题的决定》指出"允许农民以多种形式流转土地承包经营权，发展适度规模经营。"很快，小岗村便推动当地的土地流转，引进企业等第三方经济组织，从前最头疼的"土地抛荒"成了兴业热土。农业企业开始修建，村里人不用外出上班，资本和技术也开始投向土地，小岗村发展规模化集约化的农业生产的目标得到实现。

流转结果：小岗村不断完善个人出租及村集体反租倒包的土地流转方式，分散的土地依法自愿有偿流转，流转方式不断创新。村委会在 2012 年成立集体公司，农户与公司签订协议，村集体依法依规、采用市场行为租用农民土地，最大限度地避免农民土地流转的风险。2016 年，中央继续推进农村集体产权制度改革，小岗村组建了集体资产股份合作社，按章程定期给村民分红，增加农民收入。2018 年，小岗村实现集体经济收入 1 020 万元，村民人均可支配收入 21 020 元。农民土地出租有收入，到企业工作也有工资，生活水平得到切实提高，小岗村的经济发展和社会面貌又上了一个新台阶。

成功原因分析：安徽小岗模式鼓励土地向种田大户、能手流转，进行适度规模经营，通过组织协调改变土地现状，从而发挥其应有效应，以获得更大的

---

　　[*] 斤为非法定计量单位，1 斤＝500 克。——编者注

利润。通过新农村规划，加大投入，大力支持中心村的发展，将村民向中心村集中，不仅节约了土地，减少国家财政对公共设施的投入，同时促进了第三产业的发展。

五、上海奉贤模式

流转地点：上海市奉贤区

基本概况：上海经济发达，资本发展活跃。奉贤区位于长江三角洲东南端，人口 52 万人，下辖 22 个镇，土地流转基础条件好，积极采用转包、租赁等一系列市场化流转形式进行土地流转。

流转模式：土地入股

土地入股是指实行家庭承包方式的承包方之间为发展农业经济，将土地承包经营权作为股权，自愿联合，从事农业合作生产经营；其他承包方式的承包方将土地承包经营权量化为股权，入股组成股份公司或者合作社等，从事农业生产经营。农民土地承包经营权依据实际标准折算股权，联营入股到从事农业生产经营的经济组织，一般是公司或者农业专业合作社。根据农户折价后股份比例，同股同利，公司盈余分红股份收益。

流转过程：上海市奉贤区积极吸纳民间资本参与农业生产，培育并成立各门类专业合作社。出台政策鼓励农民以土地入股，获得收益分红。大力推进土地入股流转以来，专业合作社已经成为奉贤区农村生产力最活跃的领域。奉贤区大量的农民以土地入股的方式参与农业专业合作社，合作社的发展直接带动农业经济发展，提高农民收入。

上海奉贤模式农民专业合作社发展迅速，形成了三个特征：一是合作社的产业类型齐全，生产合作涉及粮食、蔬菜、瓜果、花卉、畜牧、禽蛋、水产、蜂业等多个领域；二是合作社生产形式多元，采取"合作社＋基地＋农户""合作社＋农户""龙头企业＋合作社＋农户"等多种形式；三是合作社重视标准生产、品牌建设，并发挥分散生产、集中经营的运行优势，已经培育形成了一批名优特色的农产品品牌。

流转结果：上海奉贤模式以农民土地入股、发展专业合作社为抓手，有效盘活农村土地及农业生产资源，政府给予更多政策指导，销售渠道也更多元。专业合作社形成规模效益，生产联系紧密，产品大批量外销市场，识别度高，应对市场风险也更加从容。

成功原因分析：奉贤区政府指导、协调和督查土地入股流转全过程，坚持"依法、自愿、有偿"原则，在确保集体所有权的前提下稳定农民的土地承包权，优化土地经济效益。上海奉贤模式建立了较为合理的农村土地流转收益分配制度，土地增值收益大部分体现为农户收入、企业或合作社盈利，剩余土地流转收益归集体所有。设立土地流转专项储备资金，资金主要用于发展农村集体经济、投资农村基础设施。资金能够进一步提高农民生产生活条件，吸引高素质人才参与新农村建设，为当地农村经济的可持续发展提供人才支撑。上海奉贤模式灵活程度高，较其他模式融资难度低，以市场手段发展了当地农业，提高了农民收入。

六、重庆开县模式

流转地点：重庆市开县

流转概况：开县位于重庆市东北部，三峡库区小江支流回水末端。全县辖区土地面积 3 963 平方公里，2012 年末耕地面积 100 541 公顷。总人口165 万，其中农业人口 114.87 万人、非农业人口 50.69 万人，分别占总人口的69.4％、30.6％。辖 40 个镇乡街道、435 个村、75 个社区。2012 年全年粮食种植面积 189.71 万亩，与上年基本持平；油料种植面积 22.19 万亩，比上年增长 7.5％；蔬菜种植面积 24.59 万亩，比上年增长 7.4％。全年实现农林牧渔业增加值 420 952 万元，比上年增长 6％。近年来，开县以"人口梯度转移、土地入股集中、城市资源下乡、美丽乡村建设、农村地票储备、农村金融创新"六项综合配套改革试验为突破口，系统推进城乡统筹发展，探索出了一条缩小三个差距、促进共同富裕的新途径。

流转模式：土地入股

为实现土地资源的有效利用，开县进行了土地入股模式的实践，即以家庭承包经营为基础，以农民自愿为前提，以增加农民收入为目标，盘活农村"三权"资源。截至 2012 年末，开县已发展专业合作社 1 356 个，其中以土地入股为主要形式的新型股份合作社完成登记 951 个，占全县总量的 70％，集中土地面积 50.48 万亩，加入合作社的农户有 22.69 万户，入合率 50.2％，注册资本达 42 亿元。面对全县范围内蓬勃发展的土地合作社，开县政府又提出了更高的目标：到 2015 年年底前，发展新型股份合作社 500 个，30％的土地（50 万亩）实现规模经营。

此外，为加快土地专业合作社的发展，开县政府出台了相关政策来鼓励和促进专业合作社规范发展。一方面，提出以村集体经济组织名义牵头创办入社农户在 100 户以上的农村土地专业合作社，除让入社农户享受补助资金 1 000 元以外，还可以为示范专业合作社申请项目扶持，在重点特色产业发展和农业保险项目上给予重点倾斜，并对商标注册、申报 QS 和绿色食品认证及名优特产品称号的，按相关政策给予一定补助奖励。另一方面，开展了各类培训，组织农民土地专业合作社负责人、技术人员、经营管理人员参加全国、市、县各类培训 8 批次，受训人员达 2 000 余人次。同时，还专门建成了农副产品信息网站、合作经济网站，与各市场、各专业社、各农户构建产品购销服务平台，提供供求信息 4 000 多条，印发技术资料 10 多万份，提高农民市场应变能力和农产品市场竞争力。作为开县城乡资源互动六项改革中的重要一环，土地入股模式使全县焕发了巨大活力，被誉为"在中国具有样板意义的统筹城乡改革试验"。

流转过程： 开县厚坝镇共有农户 9 980 户，目前加入合作社并以土地入股的有 6 820 户，占到全镇人口的 70% 左右。秉承着"入社自愿、退社自由"的原则，厚坝镇的土地合作社还专门成立了理事会、监事会，由农户选举社员代表 120 人，并聘请专人担任总经理。通过调研得知，在厚坝镇"汉丰湖晚熟柑橘良种繁育基地"上，农民通过土地入股，每亩每年分红 1 500 元左右，加上农民参与土地劳作，或者外出打工，一年总收入可以达到 20 000 元左右。

而在开县大进镇、红旗村，2013 年底正式挂牌成立的巴渠茶叶股份合作社现已有 80 多户村民以土地入股，入股土地面积达到 200 亩。经访问，了解到成立股份合作社以后，农民不再为寻找茶叶销路而担心，目前大多数农户都选择留在村里参与股份合作。入股后，每户每年至少可以分红 6 000 元，加上劳务工资，一年能收入 40 000 元左右。股份合作社计划在 2014 年再将基地扩大 300 亩，目前已有 200 户村民签订了入股协议，这也意味着巴渠茶叶股份合作社将惠及更多农民。

成功原因分析： ①提高了土地利用率，有效解决了耕地撂荒现象。过去由于农业效益低，大量农户选择外出，农村耕地撂荒现象严重。通过近两年来的土地入股流转，全县近 1.5 万亩撂荒地得到了解决，发挥了闲置土地的产出效用。②提高了土地产出率，增加了农业效益。土地流转满足了农业生产适度集中，实现了规模效益，因此土地产出率、劳动生产率得到提高，生产成本大幅降低。通过对比，全县流转耕地产量平均高出原承包农户的 20%，其中，粮油高出 10%，蔬菜高出 50%。③增加了农民人均纯收入。据调查和测算，在全县规模经营的几十万亩土地中，有 17.5 万亩土地，农民每年可直接获取的分红收益共计 6 125 万元；有 19 万亩土地，农民每年可从中获取务工收入共计 9 500 万元。规模经营的土地平均每亩每年直接收入达到 822 元，而农民自己直接经营的土地每亩每年只有 308 元。相比可知，入股合作后农民每亩土地每年收入平均增加 514 元。④提高了城镇化率。2012 年末，全县常住人口 116.16 万人，其中城镇人口 45.6 万人，常住人口城镇化率达到 39.26%，比上年提高 1.75 个百分点。⑤吸引了外部资金，解决了农业投入不足问题。2012 年以新型股份合作社为载体招商引进企业 1 000 余家，共吸引资金达 2.6 亿元，固定资本投入共吸引资金 1.2 亿元，有效弥补了农业投入资金严重不足的问题，缓解了农业生产流动资金的短缺。⑥培育了一批新型农民。近年来，通过土地入股流转，全县共培育种养大户 732 户，这些种养大户将成为现代农业发展的新型经营主体，真正成为农村的现代职业农民，成为农村经济发展的骨干力量。

七、河北曲周模式

流转地点： 河北省曲周县西刘庄村

流转模式： 企业参与

西刘庄村位于河北省曲周县东部，现有农户 240 户，村民 846 人，其中劳动力人口 430 人。村域面积 101.13 公顷，耕地面积 80 公顷，村庄建设用地 21.13 公顷。2018 年流转耕地面积 59.93 公顷，占比为 74.91%。其中，通过西刘庄村土地合作社流转经营耕地 51.33 公顷，主要种植小麦、玉米；通过曲周县甜叶菊专业合作社（隶属晨光公司）流转经营耕地 3.33 公顷，主要种植甜叶菊；通过种植大户流转经营耕地 5.27 公顷，主要种植果树、棉花、玉米、小麦等。

流转过程： 企业间接参与土地流转。实地调研显示，农业企业直接参与土地流转的面积仅为 6%，大多数企业与农业合作社合作，间接参与土地流转。主要是因为华北平原以小农户为主，企业谈判成本较高，农业企业多以间接参与土地流转形式降低生产成本。实地调研显示，86% 的土地流转到西刘庄村土地股份合作社，由合作社对土地统一管理，按照合同支付租金。一方面，合作社依法进行农业生产活动；另一方面，合作社将流转土地租赁给农业企业，由农业企业进行规模化生产。农户间土地流转仍然普遍存在，且以口头协议为主，承包不定期，土地租赁方在承包期内每年向土地流转方缴纳租金或等价粮食。

流转结果：规模效益明显增加。西刘庄村农户土地流转面积集中在0.067～0.333公顷，占比达到65%；流转面积＞0.667公顷的农户仅占全村总户数的3%。流转出的耕地主要由西刘庄村土地股份合作社、晨光公司生产经营。该村基本实现了土地资源整合，农业生产规模明显扩大，提高了农业生产效率，有效调整了当地的农业种植结构，规模效益明显增加。

农业技术传播效应较显著。土地流转有利于提高农户的农业生产技术水平。农业公司和合作社采用聘请科技特派员下乡培训、印刷并分发农业技术手册等方式对农户农业生产进行技术指导，目前90%的农户熟练掌握和运用果树种植管理技术、小麦玉米种植管理技术、甜叶菊栽培管理技术等，提高了农业生产效率，优化了作物品质。

农民收入显著增加。土地流转有利于提升和稳定农户收入。土地流转前，农户的主要收入来源是务农和外出打工，务农者多为50岁以上老人，技术落后，收入低下。土地流转后，耕地由合作社或公司统一经营，引进了先进的品种和种植技术，并且为农户提供就业机会，大大拓宽了收入渠道，提高了收入水平。现如今西刘庄村参与土地流转的农户收入稳定，且风险较低。

促进乡村振兴，加快绿色发展。西刘庄村积极推动乡村振兴战略的落实，通过土地流转实现集约化经营，通过招商引资创新探索符合区域发展的特色农业产业化经营模式——农村农业综合体；通过发展智慧农业、休闲产业、农产品加工、农耕文化等，建设景观节点，深度发展休闲农业旅游，最终实现了农民增收、公司盈利，推进了乡村振兴的步伐。公司通过与当地高校合作，运用现代生物技术、物联网技术、智能全自动化温室技术、新型农作物栽培技术等进行农业生产，发展高科技农业，提高农业生产效率，保证农产品品质，同时注重土壤健康和生态保护，加快了农业的绿色可持续发展。

成功原因分析：土地流转行为规范。西刘庄村在土地流转过程中，合作社与公司、农户均签订土地承包经营权流转合同书，并且依法规定了土地流转双方的权利义务，一式三份，操作规范。而农户间土地流转多基于口头协议，没有签订相关的租赁合同，容易产生矛盾纠纷，从而降低农户土地流转的积极性。因此，应逐步引导农户在土地流转时依法签订土地租赁合同，规范其土地流转行为，确保土地流转有效进行。

正确引导农户认识土地流转。耕地是农户生存的基本保证，部分农户观念陈旧，不善于解读土地流转政策，土地流转行为消极，阻碍土地流转顺利进行。因此，该村加大对土地流转政策的宣传力度，消除农户对土地流转的思想障碍和顾虑，鼓励农民进行土地流转，营造良好的土地流转氛围，提高农民参与的积极性。

充分发挥村级组织作用。农村基层组织在农村的各项工作中发挥着重要的领导作用。其中，村党支部是农村基层组织中的领导核心，是党联系农民群众的桥梁和纽带。土地流转工作的有序进行，需要农村基层党组织和党员干部的参与，宣传土地流转相关政策，传达党的相关指示，鼓励农民进行土地流转，组织和引导农户参与其中。

本 章 小 结

本章对我国农村土地流转的成功案例进行分析，从开展农村土地流转的模式、流转过程、流转结果及成功原因等几个层面展开剖析，基本涵盖我国典型的农村土地流转模式，如土地互换模式、土地转包模式、土地入股模式等，为今后农村土地流转的推进提供借鉴和参考。

参 考 文 献

李凌方，2018. 农民合作社在土地流转中的作用机制研究——基于湖北多地案例的实证分析［J］. 湖北民族学院学报（哲学社会科学版），1（36）：84 - 89.

马冉，赵成雷，张宏彦，2021. 华北平原地区农业企业参与村级农村土地流转的案例分析［J］. 河北农业科学，25（5）：20 - 2.

毛飞，孔祥智，2001. 农村土地流转的政府支持和模式创新——来自重庆市江津区的经验与启示［J］. 西南大学学报（社会科学版），37（6）：126 - 131.

吴冠岑，牛星，许恒周，2013. 乡村旅游发展与土地流转问题的文献综述［J］. 经济问题探索（1）：145 - 151.

杨德才，2005. 论我国农村土地流转模式及其选择［J］. 当代经济研究（12）：49 - 52，72.

第 四 章

我国农户土地流转意愿及行为分析

长久以来，土地在一定程度上为广大农户提供社会保障功能，但随着工业化和城市化的飞速加快，土地的社会保障效能逐渐消减，土地流转现象便由此促生。农户的土地流转意愿是土地流转能否实现的决定性因素。然而，影响农民土地流转意愿的因素有很多，如农户的年龄、受教育程度、非农就业技能、非农收入占总收入的比重等。此外，劳动力转移的时间和距离也是重要的影响因素之一，在村内务工的人员流转土地的意愿比较不强烈。从此前的研究理论可知，土地流转意愿对农民的进一步分化有一定影响，也就是说农民流转土地的意愿越强烈，农民分化程度则越明显。因此，本研究从农民分化的角度对农户土地流转意愿及行为展开研究，研究结果对于更好地推进城市化进程、实现"四化同步"以及对农村各类生产要素的均衡分配具有极其重要的现实意义。

一、研究方法

1. 文献综述法

检索和阅读大量有关农民阶层分化、农地流转以及与社会分层理论相关的文献，同时通过对近年统计报告、年鉴和有关著作的查阅，明确我国当前农村土地政策与制度，明确当前对农民分化问题的研究现状，特别是从农民分化的视角来分析土地流转问题，以期为今后农村土地问题研究提供理论补充。

2. 问卷调查法

对调查地区的实地调研采取问卷调查的形式，切实了解样本区农户职业类型、经济水平、土地流转等基本情况，为后续深入探究农民分化与农地流转意愿的关系提供必要信息资料。

3. 实证分析与理论分析相结合

以实证情况分析为主、理论科学分析为辅进行探讨，通过对选定地区进行实地调研，了解农户流转土地动机、经济成因、经营规模的基础上，有针对性地找出影响农户土地流转行为与意愿的各类因素，从而深入分析农民阶层分化对土地流转的潜在影响。

4. 定性分析与定量分析相结合

在探究农民分化与土地流转意愿及行为的关系时，以相关理论、文献为基础进行阐述，定性分析样本地区农户土地流转的基本情况，同时采用统计分析方法和构建模型的方法定量分析二者关系。

二、我国农民分化与土地流转影响因素分析

（一）农民分化的形成

农民分化既指农业富余劳动力向非农领域的转移，又指具有农村社区居民身份的人向城镇社区居民身份转变，还指传统农民向现代新型农民的转化，是伴随着我国改革开放的发展进程逐步在农村社会中显现出来的。我国农村在改革开放前的阶层分化较为单一，农民基本处于去阶层化的同质状态，这时的土地既是农民们维持生活的重要经济来源，更是一种社会保障，人们对土地价值并没有普遍的认知。而改革开放后期，工业化、城镇化速度加快，农村市场经济得到了进一步发展，以农业为主的经济不足以满足人们的需求，加之城镇非农就业机会的增加，大量农村劳动力转入二、三产业，生活方式与水平产生差异，农民分化由此形成。

（二）农民分化的特点

农民分化的基本表现有两个：一是以职业为主的水平分化，二是以经济收入为主的垂直分化。表 4-1 反映了改革开放以来农村就业人员的分布及变化情况，可以看到，以第一产业为生的就业者占整个农村就业人员的比重由 1978 年的 92.4％下降至 2016 年的 45.2％，体现出农民有不断向非农产业转移的意愿和趋势。其中，绝大部分农村劳动力流向乡镇企业、私营企业和个体经营经济。在近 40 年的发展过程中，农民在乡镇企业的就业人数由不足三千人增长至上万人，私营企业和个体经营的农民就业比重有显著飞跃，分别占农村就业总人数的 16.3％和 11.7％，成为农户重要的收入途径，还有一部分农

村劳动力转移至城镇，从事不同行业，职业分布趋于多元化。

表4-1　农村就业人员分布情况

年份	农村就业人员（万人）	农业就业（万人）	比重（%）	乡镇企业（万人）	比重（%）	私营企业（万人）	比重（%）	个体经营（万人）	比重（%）
1978	30 638	28 318	92.4	2 827	9.2				
1980	31 863	29 122	91.5	3 000	9.4				
1985	37 065	31 130	84.0	9 679	18.8				
1990	47 708	38 914	81.6	9 265	19.4	113	0.2	1 491	3.1
1995	49 025	35 530	72.5	12 862	26.2	471	1.0	3 054	6.2
2000	48 934	36 043	73.7	12 820	26.2	1 139	2.3	2 934	6.0
2005	46 258	33 442	72.3	14 272	30.9	2 366	5.1	2 123	4.6
2010	41 418	27 931	67.4	15 893	38.4	3 347	8.1	2 540	6.1
2015	37 041	18 562	50.1	9 382	25.3	5 215	14.1	3 882	10.5
2016	36 175	16 348	45.2	9 678	26.8	5 914	16.3	4 235	11.7

职业差别进一步导致了不同阶层人们的收入差距，表4-2反映了五阶梯等级农户人均收入情况。不难看出，不同收入等级的农户有着较大的收入差距，且差距有逐年加大的趋势。2013年高收入户与低收入户人均年收入差距为18 445.8元，到了2016年二者收入差距达到25 441.5元。

表4-2　农村居民按收入五等份分组的人均可支配收入（元）

年份	低收入户（20%）	中等偏下户（20%）	中等收入户（20%）	中等偏上户（20%）	高收入户（20%）
2013	2 877.9	5 965.6	8 438.3	11 816.0	21 323.7
2014	2 768.1	6 604.4	9 503.9	13 449.2	23 947.4
2015	3 085.6	7 220.9	10 310.6	14 537.3	26 013.9
2016	3 006.5	7 827.7	11 159.1	15 727.4	28 448.0

与此同时，农民收入的构成也发生了显著变化，2010年家庭经营收入占总收入的比重为47.9%，到2016年已经下降到了38.3%，这表示农业收入已渐渐

变为"副业收入",且农业副业化的发展势头在不断攀升。农民的工资性收入比重从 2010 年的 35.1% 上升至 2016 年的 40.6%,外出性收入正逐渐成为农民家庭收入的主要来源。财产性收入和转移性收入虽占比不大,但一直呈现出稳步增长的状态,农民收入来源多元化态势明显(图 4-1)。

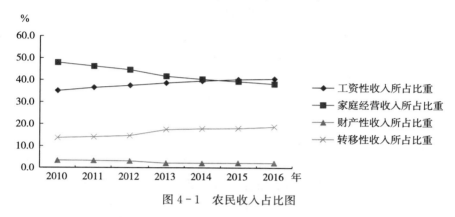

图 4-1 农民收入占比图

不同年龄、文化背景、收入的农民,在土地价值的认知上会产生差异,这种差异体现在不同阶层农民对土地的依赖程度上,这也是分化了的农民对待流转土地有不同意愿和行为选择的本质原因。

(三)农村土地流转的影响因素

1. 农民主体因素

农户年龄是影响土地流转意愿的要素之一。老一辈的人对土地的依赖程度是十分强烈的,将土地视为唯一的经济来源和生活保障。随着社会发展和人们生活水平的改善,相对而言,年轻人对土地价值以及如何有效利用土地的认知更为深刻,并且能够更快的接受、尝试新政策,而不是将土地作为唯一的生存基础。因此,农户年龄与土地流转意愿应为负相关。

此外,农户的文化程度和就业情况对土地流转也具有一定影响。一般来说,农民文化水平越高,越能够脱离局限,从长远利益角度看待土地流转,从而更加有利于土地流转。土地流转基本上是一次性交易,这就意味着很大一部分以务农为生的农民转出土地后便失去收入来源和生活保障。相比于城镇居民,失地农民更加缺乏工作竞争力,若农户没有良好的就业技能,无处谋生,便不会轻易流转土地。因此,农户能力大小、是否容易再就业在很大程度上影响着土地流转意愿。

2. 流转客体因素

土地承包户家庭规模与土地流转意愿应为正相关，即农户家庭规模越大，人口数量越多，所需和可分配从事农业的劳动力就越多，对土地流转的需求就会越大，相比于家庭规模较小的农户更有土地流入的意愿。

此外，土地承包户的家庭收入及结构影响着土地流转。农户通过土地承包获得的收入越高，就会越有积极性，对土地的依赖程度会随之减弱，流转土地的意愿便会更强烈，同时会起到示范与激励带头作用，推动土地流转进程。需要注意的是，在家庭收入中，若种植业收入所占比重较大，也就代表土地的重要程度较高，这会对土地流转的大规模开展产生一定的制约作用。

3. 外部因素

土地流转的期望方式与年限。土地流转方式与农民所期望的形式越相近，就越会增强农民的流转意愿，越有助于土地流转的实现。同时在一定程度上给农民一剂安心药，让土地流转更加有效率。而流转的年限和土地的转出呈现负相关，站在农户角度，由于对土地的依赖和需求，其租出土地年限越短越安心，但是对于转入的农户来说则是相反，时间越长代表成本越低，集中效益越高，流转意愿越强烈。

4. 其他因素

（1）相关法律法规的完善程度。尽管我国出台了一系列土地相关的规章政策，但对一些具体权利范围并没有准确定义，尤其在农村土地流转这方面，针对有关部门管理的责任义务，流转土地的途径、方式、人群范围以及双方利益都应设立完善的法律法规加以规范。有了法律上的保障，才能为农户进行土地流转提供健康环境。

（2）土地流转市场和中介组织的发育。良好活跃的流转市场是使土地顺畅流转的前提和基础，同时，土地流转也必须要有合适的管理机构、中介组织提供技术支持，但我国土地流转市场建设并不完善，农户就算有流转土地的意愿也可能会因缺乏信息平台而中断，很难拓宽土地流转范围。因此，若想土地流转有序进行，第三方支持必不可少。

（3）农民的养老方式。对于农民来说，土地是其生存的基础，是最后的养老方式和生活保障，农村的许多劳动力在向城镇转移后也不愿意将土地进行流转，撂荒和抛荒现象愈发严重。农民作为社会的弱势群体，当他们的权益因社保体系的不完善而得不到保障时，安全感将会严重缺失，其死守土地的行为不仅不利于流转，也很难实现土地的规模经营。

5. 农民分化与土地流转关系

从某种程度上来说，农民分化这一过程实质上可以看作是一个离土创业的过程，要想使农民对土地的依赖感降低，实现就业是必要条件。由此也可以说，农民分化是造成土地情结改变的动力和原因，两者的密切关联实质上是因果关系在统计上的反映。农民的进一步分化必将使土地情结发生进一步转变：农户在职业、收入和社会地位等方面的提高和改善，使农民放弃土地从事非农事业的念头越发强烈，也更愿意将闲置的土地进行流转，既能将土地充分利用，又可获得经济利益。

按经济理性人假设的说法，农户之所以进行土地流转，其目的是要获得收益的最大化，而收益多少取决于不同农户家庭的资源禀赋状况，这可以用农户的异质性来衡量。农民会结合成本、收益与风险来进行评估，以此来判断是否要进行土地流转，只有当其可能获得的收益远大于投入成本且风险在可承受范围之内时，农户才会甘愿放弃土地。因此也可以说农户的阶级分化是城镇化发展的动力源泉。

逻辑上来看，农户在城市的工作生活越稳定、生存技能越突出，越能在城镇站稳脚跟，其对农村土地的依赖感就越弱，向城镇转移的愿望会更强烈。但也有一些职位较高、收入稳定的外出务工人员，对土地价值有更高期待，对土地流转存有顾虑。

三、农民分化对土地流转意愿及行为影响实证分析

（一）样本描述

本研究使用的数据基于 2018 年 1 月在黑龙江省齐齐哈尔市进行的"农村土地流转意愿与行为"的问卷调查和个案访谈，走访了龙江县不同职业类型的农户家庭。其中，共发放问卷 200 份，有效样本为 190 份，问卷有效率为 95%。在调查样本中，有 106 户农户表示有土地流转意愿，占总样本的 55.8%，没有土地流转意愿有 84 户，占比的 44.2%。调查地区农户的职业分化情况如图 4－2 所示，在 190 户有效样本中，农业劳动者有 50 户，以外出务工为收入主要来源的有 97 户，乡镇企业管理者有 16 户，个体劳动者和个体工商户家庭有 14 户，私营企业主共有 8 户，农村管理者 5 户，占比分别为 26.3%、51.1%、8.4%、7.4%、4.2% 和 2.6%。

样本区农户收入分化情况如图 4－3。调查将农户家庭人均月收入划分为

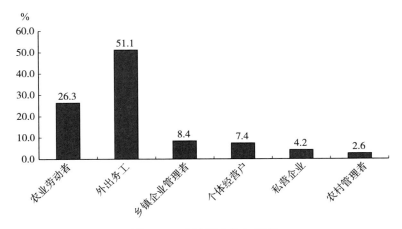

图 4-2　农民职业分化类型

四档，其中，人均月收入低于 500 元的农户有 45 户，占总样本的 23.7％；收入处于 500～1 000 元的家庭有 68 户，所占比例为 35.8％；收入在 1 000～1 500元的家庭有 53 户，所占比重为 27.9％；人均月收入高于 1 500 元的家庭有 24 户，占总样本的 12.6％。统计结果可以看出处于中等收入水平的家庭所占比例较高，低收入和高收入农户比例相对较低。基于农业的弱质性，一般来说高收入水平的家庭，其收入更多来源于非农产业。

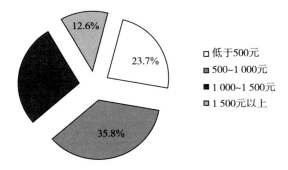

图 4-3　农民收入分化情况

此外，就农户土地流转形式来说，由调查数据可知样本区有 35 户家庭有土地转入，占调查总数的 18.4％，有 47 家农户有土地转出行为，占农户比重的 24.7％，有近一半的调查农户家庭无土地流转行为，可以看出农户对土地的转入转出较为谨慎。农户职业、收入与土地流转形式的关系情况如下图所示（图 4-4，图 4-5）。

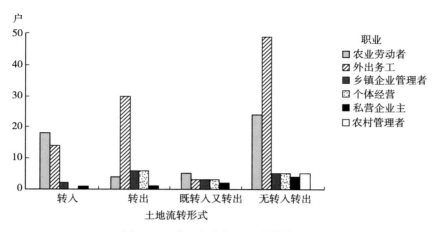

图 4-4　农民职业与土地流转关系图

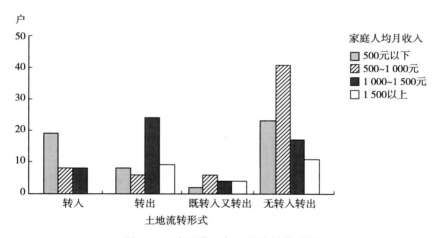

图 4-5　农民收入与土地流转关系图

（二）研究假说

假设一：农民的职业分化对农户土地流转意愿具有正向显著影响，即农户所从事的职业越偏离纯农业，流转土地的意愿就越高。

假设二：农民的收入分化对农户土地流转意愿具有正向显著影响，即非农收入占总收入比重越高的家庭，流转土地的意愿就越高。

假设三：农民的职业地位越高，转出土地的意愿愈强烈，纯农业从事者则更愿意转入土地。

假设四：农民的收入水平越高，转出土地的意愿愈强烈，收入水平较低的农户家庭则更愿意转入土地。

本节目的是研究农户分化特征对农户流转土地意愿及行为的影响，因此将农户分化程度作为自变量，将农户是否愿意参与土地流转及选择的土地流转方式作为因变量，同时，根据现有研究可知，农户土地流转意愿及行为除与农户自身特征有关，还会受到客体因素和复杂外部环境的影响。因此，本文将可能影响农户意愿行为的其他因素设置为控制变量（表4-3）。其中，自变量为职业分化程度和收入分化程度。职业分化类型按照农户身份划分为六个类型，收入分化状况以农户每月人均收入为标准。

表4-3　变量说明与预期方向

	变量名	变量定义及赋值	预测方向
因变量	Y_1农户土地流转意愿	1＝愿意；2＝不愿意	
	Y_2土地流转方式	1＝转入；2＝转出；3＝转入又转出；4＝无转入转出	
自变量	X_1职业分化程度	1＝农业劳动；2＝外出务工；3＝乡镇企业管理者；4＝个体经营；5＝私营企业主；6＝农村管理者	＋
	X_2月人均收入分化程度	1＝500元以下；2＝500～1 000元；3＝1 000～1 500元；4＝1 500元以上	＋
控制变量	X_3农户学历	1＝小学及以下；2＝初中；3＝高中；4＝本科及以上	＋
	X_4家庭人口数	1＝3人及以下；2＝4人；3＝5人；4＝6人及以上	＋

（三）模型与结果分析

从表4-4可看出，家庭人均月收入在500元以下且有土地流转意愿的农户占26.9%，随着收入阶层的升高，农民家庭土地流转意愿也逐渐变强烈，人均月收入达到1 500以上的家庭有91.7%愿意进行土地流转，由此可初步得出农民收入与农户土地流转意愿有显著相关性的结论。此外，由表中数据计算可得出，农业劳动者有39.2%愿意流转土地，外出务工者中的59.4%有土地流转意愿，乡镇企业管理者、个体经营者、私营企业主、农村管理者中有土地流转意愿的分别占50.0%、78.6%、75.0%、80.0%。结果表明，从事农业劳动的农户对土地的依赖性更高，土地流转意愿相对较低，而兼业农户，尤其是职业地位较高者土地流转意愿较强，与假设相吻合。

表4-4　农户职业及收入交叉表（％）

| 您的家庭人均月收入 | 是否愿意流转土地 | | 您现在的职业 | | | | | | 总计 |
			农业劳动者	外出务工	乡镇企业管理者	个体经营	私营企业主	农村管理者	
500元以下	是否愿意流转土地	是	11.50	9.60	1.90	1.90	1.90		26.90
		否	48.10	19.20	1.90	3.80			73.10
	总计		59.60	28.80	3.80	5.80	1.90		100.00
500～1 000元	是否愿意流转土地	是	13.10	34.40		1.60			49.20
		否	6.60	41.00	1.60			1.60	50.80
	总计		19.70	75.40	1.60	1.60		1.60	100.00
1 000～1 500元	是否愿意流转土地	是	5.70	52.80	13.20	3.80			75.50
		否	3.80	7.50	11.30	1.90			24.50
	总计		9.40	60.40	24.50	5.70			100.00
1 500元以上	是否愿意流转土地	是	12.50	12.50		29.20	20.80	16.70	91.70
		否					8.30		8.30
	总计		12.50	12.50		29.20	29.20	16.70	100.00
总计	是否愿意流转土地	是	10.50	30.00	4.20	5.80	3.20	2.10	55.80
		否	16.30	20.50	4.20	1.60	1.10	0.50	44.20
	总计		26.80	50.50	8.40	7.40	4.20	2.60	100.00

表4-5为样本区不同职业农户与土地流转意愿对称测量表，统计结果显示显著性系数为0.002，小于显著性水平临界值0.05，再次证明原假设一成立，说明农民的职业分化特征对农户土地流转意愿具有正向显著影响，即农户所从事的职业越偏离纯农业，对土地的依赖性越小，流转土地的意愿相对越高。

表4-5　流转意愿与职业相关性分析对称测量

		值	渐近标准误差	近似T	渐进显著性
有序到有序	Gamma	−0.346	0.108	−3.082	0.002
有效个案数		190			

由表 4-6 可知，农户家庭月收入作为自变量与土地流转意愿的渐进显著性系数为 0.017，小于显著性水平临界值 0.05，说明原假设二成立，即农民的收入分化特征对农户土地流转意愿具有正向显著影响，即人均收入越高、来源越广泛的家庭，对土地的依赖性越小，流转土地的意愿相对越高。

表 4-6　流转意愿与家庭收入相关性分析对称测量

			值	渐近标准误差	近似 T	渐进显著性
定类分析变量系数	Lambda 系数	对称	0.197	0.077	2.36	0.018
		是否愿意流转土地	0.298	0.106	2.387	0.017
		您的家庭人均月收入	0.132	0.085	1.45	0.147
	古德曼和克鲁斯卡尔 tau 系数	是否愿意流转土地	0.208	0.052		0
		您的家庭人均月收入	0.065	0.019		0
相关程度	Eta 平方系数	是否愿意流转土地	0.456			
		您的家庭人均月收入	0.454			

对于样本区不同职业、收入农户所参与的土地流转行为，从调查数据可得知，在转入土地的家庭中，农业劳动者所占比重最大，乡镇企业管理者、个体私营企业主、农村管理者所占比例比较小，说明相比于其他职业从事者，纯农户更愿意转入土地，因为他们的收入来源单一，土地占据着十分重要的地位。而处于职位阶层较高的样本户，土地转出比重较大，尤其是外出务工者，他们不是主要从事农业生产，因此土地转入积极性不高，乡镇企业者和私营企业主除有部分在农村进行农业规模经营，期望流入土地外，其余大都愿转出土地，从事非农行业。由下面单因素检验表可知，职业与土地流转形式显著性系数为 0.01，小于 0.05（表 4-7），可证明原假设三成立，职业分层与土地流转形式差异显著，农民的职业地位越高，转出土地的意愿愈强烈，纯农业从事者则更倾向于转入土地。

表 4-7　职业与家庭收入关系验证

		平方和	自由度	均方	F	显著性
您的家庭人均月收入	组间	24.449	3	8.15	9.248	0
	组内	163.915	186	0.881		
	总计	188.363	189			

（续）

		平方和	自由度	均方	F	显著性
您现在的职业	组间	15.772	3	5.257	3.88	0.01
	组内	252.022	186	1.355		
	总计	267.795	189			

注：家庭人均月收入组间指不同收入群体之间，组内指同一收入群体内部；职业组间指不同职业群体之间，组内指同一职业群体内部。

统计数据中，人均月收入在 500 元以下的农户占土地转出的比例较大，是其他收入阶级的三倍多，人均月收入在 1 500 元以上的农户几乎没有愿意转入土地的，转出土地的农户中有三分之二都是人均月收入在 1 000 元以上的，对土地既转出又转入的阶层比例最高的是人均月收入在 500～1 000 元的农民，可见家庭收入层次与土地流转行为有显著关系。由上面单因素检验表可看出，农户家庭人均月收入与土地流转形式显著性系数为 0，小于 0.05，证明假设四成立，收入水平较高的农户更愿意转出土地，而收入水平较低的农户转入土地的意愿较为强烈。

综上所述，从农户所从事职业和家庭收入两个角度对农民进行分层探究后得出，无论按哪个角度分层，各阶层属性都对农户的土地流转意愿及行为有显著影响。从统计中我们也可以看出，有相当一部分农户既无转入又无转出，且不愿参与土地流转。针对这种状况，要想促进农村土地有效流转，就必须从各个方面保障农民利益，只有农民生活水平提高了，对土地的依赖性降低了，土地流转的进程才会更加顺畅。

本 章 小 结

本章基于黑龙江省齐齐哈尔市龙江县 190 份农户调查数据，通过对我国农民分化现状和影响农户土地流转意愿的各项因素的概述，分析了当前农民阶层分化与农民土地流转意愿及行为的关系，结果表明在农民分化背景下，农户的受教育程度、家庭人数等因素都可能对农民的土地流转意愿及行为选择产生一定程度上的影响。实证显示，土地流转意愿与农民职业、收入分化显著相关，阶层分化中对土地依赖度越高的家庭，越不愿参与土地流转；而以非农收入为主要收入来源、具有较强职业技能的农户，他们参与土地流转的意愿相对较高，且转出土地的意愿更为强烈。土地对农户所具有的功能与意义会对农户参与土地流转的意愿和行为产生显著影响，农村社会保障体系的完善程度和农户对今后生活的预期也是其是否参与土地流转的重要考量。

农村阶层分化所引发的这种土地流转意愿和行为上的差异，很大程度要归因于土地流转行为的不规范。土地流转的实质是对阶层利益的再分配，它关系着每个农户的切身利益。因此，从国家土地变革的角度来说，提高农民土地流转意愿、加速农村土地流转的首要方法就是要对农村的土地流转行为进行规范。

一是要遵从不同阶层农户的土地流转意愿，实现土地流转的"依法、规范、自愿、有偿"，维护各阶层农户的合法权益。现今以土地流转的名义任意改变土地用途，或凭借行政命令迫使农民进行土地流转，并将土地大量转让给企业私营户的现象时有发生，农民的生产生活得不到应有保障，严重削减了农户土地流转的积极性和安全感。因而国家法律和政策的支持很重要，国家应出台相关法规来规范土地流转行为，使强制进行土地流转和随意进行土地流转的行为得到打击和遏制。

二是要选择适当的土地流转形式，实现土地流转的多样性。参与土地流转的主体差异即不同阶层的农户所选择的土地流转形式是各不相同的，按照土地流转参与层次划分，形式大体分为两大类：一类是一般农户之间的自愿流转，如转让、转包、交换等；另一类则是由村集体组织进行的流转，如反租倒包、入股和托管经营等。若按阶层生产特点来说，也可划分为两类：一般农业生产者和农业大户，前者可以采用转让、转包、租赁等形式，而后者则更适宜采取股份合作制等方式。因此要掌握各阶层特点，积极引导各个阶层根据其生产方式的不同选择有效、合理的土地流转方式。

三是要明确土地流转的参与主体，实现流转土地的高效性。目前我国农村土地流转步伐正在不断加快，绝大部分农户都已加入土地流转行列之中。参与土地流转的阶层的多样化不仅能够活跃农村土地流转市场，而且有助于加速农村土地流转，为未来形成农村土地流转的"示范效应"引入先进信息、技术和资源。然而，土地流转速度并非越快越好，重要的是要符合国家发展的具体情况。土地流转的最终目的并不是一味追求高速与大规模，它的根本目的在于提高土地的利用效率和效益。因此，土地流转在一般农户之间进行最为适宜，不但可以集中分散的土地，还能够减少土地的闲置浪费。对于不同阶层间的土地流转应采取扬长避短、因地制宜的方式，结合当地农村的具体情况综合分析利弊后做出决定。

农民分化对土地流转的影响日渐显著，为了提高土地利用效益，加快农村建设步伐，政府要大力支持非农产业的发展，鼓励农村劳动力向城镇转移，出台相关政策给农户提供更多就业机会，拓宽农民的收入来源途径。同时，对于农业劳动者要切实考虑其利益，以提高农民收入为目的，保障农民权益，从而提高农户对土地流转的积极性。另外，要逐步完善农村社会保障制度，健全的农村社会保障体系是实现土地有效流转的基础条件。只有在制度上彻底消除农民的后顾之忧，才能逐渐淡化农户脑中土地是他们唯一的社会保障的观念。针对农民的分化特征，顾及农民内部的特征差异，综合分析劳动力转移和土地流转的相关问题，从制度的顶层设计上彻底解决农村富余劳动力问题，进而实现农村社会的繁荣稳定发展。

参考文献

陈成文，赵锦山，2008. 农村社会阶层的土地流转意愿与行为选择研究 [J]. 湖北社会科学（10）：37-40，83.

陈小伍，2008. 现阶段农地流转过程中农户意愿与行为研究——对中部农村地区 3 市 8 镇 31 个行政村的调查 [D]. 武汉：华中农业大学.

邓志英，黄毅，2020. 农村土地流转的制约因素及对策研究——以湖州市和孚镇为例 [J]. 长沙大学学报（3）：80-83.

丁敬磊，2014. 转型期奇台县农（牧）民分化对其农地流转意愿影响作用研究——基于 SEM 模型的估计 [J]. 国土资源科技管理，23（5）：7-12.

范丹，邱黎源，刘竞舸，2018. 我国土地流转违约风险防范机制研究——以邛崃市开展履约保证保险为例 [J]. 四川师范大学学报（1）：98-105.

黄海艳，张藕香，2015. 农民分化与土地流转意愿关系研究——基于安徽省农户样本的调查 [J]. 新疆农业经济（1）：5-12.

黄荣蓉，2016. 农户分化对农户参与土地流转合作社影响研究 [D]. 沈阳：沈阳农业大学.

孔祥智，2014. 健全农业社会化服务体系实现小农户和现代农业发展有机衔接 [J]. 农村经营管理（4）：17-18.

邝佛缘，陈美球，鲁燕飞，等，2016. 生计资本差异对农户宅基地流转意愿的影响——基于江西省 587 份问卷 [J]. 土地经济研究（2）：27-39.

李晓梅，2013. 农民职业分化、劳动力转移与农地流转研究——基于沙县的实证 [D]. 福州：福建农林大学.

刘卫柏，2011. 基于 Logistic 模型的中部地区农村土地流转意愿分析——来自湖南百村千户调查的实证研究 [J]. 求索（9）：81-83.

刘勇，2010. 甘肃省典型地区农户土地流转行为与意愿研究 [D]. 兰州：甘肃农业大学.

罗玉辉，林飞龙，候亚景，2016. 集体所有制下中国农村土地流转模式的新设想［J］. 中国农村观察（4）：84-93.

马菁池，2015. 农户农地流转意愿差异及影响因素研究［D］. 曲阜：曲阜师范大学.

倪士明，2015. 农民分化背景下土地流转与规模经营关系研究［D］. 合肥：安徽农业大学.

聂建亮，钟涨宝，2014. 农户分化程度对农地流转行为及规模的影响［J］. 资源科学，36（4）：749-757.

钱忠好，冀县卿，2016. 中国农地流转现状及其政策改进——基于江苏、广西、湖北、黑龙江四省（区）调查数据的分析［J］. 管理世界（2）：71-81.

王小斌，邵燕斐，郑学迁，等，2015. 基于农民阶层分化视角的农地流转意愿研究——以广东省江门市为例［J］. 山西农业大学学报（2）：49-51.

王小斌，邵燕斐，郑学迁，等，2015. 农户阶层分化对土地流转意愿与行为影响的研究——来自广东省江门市 217 份农户的数据［J］. 山东农业大学学报（社会科学版），16（4）：26-29.

魏元兵，2017. 宁德市农村土地流转现状及对策研究［D］. 杨凌：西北农林科技大学.

徐吉海，周晓涛，2020. 临泽县农村土地流转存在的问题及对策研究——以平川镇为例［J］. 中国集体经济（9）：8-10.

徐美银，2013. 农民阶层分化、产权偏好差异与土地流转意愿——基于江苏省泰州市 387 户农户的实证分析［J］. 社会科学（1）：56-66.

许恒周，2012. 农民分化对农户农地流转意愿的影响分析——基于结构方程模型的估计［M］. 北京：中国农业出版社.

许恒周，石淑芹，2012. 农民分化对农户农地流转意愿的影响研究［J］. 中国人口·资源与环境，29（5）：887-890.

姚婷，曾亿武，2013. 我国农民阶层分化的特点及其发展趋势［J］. 农业经济，16（4）：26-29.

姚洋，1999. 非农就业结构与土地租赁市场的发育［J］. 中国农村观察（2）：16-21.

叶剑平，丰雷，蒋妍，等，2018.2016 年中国农村土地使用权调查研究——17 省份调查结果及政策建议［J］. 管理世界（3）：98-108.

赵锦山，2005. 农村居民土地流转的意愿与行为选择［D］. 长沙：湖南师范大学.

赵木仙，2016. 市民化背景下农民分化和土地产权认知与诉求——基于广东省云浮市城郊农村的调查［J］. 广州：华南农业大学.

Akaateba, Millicent Awialie, 2020. A reflection on co production processes in urban collective construction land transformation：A case study of Guangzhou in the Pearl River Delta ［J］. Land Use Policy（10）：105.

Berry V D，2003. Scenarios of Central European Land Frag-mentation ［J］. Land Use Policy（20）：149-158.

Kan Karita，2020. Creating land markets for rural revitalization：Land transfer，property rights and gentrification in China ［J］. Journal of Rural Studies.

Lahmar & Brandt，2018. Land transformation in tropical savannas preferentially decomposes newly added biomass，whether C3 or C4 derived ［J］. Ecological Applications （8）：30.

Mertens Kewan&Vranken Liesbe，2021. Pro‐poor land transfers in the presence of landslides：New insights on norms in land markets ［J］. Land Use Policy V （7）：101.

Pradipta Halder，2020. Analyzing the deviation between farmers' Land transfer intention and behavior in China's impoverished mountainous Area：A Logistic‐ISM model approach ［J］. Land Use Policy （3）：94.

Roxanne Warren，2002. Automated Transit and Land Use Intentions：Alternate Scenarios with PRT and Shuttlehoop Technologies ［J］. Journal of Advanced Transportation.

第 五 章

农村土地流转影响因素分析

为了分析农村土地流转发展现状，采用案例分析的方法，对农村土地流转过程中的影响因素进行分析。本研究以中国农村土地流转典型区域——黑龙江省明水县为例，通过分析研究区 3 个村的农村土地利用现状，找出影响农村土地流转的主要因素，进而分析农村土地流转过程中存在的主要问题。

一、案例概况

本研究以松嫩平原寒地黑土区明水县为研究区，明水县位于黑龙江省中西部，地处松嫩平原中部、小兴安岭西南麓、通肯河流域，地理坐标为东经 $125°15'\sim126°30'$，北纬 $47°\sim47°20'$，是我国典型的寒地黑土区域。明水县辖 5 镇、7 乡、100 个行政村和 636 个自然屯，总人口为 37 万人，土地总面积 2 400平方公里，耕地面积占土地总面积的 71.6%。全县地势中部高，东西两侧渐低，是典型的平原＋丘陵漫岗地区的耕地利用地貌类型。气候属中温带大陆性季风气候，夏季温暖多雨，冬季寒冷干燥，雨热同季。土壤类型以黑土为主。由于其天然的寒地黑土条件及北纬 $47°$的地理优势，耕地资源极为珍贵。近年来，明水县大力推进农村土地流转，截至 2016 年，全县土地流转面积达到 6.67 万公顷，耕地空间形态受土地流转影响十分显著。

结合明水县土地流转现状，综合考虑土地流转经营主体类型及研究工作量等因素，本课题选取明水县 3 个村（兴仁镇兴发村、明水镇美丽村、通泉乡宏伟村）的土地流转区域作为研究样区，样区主要种植玉米、大豆、笤帚糜子等农作物，涉及新型农业经营主体类型 3 种，分别为家庭农场样区 2 个、专业合作社样区 2 个和种植大户样区 2 个。

（一）地形地貌

明水县地处吉黑块断带的松辽断限的北部边缘，东南与青冈隆起毗连。地质构造属新华夏构造体系。东部是小兴安岭余脉之克拜丘陵地带，岗坡连绵起伏，沟壑纵横交错；西部属松嫩平原，平坦开阔，一望无际。全县海拔平均249.2米，海拔最高高程293.6米，最低高程156.7米。地势是中部高，东西两侧渐低。从永兴镇西部起至双兴东部，有东南至西北走向的岭，为松嫩流域的分水岭。地势由此岭向东西两侧渐低，通肯河沿岸和西部草原最低。地势横断面呈不规则形。全县地貌可分为四种类型区，丘陵岗地区、缓坡漫岗区、低洼平原区、沿河漫滩区。

（二）气候条件

明水县气候属中温带大陆性季风气候区，受地形影响，从西向东降水量逐渐增多，气温逐渐降低，风速逐渐减小。夏季受东亚太平洋季风影响，潮湿多雨，降水集中；冬季受西伯利亚寒流入侵，漫长而寒冷。

年平均气温为2.4℃，作物生长期日平均气温大于或等于10℃的积温为2 260～2 800℃，极端最高气温出现在7月份，为38.0℃，极端最低气温出现在1月份，为零下38.1℃。

年平均风速4.1米/秒，最大风速22.0米/秒，发生在早春，此时冷暖变化大、风力大、大风次数多，风向西南风和西北风频率较高。

（三）水文条件

主要河流有通肯河的一级支流撒拉河，境内河流长18千米；流经东境的通肯河，境内河流长36千米。这两条河流均属呼兰河水系，注入松花江。平均年径流深28毫米。

平均年降水量472毫米，降水年内分配不均，多集中在6—8月，三个月降水量占全年降水量的68%，多年平均蒸发量（E601）820毫米。

（四）土壤条件

根据土壤普查资料，明水县土壤类型分为黑土、黑钙土、草甸土、沼泽土等4大土类。

耕地土壤主要为黑土，占耕地面积的41.24%，黑土层厚50厘米以上；

黑钙土占耕地面积的 44.09％，层厚 32 厘米以上；草甸土占耕地面积的 13.36％；沼泽土、盐土、碱土、砂土占耕地面积的 1.31％。

（五）经济发展现状

本研究选取明水县内土地流转现象较为显著的兴发村、美丽村和宏伟村作为研究对象。

1. 兴发村经济发展现状

兴发村位于兴仁镇西部，距兴仁镇政府所在地 3 千米。全村辖区内有 6 个自然屯，分别为主屯四大户屯，副屯肖增屯、马江屯、王福屯、王坦屯和刘廷凡屯。2016 年，兴发村共有人口 3 968 人，其中，四大户屯 523 人、肖增屯 612 人、马江屯 813 人、王福屯 657 人、王坦屯 781 人和刘廷凡屯 582 人。全村中非农人口 180 人，自然增长率 1‰。全村总产值 5 951.4 万元。第一产业产值 5 641.4 万元，占全村总产值的 94.79％，以种植玉米为主；养殖业以养猪为主，且多为各家户小规模养殖。第二产业产值 249.9 万元，占全村总产值的 4.20％。第三产业产值 60.1 万元，以运输、服务和劳务输出为主，占全村总产值的 1.01％。三产产值结构比例为 95∶4∶1，产业结构呈现出"一二三"式低水平经济发展状态。

2. 美丽村经济发展现状

美丽村位于明水镇东部，距明水县政府所在地 5 千米。全村辖区内有 4 个自然屯，分别为主屯大三佐屯，副屯隋家屯、白土包屯和王家屯。2016 年，美丽村共有人口 2 847 人，分别为大三佐屯 1 890 人、隋家屯 145 人、王家屯 252 人、白土包屯 560 人。全村中非农人口 1 025 人，自然增长率 3‰。全村总产值 1 454 万元。第一产业产值 933 万元，占全村总产值的 64％，以种植玉米为主；养殖业以养猪、牛、羊为主，且多为各家户小规模养殖。第二产业产值 286 万元，占全村总产值的 20％。第三产业产值 215 万元，以运输、服务和劳务输出为主，占全村总产值的 16％。三产产值结构比例为 64∶20∶16，产业结构呈现出"一二三"式低水平经济发展状态。

3. 宏伟村经济发展现状

宏伟村位于通泉乡西南部，距通泉乡村政府所在地 3 千米。全村辖区内有 8 个自然屯，分别为主屯王金宝屯，副屯南城周屯、于喜久屯、王海青屯、姜轱辘屯、李保善屯、王大犁屯、独一处屯。2014 年，宏伟村共有人口 2 924 人，其中，主屯王金宝屯 315 人，副屯南城周屯 315 人、于喜久屯 289 人、王海青屯 486 人、姜辒辒屯 295 人、李保善屯 425 人、王大犁屯 415 人、独一处屯 384 人。全村中非农人口 10 人，自然增长率 1‰。全村总产值 1 956 万元。第一产业产值 1 470 万元，占全村总产值的 75%，以种植玉米为主；养殖业以养猪为主，且多为各家户小规模养殖。第二产业产值 486 万元，占全村总产值的 25%。第三产业产值极少，以运输、服务和劳务输出为主。三产产值结构比例为 75：25：0，产业结构呈现出"一二三"式低水平经济发展状态。

（六）研究区耕地利用现状

全县行政辖区内土地面积 229 702 公顷，耕地 144 393 公顷，占土地总面积的 62.9%。在土壤类型上，黑土和黑钙土占 99%。

1. 兴发村土地利用现状

兴仁镇兴发村总面积为 20 067 967.43 平方米。其中，村庄 1 067 158.32 平方米，灌木林地 107 282.86 平方米，旱地 18 207 544.58 平方米，坑塘水面 69 783.94 平方米，其他林地 384 608.50 平方米，有林地 231 589.23 平方米。

2. 美丽村土地利用现状

明水镇美丽村总面积为 15 212 423.61 平方米。其中，采矿用地 351 497.30 平方米，村庄 940 374.61 平方米，旱地 12 560 717.55 平方米，水库水面 133 556.55 平方米，有林地 1 226 277.60 平方米。

3. 宏伟村土地利用现状

通泉乡宏伟村总面积为 19 923 159.93 平方米。其中，采矿用地 112 743.30 平方米，村庄 1 291 710.01 平方米，灌木林地 217 576.95 平方米，旱地 17 234 732.00 平方米，其他草地 402 487.44 平方米，天然牧草地 369 704.41 平方米，有林地 294 205.82 平方米。

二、农村土地流转影响因素分析方法

（一）指标选取

本研究选取黑龙江省农村土地流转代表性区域——绥化市明水县兴发村、美丽村和宏伟村为研究区，以调查问卷的形式对 3 个村屯农户土地流转具体情况进行调研。根据每个村屯人口规模，兴发村选取 180 户作为调研对象，美丽村和宏伟村各选取 150 户作为调研对象。调研以家庭为单位开展，即每户填写一份调查问卷，具体数据应用时再进行相应的量化和处理。在调研的过程中，团队深入农村以指导和监督的方式完成调查问卷的内容填写，确保问卷的真实及有效性。问卷设计主要从农民的家庭特征（年龄、性别、人数、人均耕地面积等）、职业特征（农业劳动者、农民工、个体私营业者、农村管理者等）、文化程度（小学、初中、高中等）、经济收入（家庭总收入、非农收入占总收入比重等）、其他因素（农民对当前土地流转政策的了解程度和满意程度等）等方面对农户情况进行调查，掌握农民土地流转行为的差异性个体特征（表5-1）。问卷共发放480份，收回有效问卷423份（1 311人），问卷有效率88.13%。

表5-1　农户指标调查表

调查特征	调查指标
农民主体特征	年龄
	性别
	文化程度
	工作情况
	常住人口数
	家庭人均年收入
	人均耕地面积
其他特征	对本地区社保水平态度
	是否了解宅基地政策
	认为可否将土地流转给城镇人
	认为现在土地制度是否合理
	是否发生过土地流转
	土地流转政策满意度

（二）研究方法

本研究选取BP神经网络模型对影响农村土地流转的农户因素进行分析，以调查得出的农户特征因素作为模型的输入（自变量），以土地流转行为（即是否愿意流转土地）作为模型的输出（目标值），运用Matlab7.13软件进行编程，得出影响农民土地流转行为的主要影响因子及各因子影响程度的大小关系。

1. 数据预处理

在对数据进行网络训练前，首先对数据进行标准化处理，将数据限定在一定的范围内，并且保证数据之间是可对比的。影响农村土地流转的因素很多，根据指标的作用方向，将指标划分为正向指标和负向指标，其中正向指标是对于土地流转起到促进作用的指标，负向指标是对于土地流转起到负向作用的指标。对于正、负指标分别采取无量纲化的方法进行标准化。定性指标采取专家打分法对其进行赋值，量化后再参与标准化处理。

正相关标准化指数值＝（原指标值－同类指标的最小值）/（同类指标的最大值－同类指标的最小值）×100

负相关标准化指数值＝（原指标值－同类指标的最大值）/（同类指标的最大值－同类指标的最小值）×（－100）

2. 确定 BP 神经网络结构

网络结构的设定包括确定网络结构的层数和各层神经元的个数。已有研究通过建立一个定量评价模型，选用多层 BP 神经网络作为网络结构的基础。本研究对土地流转影响因素评价采用三层网络的数据结构，即输入层、隐含层和输出层，各层之间实现全连接。

根据选取指标的个数，输入层神经元的个数为 20 个，即平均年龄、性别比、家庭人数、人均耕地面积、农业从业者比重、农民工从业者比重、个体私营者比重、农村管理者比重、小学文化水平、初中文化水平、高中及以上文化水平、家庭总收入、非农收入占总收入比重、愿意流转人数比重、不愿意流转人数比重、是否知道《中华人民共和国农村土地承包法》、是否了解农业相关政策、如何看待土地在家庭养老保障中的作用、是否需要转让权、是否需要抵押权，以上 20 个指标作为输入层。

隐含层神经元数对 BP 网络的性能有很大的影响，其个数的确定比较复杂，目前没有统一的解析式来表示，其个数的确定与研究所需达到的精度、神经元的个数有关。本研究使用试错法，由经验公式给定初始隐含层神经元数为12，依次增加数量，通过试错，选取满足期望误差的神经元个数。本文最终确定隐含层神经元的数量为 15 个。

3. 网络参数设计

网络参数是指 BP 神经网络的初始权值、学习率、期望误差和训练次数。训练精度的高低除受网络结构的影响之外，还受学习速率、期望均方误差的影响。因此，需不断对网络参数进行调整，以提高 BP 网络训练精度。BP 网络确定权值的方法是迭代更新，这就需要有一个初始值，初始权值由［－1，1］区间的随机数产生。在学习速率方面，速率过大将引起整个系统不稳定，过小则致使训练时间延长，收敛慢，从而不能满足事先所设定的误差要求，通常学习速率在 0.01～0.8 之间进行选择。学习速率大小是否恰当，可以通过观察 MSE 下降曲线来判断，下降较快证明学习速率的大小刚好，相反，若产生大范围地来回振荡，则学习速率偏大。本文通过调整，最终设定学习速率为 0.01。另外，训练次数设定为 1 000 次，期望误差为 0.001。

4. 网络训练

将 2 602 组训练样本进行标准化处理后作为输入项，输入所应用网络中学习。应用随机的方法，从 2 602 组数据中抽取 1/4 用于验证，1/4 用于测试，其余数据用于训练网络。经过多次训练，若符合指定的误差，那么该神经网络模型成立，可应用此模型。网络隐含层激活函数使用 "Sigmoid" 函数，具体使用 "Logsig" 函数，训练时使用 "Trainlm" 函数。

将训练误差曲线（Train）、验证误差曲线（Validation）和测试误差曲线（Test）绘制于同一幅图中，即为训练的性能曲线，从图可以直观看出其 MSE 变化情况（图 5-1）。经循环 4 次后，网络实现收敛，均方误差为 0.000 961 37，达到了实现设定的期望误差目标（0.001），整条曲线下降速度较快，表明学习速率的大小适合。

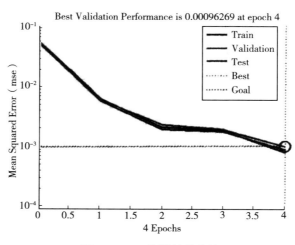

图 5-1　BP 训练性能曲线

网络的响应情况可从线性回归图来分析（图 5-2），将包含训练数据、验证数据和测试数据在内的所有数据放在整个数据集当中，对网络的输出和其相应的期望输出向量做线性回归分析，从该图可以看出训练数据、验证数据、测试数据和全体数据的拟合情况，其 R 值分别为 0.981 38、0.981 27、0.984 77 和 0.985 99，说明拟合效果理想。

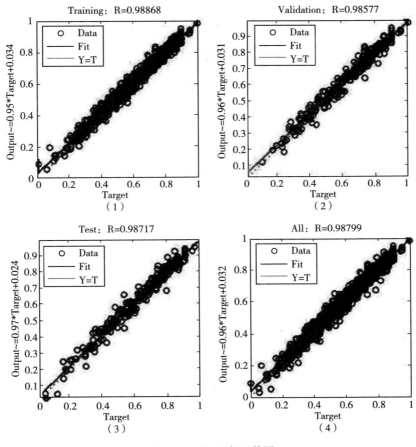

图 5 - 2　BP 回归函数图

5. 模型验证

对于测算结果的检验，采用以下两种检验方法：①相关系数；②后验差检验，即后验差比和小误差概率。测算应用两种评价方法获得的结果的标准差和比值。相关系数 R 为 0.988（P<0.01），具有高度相关性，表明模型的评价结果可信。后验差比 C 为 0.16，小误差概率 P 为 0.99，结果属于高精度的等级。综合以上分析，本文建立的 BP 网络模型预测效果较好，拥有较强的泛化能力，性能较好。至此，应用 BP 神经网络构建的土地流转影响因素评价模型

已经训练成功，可以应用此模型对研究区农户因素进行评价。

三、农村土地流转影响因素结果分析

（一）农村土地流转影响因素测评结果

首先对数据进行预处理，由于不同的数据取值对土地流转有直接影响，所以，根据不同的数据特征，将数据划分为若干区间，数据区间划分结果见表 5-2。

表 5-2　土地流转情况调查变量值

变量	变量代码	变量值及其分布状况
年龄	X_1	1＝18 岁以下；2＝18～30 岁；3＝30～50 岁；4＝50 岁以上
性别	X_2	1＝男；0＝女
文化程度	X_3	1＝小学以下；2＝初中；3＝中专或高中；4＝大专或本科；5＝本科以上
工作	X_4	1＝完全农业；2＝以农业为主兼业；3＝以非农业为主兼业；4＝完全非农业；5＝待业
常住人口数	X_5	1＝1 人；2＝2～3 人；3＝4～5 人；4＝5 人以上
家庭人均月收入	X_6	1＝500 元以下；2＝500～1 000 元；3＝1 000～1 500 元；4＝1 500 元以上
人均耕地面积	X_7	1＝0.31 公顷以下；2＝0.31～0.53 公顷；3＝0.53 公顷以上
对本地区社保水平满意度	X_8	1＝很满意；2＝满意；3＝较满意；4＝不清楚
是否了解土地流转政策	X_9	1＝了解；0＝不了解
认为可否将土地流转给城镇人或新型农业组织	X_{10}	1＝允许；2＝不允许；3＝不清楚
认为现在农村土地流转制度是否合理	X_{11}	1＝合理；2＝不合理；3＝不知道
是否发生过土地流转	X_{12}	1＝发生过；0＝未发生过
对土地流转政策满意度	X_{13}	1＝很不满意；2＝不满意；3＝一般；4＝满意；5＝很满意

1. 年龄特征

在调研地区 3 个村收集的 423 份有效样本中，年龄 18 岁以下所占比重为 2.34%，18～30 岁所占比重为 4.64%，30～50 岁所占比重为 42.39%，年龄 50 岁以上所占比重为 50.63%。调研地区农户的年龄情况如图 5－3 所示。

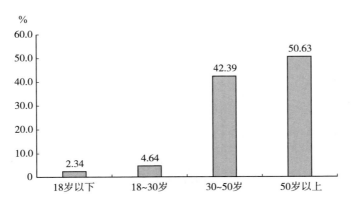

图 5－3　调研地区农户年龄情况

2. 性别特征

在调研地区 3 个村收集的 423 份有效样本中，男性人数比重为 59.49%，女性人数比重为 40.51%。调研地区农户的性别情况如图 5－4 所示。

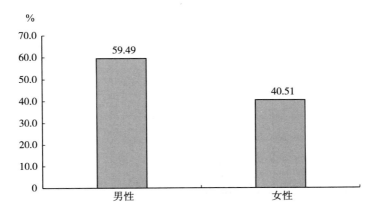

图 5－4　调研地区农户性别情况

3. 文化程度特征

在调研地区 3 个村收集的 423 份有效样本中，小学以下文化程度的人数比重为 59.07%，初中文化程度的人数比重为 35.02%，中专或高中文化程度的人数比重为 3.38%，大专或本科文化程度的人数比重为 2.11%，本科以上文化程度的人数比重为 0.42%。调研地区农户的文化程度情况如图 5-5 所示。

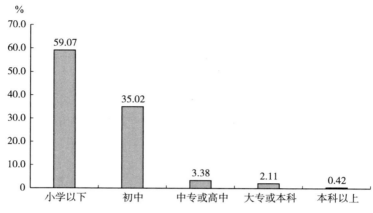

图 5-5　调研地区农户文化程度情况

4. 工作职业特征

在调研地区 3 个村收集的 423 份有效样本中，农业劳动者所占比重为 26.3%，外出务工人员所占比重为 51.1%，乡镇企业管理者所占比重为 8.4%，个体劳动者和个体工商户所占比重为 7.4%，私营企业主所占比重为 4.2%，农村管理者所占比重为 2.6%。调研地区农户的职业情况如图 5-6 所示。

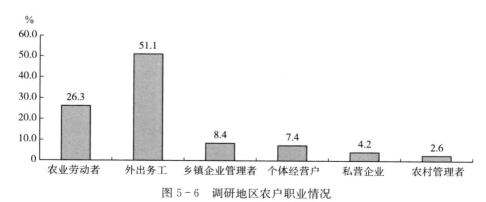

图 5-6　调研地区农户职业情况

5. 常住人口数特征

在调研地区 3 个村收集的 423 份有效样本中，家庭常住人口为 1 人的户数所占比重为 10.13%，家庭常住人口为 2~3 人的户数所占比重为 71.73%，家庭常住人口为 4～5 人的户数所占比重为 13.92％，家庭常住人口为 5 人以上的户数所占比重为 4.22％。调研地区农户的家庭常住人口数情况如图 5－7 所示。

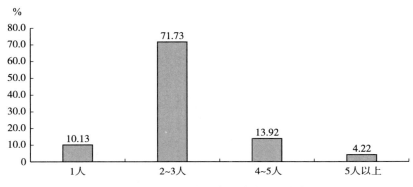

图 5－7 调研地区农户家庭常住人口数情况

6. 家庭收入特征

调研将农户家庭人均月收入划分为四档，在调研地区 3 个村收集的 423 份有效样本中，人均月收入低于 500 元的有 100 户，占总样本的 23.7％；收入处于 500～1 000 元的有 152 户，所占比例为 35.8％；收入在 1 000～1 500 元的有 118 户，所占比重为 27.9％；人均月收入高于 1 500 元的有 53 户，占总样本的 12.6％。统计结果可以看出处于中等收入水平的家庭所占比例较高，低收入和高收入农户比例相对较低。基于农业的弱质性，一般来说高收入水平的农户，其家庭收入更多来源于非农产业。调研地区农户人均月收入情况如图 5－8 所示。

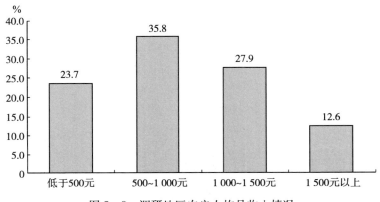

图 5－8 调研地区农户人均月收入情况

7. 人均耕地面积特征

在调研地区 3 个村收集的 423 份有效样本中，人均耕地面积 0.31 公顷以下所占比重为 8.99％，人均耕地面积 0.31～0.53 公顷所占比重为 58.43％，人均耕地面积 0.53 公顷以上所占比重为 32.58％。调研地区农户的人均耕地面积情况如图 5－9 所示。

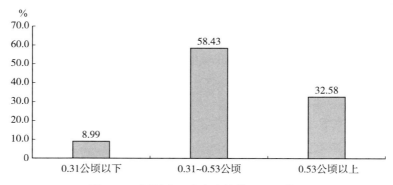

图 5－9　调研地区农户人均耕地面积情况

8. 社保水平满意度特征

在调研地区 3 个村收集的 423 份有效样本中，对社保水平很满意的人数所占比重为 2.95％，对社保水平满意的人数所占比重为 35.02％，对社保水平较满意的人数所占比重为 44.31％，对社保水平不清楚的人数所占比重为 17.72％。调研地区农户的社保水平满意度情况如图 5－10 所示。

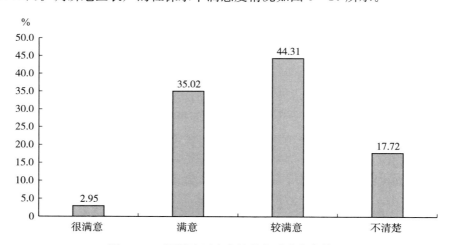

图 5－10　调研地区农户社保水平满意度情况

9. 土地政策了解情况特征

在调研地区 3 个村收集的 423 份有效样本中，对土地政策了解的人数所占比重为 35.02%，对土地政策不了解的人数所占比重为 64.98%。调研地区农户对土地政策了解程度情况如图 5-11 所示。

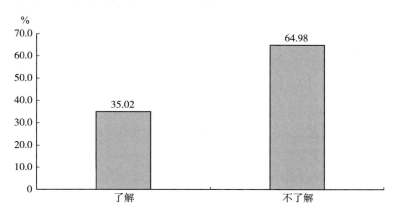

图 5-11　调研地区农户土地政策了解情况

10. 土地对外流转意愿特征

在调研地区 3 个村收集的 423 份有效样本中，允许土地对外流转的人数所占比重为 40.51%，不允许土地对外流转的人数所占比重为 29.11%，不清楚土地是否对外流转的人数所占比重为 30.38%。调研地区农户土地对外流转意愿情况如图 5-12 所示。

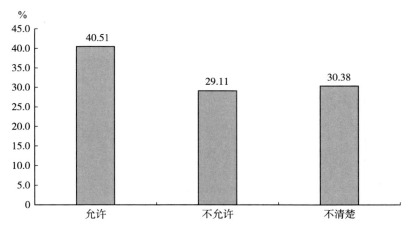

图 5-12　调研地区农户土地对外流转意愿情况

11. 土地流转制度合理性认识情况特征

在调研地区 3 个村收集的 423 份有效样本中，认为土地流转制度合理的人数所占比重为 18.10％，认为土地制度不合理的人数所占比重为 20.68％，不清楚土地制度是否合理的人数所占比重为 31.22％。调研地区农户认为土地流转制度是否合理情况如图 5-13 所示。

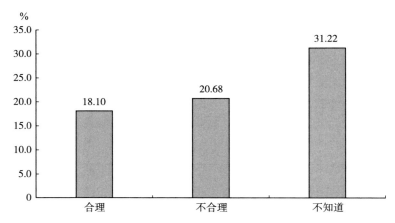

图 5-13　调研地区农户土地流转制度合理性认识情况

12. 是否发生过流转特征

在调研地区 3 个村收集的 423 份有效样本中，发生过土地流转的农户所占比重为 30.80％，未发生过土地流转的农户所占比重为 69.20％。调研地区农户是否发生过土地流转行为情况如图 5-14 所示。

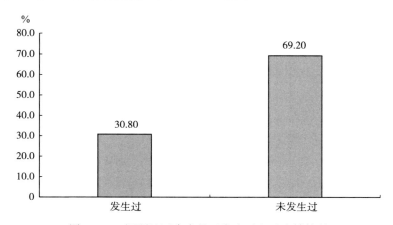

图 5-14　调研地区农户是否发生过土地流转情况

13. 土地政策满意度特征

在调研地区 3 个村收集的 423 份有效样本中，对土地流转政策很不满意的农户所占比重为 2.53％，对土地流转政策不满意的农户所占比重为 12.24％，对土地流转政策一般满意的农户所占比重为 37.55％，对土地流转政策满意的农户所占比重为 45.99％，对土地流转政策很满意的农户所占比重为 1.69％。调研地区农户对土地政策的满意度情况如图 5-15 所示。

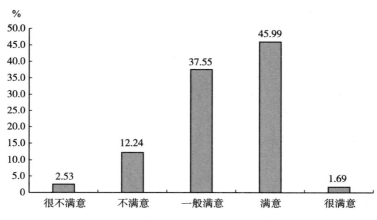

图 5-15　调研地区农户土地政策满意程度情况

（二）土地流转影响结果分析

1. 研究假说

假设一：农户的年龄对农户土地流转意愿具有负向影响，即年龄大的农民土地流转意愿要弱于年龄小的农民。

假设二：农户的性别对农户土地流转意愿的影响表现为，男性的土地流转意愿要强于女性。

假设三：农户的文化水平对农户土地流转意愿具有正向影响，即文化程度越高的农民，土地流转意愿越高。

假设四：农户的工作种类对农户土地流转意愿的影响表现为，工作上依赖农业的农民，其土地流转意愿弱于依赖非农业的农民。

假设五：农户家庭常住人口数量对农户土地流转意愿具有负向影响，即家庭常住人口数越多的农民，土地流转意愿越弱。

假设六：农户的年龄对农户土地流转意愿具有负向影响，即家庭人均年收入越高的农民，土地流转意愿越弱。

假设七：农户的人均耕地面积对农户土地流转意愿具有负向影响，即人均耕地面积越大，通常情况下土地流转意愿越弱。

假设八：农户对本地区社保水平满意度对农户土地流转意愿具有负向影响，即对本地区社保状况越满意的农民，土地流转意愿越弱。

假设九：农户对土地政策了解程度对农户土地流转意愿具有正向影响，即对土地政策越了解的农民，土地流转意愿越强烈。

假设十：土地是否可以流转给集体外成员对农户土地流转意愿具有正向影响，即认为允许将土地流转给城镇人的农民，土地流转意愿较强烈。

假设十一：土地流转制度合理性对农户土地流转意愿具有正向影响，即认为土地制度合理的农民，土地流转意愿较强烈。

假设十二：土地流转发生情况对农户土地流转意愿具有正向影响，即有过土地流转的农民，土地流转意愿更强烈。

假设十三：农户对土地政策满意程度对农户土地流转意愿具有正向影响，即对流转政策越满意的农民，土地流转意愿更强烈。

2. 结果分析

本文研究农户特征对农户流转土地行为的影响，因此将农户要素作为自变量，将农户是否愿意参与土地流转作为因变量。运用 BP 神经网络模型，将数据录入训练后的网络模型，得出指标运行结果，相关参数见表 5-3。

表 5-3　指标运行结果

方程中的变量	B	S.E	Wals	df	Sig.	Exp（B）
年龄	−0.128	0.285	0.200	1	0.535	0.880
性别	−0.427	0.364	1.375	1	0.441	0.653
文化程度	−0.556	0.268	4.296	1	0.138	0.573
工作	0.092	0.168	0.301	1	0.193	1.096
常住人口数	0.257	0.142	3.276	1	0.802	1.293
家庭人均月收入	0.222	0.206	1.156	1	0.282	1.248
人均耕地面积	0.014	0.257	0.003	1	0.117	1.014
对本地区社保水平态度	0.502	0.186	7.284	1	0.037	1.653
是否了解土地流转政策	0.608	0.353	2.963	1	0.315	1.837
认为可否将土地流转给城镇人或新型农业组织	−0.268	0.198	1.840	1	0.775	0.765

（续）

方程中的变量	B	S.E	Wals	df	Sig.	Exp（B）
认为现在农村土地流转制度是否合理	−0.658	0.182	13.025	1	0.881	0.518
是否发生过土地流转	0.340	0.353	0.926	1	0.076	1.405
对土地流转政策满意度	0.144	0.198	0.530	1	0.667	1.155

　　根据模型运行结果，Sig. 显著度指标值越小，说明对结果的影响程度越显著。从农户土地流转行为模型运行结果可以发现，对农户土地流转行为的指标影响程度大小排序为：对本地社保水平的满意度＞是否发生过土地流转＞人均耕地面积＞文化程度＞工作情况＞家庭人均月收入＞是否了解土地流转政策＞性别＞年龄＞对土地流转政策满意度＞认为可否将土地流转给城镇人或新型农业组织＞常住人口数＞认为现在农村土地流转制度是否合理。

　　（1）农户对本地社保水平满意度 Sig. 值为 0.037，说明社保水平对农户的保障程度越高，农户就越愿意在当地生活，对土地流转的意愿就会降低，反之亦然。这种影响在统计上表现最为显著。

　　（2）农户是否有过土地流转与农户土地流转行为呈正相关关系，其 Sig. 值为 0.076。有过土地流转的农户，对于土地流转的流程、政策相对了解，对土地流转的疑问也就相对较少，就更愿意进行土地流转。这种影响在统计学意义上很明显。

　　（3）农户人均农地面积对农户土地流转行为呈正相关关系，这说明人均农地面积越大的农户，土地流转行为发生的可能性也就越大。其 Sig. 值为 0.117，这种影响在统计学意义上很显著。

　　（4）农户的文化程度与土地流转行为具有负相关关系，其 Sig. 值为 0.138。该调查结果与研究假设相悖，为该调研地区的个性特征，即该区域表现为文化程度越高土地流转意愿越低。调研数据可以看出，该地区小学和初中文化水平的农户占比居多，更高文化水平的农户占比极少，说明受教育程度低的农户土地流转意愿更为强烈。

　　（5）农户从事职业类型与土地流转的关系较为直接，其 Sig. 值为 0.193。这种结果表明，调查样本的农户从事的职业越倾向于非农，其获得非农收入越加稳定。由于农民根深蒂固的恋地情节，有了稳定收入后的农户表现出较弱的宅基地流转意愿。这种影响在统计学意义上较明显。

　　（6）家庭人均月收入对农户土地流转行为呈正相关关系。家庭人均月收入越多，就有更多的机会与能力去进行农地流转，从而提高生活水平。这项因素显著性为 0.282，这种影响在统计学意义上明显。

（7）农户是否了解土地流转政策与农地流转行为呈正相关关系。也就是说，农户越了解土地流转政策，农户进行土地流转行为的可能性就越高。当农户对土地流转政策的了解程度越高，农户对土地流转的担心就越少，就越愿意参加到土地流转当中来。这种影响在统计学意义上较明显。

（8）农户的性别对土地流转行为的 Sig. 值为 0.441，即男性的宅基地流转意愿要弱于女性。农村男性在外务工较为普遍，这会提高女性流转土地的意愿，因而女性的宅基地流转意愿可能会大于男性。这种影响在统计学意义上并不显著。

（9）农户的年龄对农户的宅基地流转意愿呈负相关关系，但影响效果不显著。农户年龄逐渐增大，一方面对宅基地的需求不高，另一方面"恋地情节"会更加明显。

（10）农户对土地流转政策的满意度与土地流转行为呈正相关关系。当农户相对了解流转政策时，农户对流转政策的满意度同时也决定了农户是否放心加入土地流转。这种影响在统计学意义上不明显。

（11）农户是否愿意将宅基地流转给城镇人与宅基地流转意愿系数为负数，这表明，农户越认可将土地向城镇人流转，农户的土地流转行为可能性越高。农户对流转土地给城镇人或其他新型农业经济组织的看法，一定程度上决定了农户的土地流转行为。这种影响在统计学意义上不明显。

（12）常住人口数对农户土地流转行为呈正相关关系。家庭常住人口数越多，对土地的需求量就会越大，因而土地流转的意愿就会越强。这种影响在统计学意义上不明显。

（13）农户对土地流转政策合理度与土地流转行为呈正相关关系。也就是说，农户对土地流转政策越满意，对土地流转就越放心，土地流转行为越容易发生。这种影响在统计学意义上表现不显著。

3. 土地流转意愿差异

土地流转意愿分为愿意转入、愿意转出和不发生流转三种情况。调研地区农民土地流转意愿调查结果表明，在收集的 423 户问卷中，愿意转出土地的农户 307 户，占比 72.6%；既不转入也不转出的农户 75 户，占比 17.7%；愿意转入土地的农户 41 户，占比 9.7%。数据表明，多数农户选择愿意将土地流转出去。在对流转意愿进行农户因素分解时可以发现，依据农民的职业特征和经济特征，其土地流转意愿也表现出显著的差异。第一，依据农民的职业特征，在愿意转入土地的农民中，职业农民所占比重最大，可见职业农民具有较成熟的种植技术和条件，愿意转入土地扩大面积进而实行规模化经营的意愿较为强烈。传统农民，愿意转入土地的所占比重非常小，仅占转入农民总数的3.18%，可见传统农民更倾向于将土地转出，自己进城务工获得更多的收入。第二，农民经济收入的差异也对农民土地流转意愿产生影响。通过比较非农收入在总收入中的占比可以发现，非农收入的比重大于50%的农户，愿意转出土地的意愿明显高于愿意转入土地的意愿。数据表明，在愿意转出土地的样本中，有72.37%的农民非农收入比重大于50%，而在愿意转入的样本中，仅有31.03%的农民非农收入比重是在50%以上。

4. 土地流转行为差异

土地流转行为同样分为转入、转出和无流转。在调研地区调研的423份样本中，转出土地的农户共计97户，占样本总数的23.0%；转入土地农户33户，占样本总数的7.8%；无流转土地农户293户，占样本总数的69.2%。通过实际流转数据与流转意愿数据的对比分析可以看出，实际转出土地的农户数量比重（23%）远远少于具有转出意愿的农民数量比重（72.6%），可见农村土地流转具有很大值得挖潜的空间。土地流转行为依据农户特征（职业特征和经济特征）的差异也存在差异。第一，依据农民的职业特征，在发生土地流转行为的样本中，职业农民比重较高，占流转总数的56.3%。在发生转入行为的样本中，职业农民的比重最高，达到72.3%。在没有发生土地流转行为的293份样本中，传统农民所占比重较高，占比62.3%。可见，调研地区土地流转发展不充分，流转行为与流转意愿之间存在巨大偏差。第二，从农民经济的角度来看，土地流转行为也表现出了显著的差异。在有转出行为的样本中，非农收入比重小于50%的样本所占比重为17.4%，非农收入比重大于50%的样本所占比重为82.6%。在有转入行为的样本中，非农收入比重小于50%的样本所占比重为33.7%，非农收入比重大于50%的样本所占比重为66.3%。在没有发生土地流转行为的样本中，非农收入比重小于50%的样本所占比重为32.5%，非农收入比重大于50%的样本所占比重为67.5%。可见，当非农收入比重小于50%时，转入比例明显高于转出比例；当非农收入比重大于50%时，转出比例明显高于转入比例。当非农收入是家庭收入的主要构成时，其对土地的依赖会越来越小，进而更容易发生土地转出行为。相反，当农业收入占据家庭收入的主要部分，说明农民对土地的依赖程度较高，为追求经济提升，更倾向于通过扩大土地规模来增加农业收入，实现规模经济效益。

四、土地流转影响因素作用机制分析

（一）职业因素对土地流转的作用分析

农民职业受个人因素、家庭因素、教育因素等微观因素的影响，分析农民职业的作用可以从受教育程度、流转意愿和产权偏好等方面来展开。

1. 受教育程度作用机制

伴随加强对农民文化教育的成果的慢慢显现，农民就业非农化、兼业化趋势明显。农民思想随之开放，不再固守农业，而是寻找或者创造更多的就业机会，促进了土地流转进程。农民职业正在逐步多元化，一部分纯农户由于学习知识较少，思想保守而固守土地，从而不利于土地流转。相对而言，随着非农化和兼业化趋势的增加，农户们接触的知识和受教育的程度越来越高，有利于解除长久束缚农户的根深蒂固的思想，进而促使农户放下对土地坚守的理念。

2. 流转意愿作用机制

调研发现，调研地区农户的土地流转意愿对他们的行为起着较强的导向性和影响力，农户土地流转意愿越强烈，流转行为越容易发生。纯农户非常满意现在的土地运营模式，他们也非常愿意进行土地流转，在农民职业类别中土地流转比率最高。然而对于土地继承权的问题，他们略显兴趣。兼业户也非常关心土地承包经营权能否抵押、土地承包经营权的继承和流转问题。非农户最关心的问题是土地权益，是土地承包经营权的流转、抵押，但他们放弃土地承包经营权的意愿也是农民职业三类型中比例最高的。由此可以看出，不同的职业类型对农户土地流转意愿的影响程度不同，从而影响农户的流转决策。

3. 产权偏好作用机制

不同职业的农户对土地拥有产权的偏好不同。倾向土地流转权的农户有利于促进土地流转进程，但是把土地作为生存保障的农户，偏好于经营权，在一定程度上抑制土地流转进程。总之，由于农业劳动者、农民工和雇工阶层特性不同，他们对土地承包权的偏好比较明显，都希望拥有长期稳定的土地承包权。同时，由于他们的文化程度相对偏低，欠缺非农生存技能，从而使得他们将土地作为最后的养老与生存保障。然而，只有对土地的依赖不太强烈，才会有利于提高他们对土地流转的偏好。因此，农村管理者作为农村土地的实际管理者，希望通过提高农民的非农生存技能，促进农村土地有序流转。

（二）收入因素对土地流转的作用分析

根据农民的职业差别，农民的收入水平和收入结构出现较大差异，分析收入因素的作用可以从收入水平和收入结构等方面展开。

1. 收入水平作用机制

从调研地区情况可以推知，收入水平对农民是否愿意流转土地承包经营权、转让土地承包经营权、放弃土地承包经营权产生影响。收入水平越高的农民越倾向于流转、转让或放弃土地的承包经营权，而收入低的农户基本不愿流转、转让或放弃。以农业收入为主要来源的阶层，他们收入水平较低，更看重承包权的稳定性、继承权等，不利于土地流转进程。而对于以非农收入为主要来源的阶层，他们更看重土地的转让权和抵押权，进而促进土地使用权的流转。此外，从土地的养老保障功能看，收入水平较低或主要从事农业生产的农民可能更加看重土地的养老保障功能，而收入水平较高或主要从事非农生产的农民可能会采取社会养老或商业养老的方式，对土地的保障功能依赖性比较弱，有利于土地流转推进。

2. 收入结构作用机制

农户收入构成决定了土地职能，土地职能决定农民的土地流转意愿，土地流转意愿会影响区域的土地流转。土地对于农民的生产经营活动起着非常重要的作用，是农民收入的主要来源。农民是土地流转主体，农民是否愿意流转土地取决于农民对土地流转后的期望值，也就是土地的职能。当土地收入能够满足农民需求时，土地职能会得到强化。而土地承担的职能层级越高，农户越不愿意将土地流转。此外，在愿意流转土地的农户中，土地职能层级越高，农户越倾向于将土地流入灵活性较强的组织。

（三）政治因素对土地流转的作用分析

农民对土地流转相关政策的了解情况及参与情况对其土地流转行为有着直接影响，分析政治因素的作用可以从政策参与度和政策环境作用机制等方面展开。

1. 政治参与度作用机制

农民作为基层政治生活的主体，其政治参与程度与农村土地流转有着直接的作用关系，提高农民参与农村政治生活的积极性，扩大农民政治参与的范围，完善农民政治参与制度，真正实现农民的民主参与。在土地流转等一系列程序问题中，关键是处理好民众对土地流转过程的有效参与。加强民众在土地流转进程中参与的普遍性和有效性，充分保护与土地流转存在密切关系的民众的正当利益，有利于推动土地流转政策的实施。

2. 政治环境作用机制

农民的权利环境包含权利认知的环境和权利行使的环境，前者主要指农民土地流转权利信息的来源和渠道，后者主要指解决农村土地侵权问题和为农民维权的权利设置机构。一方面，从农民权利认知的角度来看，越来越多的农民完成身份转化并逐渐形成新的社会政治力量，增加农民对政治权利的接触和认识的渠道途径，从而了解更多关于土地流转的相关权利和程序，有利于土地流转进行；另一方面，从农民权利行使的角度分析，政治参与可以促使农民拥有更多自主权利，形成相应的农民权利保障机制。若农民权益得到有效保障，可直接调动农民土地流转积极性，实现土地规模经营并提高农业经济效益，从而加快土地流转的速度。

本 章 小 结

本章选取农村土地流转典型地域黑龙江省明水县为调研地，对 3 个典型村屯的农村土地流转现状进行分析，找出影响农村土地流转的因素，从农户的年龄特征、性别特征、文化特征、职业特征、家庭人口特征、收入特征、对土地流转政策的满意度等多个因素入手，量化其对土地流转意愿和土地流转行为的影响。最后，对主要影响因素的作用机制展开分析。研究成果对于揭示影响土地流转的现实因素提供理论借鉴和实践参考。

参 考 文 献

陈丹，唐茂华，2009. 中国农村土地制度变迁——60 年回眸与前瞻 [J]. 城市，10：41-45.

陈锡文，韩俊，2002. 如何推进农民土地使用权合理流转 [J]. 中国改革（农村版）（9）：35-37.

黄贤金，张安录，2008. 土地经济学 [M]. 北京：中国农业大学出版社.

李行，温铁军，2009. 中国 60 年农村土地制度变迁 [J]. 科学对社会的影响，3：38-41.

刘克春，2009. 国外关于农地流转的理论研究 [J]. 理论参考，1：59-61.

钱忠好，2005. 制度变迁理论与中国农村土地所有制创新的理论探索 [M]. 北京：社会科学文献出版社.

史志强，2009. 国外土地流转制度的比较和借鉴 [J]. 东南学术，2：67 - 71.

速水佑次郎，佛农·拉坦，1993. 农业发展：国际前景 [M]. 吴伟东，翟正惠，译. 北京：
商务印书馆.

孙佑海，2000. 土地流转制度研究 [D]. 南京：南京农业大学.

温铁军，2000. 中国农村基本经济制度研究 [M]. 北京：中国经济出版社.

西奥多·W. 舒尔茨，2006. 改造传统农业 [M]. 梁小民，译. 北京：商务印书馆.

姚洋，2004. 土地、制度和农业发展 [M]. 北京：北京大学出版社.

郑景骥，2016. 中国农村土地使用权流转的理论基础与实方略究 [M]. 成都：西南财经大
学出版社.

左平良，2017. 土地承包经营权制度变迁的回顾与展望 [J]. 学术界，138（5）：269 - 275.

Alchian A，Demsetz H，1973. The property right paradigm [J]. Journal of Economic History，33（1）：16 - 27.

Anna Burger，2001. Agricultural Development and Land Concentration in A Central European Country：A Case Study of A Hungary [J]. Land Use Policy，18：259 - 268.

Basu Arnab K，2002. Oligopsonistic landlords，segmented labour markets，and the persistence of tier - labour contracts [J]. American Agricultural economics Association（2）：438 - 453.

Besley T，1995. Property rights and investment incentives：Theory and evidence from Ghana [J]. Journal of Political Economy，903 - 937.

Binswanger Hans，Deininger，et al. ，1995. Power，distortions，revolt，and reform in agricultural land relations [M]. Handbllk of Development Economics.

Brekke K M，Howarth R B，2000. The social contingency of wants [J]. Land Economic，76（4）：493 - 502.

Demsetz H Towords，1967. A theory of property rights [J]. American Economic Review，57（2）：347 - 359.

Dong X Y，1996. Two - Tier land tenure system and sustained economic growth in post——1978 rural China [J]. World Development，24（5）：915 - 928.

Feder G，Feeny D，1991. Land Tenure and Property Rights：Theory and Implications for Development Policy [J]. World Bank Economic Review，5（1）：135 - 153.

Hans Binswanger，2009. Power，distortions，revolt，and reform in agricultural land relations [M]. Washington DC：World Bank Publications.

Kung，James Kai - sing，2000. Common property rights and land reallocations in rural china：evidence from a village survey [J]. World Development，28（4）：701 - 719.

Macmillan D C，2000. An economic case for land reform [J]. Land Use Policy，17：49 - 57.

Rozelle S，1996. Technological Change：The Re - Discovery of the Engine of Productivity Growth in China's Rural Economy [J]. Journal of Development Economics，49（6）：337 - 369.

Sanford Jay Grossman，Joseph E Stiglitz，1980. On the impossibility of informationally effi-cient markets ［J］. American Economic Review：393 - 408.

Terry V D，2003. Scenarios of central European land fragmentation ［J］. Land Use Policy，20：149 - 158.

Wegren S K，2003. Why Rural Russians participate in the land market：socioeconomic factor ［J］. Post - Communist Economics，15（4）：483 - 501.

第六章

农村土地流转进程中耕地利用变化问题

一、土地流转进程中的耕地利用格局演变

（一）研究区概况

黑龙江省位于东北地区，省会哈尔滨市，13 个行政区分别为哈尔滨市、齐齐哈尔市、双鸭山市、佳木斯市、牡丹江市、大庆市、鹤岗市、鸡西市、伊春市、七台河市、绥化市、黑河市以及大兴安岭地区。它所处的经纬度范围是东经 121°11′～135°05′、北纬 43°26′～53°33′之间，北邻俄罗斯，两国之间隔着黑龙江以及乌苏里江，西接内蒙古自治区，南接吉林省。全省从南到北相差距离为 1 120 公里。

黑龙江省主要由山地、台地、平原和水面构成，省内的西北部、北部以及东南部处于较高位置，而东北部和西南部较低。黑龙江省是温带大陆性季风气候，全省从南到北温度逐渐降低。省内平均无霜期在 100～150 天之间。省内年降水量中部山区大于东部大于西、北部，省内年日照时数西部大于东部，太阳辐射是南部大于北部、夏季多于冬季。

黑龙江省位于欧亚大陆东部、太平洋西岸，气候为温带大陆性季风气候。对 1961—1990 年 30 年间的数据进行分析发现，年平均气温大多在 −5℃～5℃，而且由南部到北部温度逐渐降低，嫩江、伊春一线可作为 0℃ 等值线。全省的无霜冻期平均在 100～150 天之间，地理位置不同，无霜冻期的时长也不同，南部和东部大概在 140～150 天之间。9 月下旬黑龙江省大部分地区都会出现初霜冻的情况，来年 4 月下旬至 5 月上旬则会是终霜冻。

黑龙江省位于温带大陆性季风气候区，全年平均总降水量在 400～650 毫米之间，中部山区多，东部次之，西、北部少。在一年内，生长季降水约为全

年总量的 83%～94%。降水资源比较稳定，尤其夏季降水变率（降水量的年际变化）小，一般为 21%～35%。黑龙江省年日照时数多在 2 400～2 800 小时，其中，在生长季时，日照时数占全年日照总时数的 44%～48%，而且西部日照时间多，东部相对较少。

黑龙江省拥有非常丰富的太阳辐射资源，据统计，黑龙江省全年太阳辐射的总量约在 44×108～50×108 焦耳/平方米区间之内。黑龙江省太阳辐射时间与空间的分布特点是：南部太阳辐射高，北部太阳辐射相对较少；夏季较多，冬季相对来说较少；生长季的辐射总量通过专家观察以及数据的测算，占全年的 55%～60%。全年平均风速大约为 2～4 米/秒，而且春季风速最大，黑龙江省西南部大风的时间比较多，风力资源相对来说较为丰厚的，可以进行开发。

黑龙江省土地总面积为 47.3 万平方公里。各类用地及其面积以及面积占比如表 6-1 所示。

表 6-1　各用地类型面积及占比

用地类型	面积（万公顷）	占黑龙江省土地总面积（%）
农用地	3 950.2	83.5
建设用地	148.4	3.1
未利用地	615.5	13.01

2019 年，黑龙江省 GDP 为 13 612.7 亿元，比上年增长 4.2%（表 6-2）。全省实现农林牧渔业增加值 3 267.4 亿元，比上年增长了 2.5%（表 6-3）。

表 6-2　各产业增量及增长率

产业	增量（亿元）	增长率（%）
第一产业	3 182.5	2.4
第二产业	3 615.2	2.7
第三产业	6 815	5.9

表 6-3　各产业增量及增长率

产业	增量（亿元）	增长率（%）
种植业	2 355.1	2.5
林业	101.4	5.1
畜牧业	664.3	1.7
渔业	61.6	4.1
农林牧渔服务业	85	5.5

根据《黑龙江统计年鉴（2019）》，2018 年黑龙江省生产总值 16 361.6 亿元，同比增长 4.7%；粮食总产量达 1 501.4 亿斤，实现连续十五年国家粮食产量排名第一的好成绩。黑龙江省积极响应农业供给侧结构性改革，农业生产力与生产效能逐步加强且保持较稳定的发展，为农业生产注入新动力。黑龙江省现代农业在科技化的道路上迈向新的台阶，实现更大范围的覆盖，新型农业稳步推进，农业朝着更好的方向发展。全省实现机械化种植，科技贡献率达到67.1%，农作物良种实现全覆盖，品牌优势不断发展，形成了大规模、广传播的品牌效应。农业经济稳步提升，为推进农业改革的顺利进行，农村合作社等组织发挥了重要作用，绿色有机食品特色产业迅猛发展，提升了黑龙江省农产品在全国农产品中的优势地位，黑龙江省农业经济又快又好发展。黑龙江省第二产业始终保持前进的发展态势，2018 年全省工业固定资产投资相比 2017 年有所增长。在高新技术方面，黑龙江省始终保持增长的发展趋势，提升黑龙江省第二产业的核心技术，保持第二产业的稳步发展。黑龙江省拥有独特的自然优势，拥有奇幻且美丽的自然景观——雪，黑龙江省致力于将"雪"作为经济发展的助推器，用特色文化产业带动经济发展。黑龙江省将冰雪运动作为独特的产业模式，吸引国内外游客来黑龙江省旅游，不仅带来了巨大的客流量，而且打开黑龙江省旅游产业的知名度。黑龙江省不断创新自身的发展优势，以独具匠心的发展理念带动经济实现更高的增长。

黑龙江省地理位置较好，土壤肥沃，水资源丰富，气候适宜，是粮食作物的主要生产基地。黑龙江省在土地利用中始终发挥着优势，在农作物种植、土地利用方面始终紧跟国家政策，不断提升自身的资源优势，为国家的粮食安全贡献力量。2018 年黑龙江省耕地面积为 1 584.4 万公顷，2017 年为 1 586.6 万公顷，2018 年相较于 2017 年耕地面积有所下降。2018 年黑龙江省水稻的播种面积较上年减少，各市的农作物播种面积均有所变化。在全国农作物的播种面积有所提升的情况下，黑龙江省的耕地面积却有一定程度的下降，这对黑龙江省提出了预警，也需要我们对其耕地压力情况进行研究。黑龙江省拥有较为良好的土地条件，耕地资源的数量与质量都较好。通过分析耕地面积、粮食作物的播种面积等相关要素，对黑龙江省耕地压力的区域差异及动态演变进行分析研究，可以更好地提出实现耕地资源高标准、规范化利用，保证国家粮食良好供应的有效措施。黑龙江省的耕地资源要保证数量、质量与生态的有机结合，在数量上能够提供粮食，在质量上确保粮食质量的优质，在种植中要与生态形成联动，保证生态环境的向好发展。

（二）数据来源与处理

1. 数据来源

本研究所利用的数据包含 1985 年、1990 年、1995 年、2000 年、2005 年、2010 年以及 2015 年每五年一幅的黑龙江省遥感影像数据影像，结合历年《黑龙江省统计年鉴》中的数据及黑龙江省土地利用数据，利用 ArcGIS 平台，进行数据整理与提取。

2. 数据处理

（1）数据转换。黑龙江省土地利用现状图为栅格数据，利用 ArcGIS 中的转换工具将栅格数据转换为矢量数据，以便于后续数据的提取。首先利用转换工具，打开"栅格转面"，将所需的栅格数据添加进去，接着选择保存位置，并进行命名，最后点击确定进行转换。具体过程如图 6-1 栅格数据转矢量数据所示。

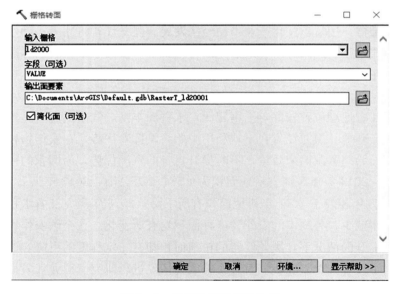

图 6-1 栅格数据转矢量数据

（2）数据导出。根据上一步骤，将转换完成的矢量数据的属性表打开，在后面添加字段，命名为"area"。接着利用几何计算将各地块的面积计算出来，并将所得数据导出。具体过程如图 6-2 数据导出所示。

（3）数据整理。导出数据之后，根据 2017 年的土地利用现状分类标准，

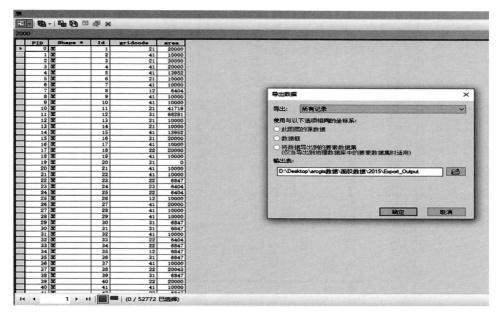

图 6-2　数据导出

水田和旱地属于耕地，代码分别为 11 与 12（表 6-4）。于是，结合导出的数据表格，利用数据透视表将所需要的水田和旱地的面积提取出来，并进行汇总，得到了 1985—2015 年间耕地面积变化情况的表格。过程如图 6-3 数据透视表所示。

表 6-4　地类字典

id	dlmc	大类
11	水田	1
12	旱地	1

（4）要素叠加。将相邻两个年份的两幅黑龙江省土地利用现状图中的耕地部分提取出来，再将两幅数据提取后的图进行叠加，利用分析工具中叠加分析的"联合"将两组要素进行叠加，选择保存位置并命名。具体操作如图 6-4 及图 6-5 所示。

（5）空间数据提取。叠加完成后，将得到的每一幅叠加图的属性表分别打开，添加字段命名"change"，利用字段计算器将变化的耕地筛选出来，变化

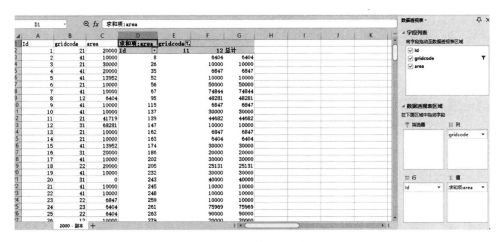

图 6-3　数据透视表

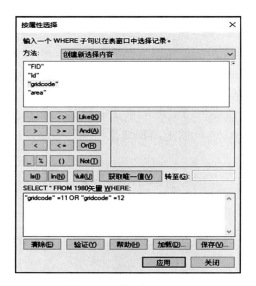

图 6-4　耕地提取过程

部分显示"0"，没变化的显示为"1"，接着将变化部分数据提出，形成新文件，再与黑龙江省行政区划图进行叠加。过程如图 6-6、图 6-7 所示。

（6）耕地空间变化成图。利用上述方法，最终形成耕地变化图，然后进行成图过程。利用 ArcGIS 软件将所形成的 1985—2015 年每五年间耕地变化情况的图，分别添加标题、图例、指北针和比例尺等，最后成图。

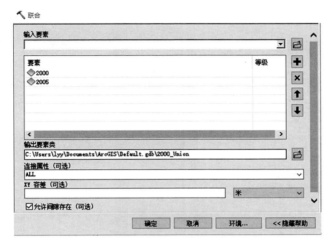

图 6-5 两个要素叠加过程

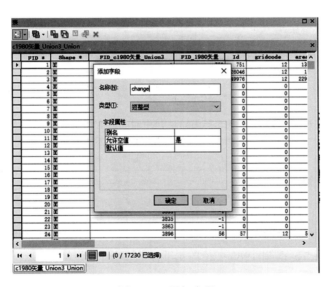

图 6-6 添加字段

(三) 黑龙江省耕地利用格局演变结果与分析

1. 黑龙江省耕地利用格局时间演变

根据上述计算方法, 得到 1985—2015 年间黑龙江省耕地利用时间演变情况, 结果如表 6-5 所示。

图 6-7 数据筛选

表 6-5 1985—2015 年间耕地利用时间演变情况表（万公顷）

面积	1985 年	1990 年	1995 年	2000 年	2005 年	2010 年	2015 年
水田	129.16	142.39	153.63	200.36	209.72	230.55	291.84
旱地	481.56	453.84	503.10	519.47	507.34	550.53	604.88
耕地	610.72	596.24	656.73	719.82	717.05	781.08	896.73

根据表 6-5，得到 1985—2015 年间耕地利用变化情况图（图 6-8）。

（1）耕地利用时间演变分析。根据表 6-5 和图 6-9，得出以下结论。

黑龙江省的水田面积呈现稳定增加趋势。1985 年到 2015 年间水田面积持续上升，以 5 年为一阶段，分别增加了 13.24 万公顷、11.24 万公顷、46.73 万公顷、9.36 万公顷、20.83 万公顷和 61.29 万公顷，年均增长 8.13 万公顷，增长率分别为 10.25%、7.89%、30.41%、4.67%、9.93% 和 26.59%。

黑龙江省旱地面积呈现先下降后上升再下降又上升的趋势。1985—1990 年旱地面积大幅下降，减少了 27.72 万公顷；1990—2000 年呈现增加趋势，

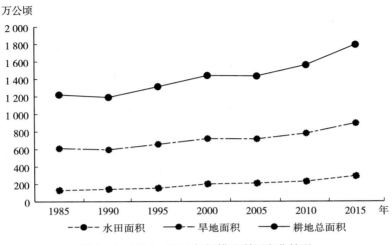

图 6-8　1985—2015 年间耕地利用变化情况

1990—1995 年增加了 49.26 万公顷，1995—2000 年增加了 16.36 万公顷；2000—2005 年旱地面积呈下降趋势，减少了 12.13 万公顷；2005—2015 年间，旱地面积呈上升趋势，2005—2010 年增长了 43.19 万公顷，2010—2015 年增长了 54.35 万公顷。1985—2015 年间旱地面积总体呈现增长趋势，且年均增长面积为 6.17 万公顷，增长率分别为 -5.76%、10.85%、3.25%、-2.33%、8.51% 和 9.87%。

黑龙江省耕地面积呈现先下降后上升再下降又上升的趋势。1985—1990 年间耕地面积呈下降趋势，1990—2015 年间耕地面积总体呈现增长趋势，但 2000—2005 年呈现小幅度下降趋势。其中，1985—1990 年间耕地面积减少了 14.48 万公顷，降幅为 2.37%；1990—2015 年间耕地面积总体为增加趋势，分别增加 60.50 万公顷、63.09 万公顷、-2.77 万公顷、64.02 万公顷和 115.65 万公顷，增长率分别为 10.15%、9.61%、-0.38%、8.93% 和 14.81%。1985—2015 年间耕地面积年均增长 14.30 万公顷，因此黑龙江省耕地利用格局总体呈增加趋势。

（2）耕地利用政策变化分析。黑龙江省在保障国家粮食安全方面有着重要的地位，因此，黑龙江省对于省内的粮食生产工作历来都很重视，出台了一系列农业发展的相关政策。其中，改革农业税以及对于农业的补贴政策为黑龙江省的农民增加了收益，同时也激发了农民种田的积极性，这些使得耕地的有效利用面积切实增加了。

总体来说，省内保护耕地的政策大概可以分为三个阶段，分别为：1985—1995 年的识别问题阶段、1996—2009 年的政策作用阶段以及 2010—2012 年的反馈调整阶段。经过这三个阶段的努力，耕地保护工作的重心实现了从数量保障到质量提升再到生态改善的转变。

要想对耕地进行保护，管控建设用地也是不可或缺的。改革开放以来，我国建设用地的管控政策经过了从无序到有序、从无偿到有偿、从无期限到有期限、从粗放到集约的变化过程。总结为三个阶段，分别为：1985—1995 年的探索阶段、1996—2009 年的完善阶段以及 2010—2012 年的节约集约发展阶段。经此三个阶段，建设用地的发展得到了很好的管控，切实保护了耕地。

2. 黑龙江省耕地利用格局空间演变

通过 ArcGIS 软件中的空间叠加分析，得到 1985—1990 年、1990—1995 年、1995—2000 年、2000—2005 年、2005—2010 年以及 2010—2015 年间耕地变化情况。空间叠加分析之后，将黑龙江省行政区划图叠加进去，由此可以清晰地得出各地市的耕地变化情况。包括由耕地转出以及转入为耕地的，即由耕地转为除耕地以外的其他类型的土地，以及由除耕地以外其他类型的土地转为耕地。

哈尔滨市 1985—1990 年耕地空间演变情况为东南部分变化大，其他部分变化小；1990—1995 年耕地空间演变情况为东部变化大，其他地区相对较小，但整体变化情况相较于上一阶段，变化幅度大幅增加；1995—2000 年耕地空间演变情况为东北部变化较大，其他变化较小，较上一阶段，变化幅度减小；2000—2005 年耕地空间演变情况为西南部变化较大，整体较上一阶段变化幅度有所减少；2005—2010 年耕地空间演变情况为东部变化大，较上一阶段变化幅度有所增加；2010—2015 年耕地空间演变情况为东部变化大，西部变化小，整体较上一阶段有所减少。总体来说，1990—1995 年这一阶段变化幅度最大，2010—2015 年变化幅度最小，说明耕地空间演变情况逐渐趋于平稳。

齐齐哈尔市 1985—1990 年耕地空间演变情况分布均匀，西部变化相对其他部分较大；1990—1995 年耕地空间演变情况整体变化较大，且相较于上一阶段变化幅度大幅增加；1995—2000 年耕地空间演变情况为中部变化较大，其他变化较小，且较上一阶段变化幅度减小；2000—2005 年耕地空间演变情况分布均匀，变化情况基本相差不大，较上一阶段变化幅度有所减少；2005—2010 年耕地空间演变情况为中部相对其他部分变化大些，总体变化较小，较上一阶段变化幅度有所减少；2010—2015 年耕地空间演变情况为东部变化大，整体较上一阶段有所增加。总体来说，1990—1995 年变化幅度最大，2005—2010 年变化幅度最小，说明耕地空间演变情况偶尔变化起伏大，但总体情况趋于平稳。

鹤岗市 1985—1990 年耕地空间演变情况为中部变化大，其他部分变化小；1990—1995 年耕地空间演变情况为大部分地区变化大，西部小部分几乎没变化，但整体变化幅度相较于上一阶段大幅增加；1995—2000 年耕地空间演变情况与上一阶段相差不大，只不过较上一阶段分布更为分散；2000—2005 年耕地空间演变情况为东部地区变化大，整体较上一阶段变化幅度大幅减少；2005—2010 年耕地空间演变情况为南部地区变化相对大些，总体较上一阶段变化幅度有所减少；2010—2015 年耕地空间演变情况为东部变化大，西部变化小，总体较上一阶段变化幅度有所增加。总的来说，1990—1995 年变化幅度最大，2005—2010 年变化幅度最小，说明耕地空间演变情况偶尔变化起伏大，但总体情况趋于平稳。

鸡西市 1985—1990 年耕地空间演变情况均匀分布；1990—1995 年耕地空间演变情况均匀分布，但整体变化情况相较于上一阶段，变化幅度大幅增加；1995—2000 年耕地空间演变情况为南部变化较大，其他变化较小，整体较上一阶段变化幅度减小；2000—2005 年耕地空间演变情况为北部变化大些，南部几乎没有，整体较上一阶段变化幅度大幅减少；2005—2010 年耕地空间演变情况分布均匀，较上一阶段变化幅度不大；2010—2015 年耕地空间演变情况为北部多，南部少，总体较上一阶段有所减少。总体来说，1990—1995 年变化幅度最大，2010—2015 年变化幅度最小，说明耕地空间演变情况逐渐趋于平稳。

大庆市 1985—1990 年耕地空间演变情况分布均匀；1990—1995 年耕地空间演变情况分布均匀，但整体变化情况相较于上一阶段，变化幅度大幅增加；1995—2000 年耕地空间演变情况分布均匀，较上一阶段变化幅度大幅减少；2000—2005 年耕地空间演变情况分布均匀，较上一阶段变化幅度有所减小；2005—2010 年耕地空间演变情况几乎没有，较上一阶段变化幅度大幅减少；2010—2015 年耕地空间演变情况分布均匀，较上一阶段小幅增加。总体来说，1990—1995 年变化幅度最大，2005—2010 年变化幅度最小，说明耕地空间演变情况偶尔增多，大部分情况变化较小，趋于平稳。

伊春市 1985—1990 年耕地空间演变情况分布均匀，变化较少；1990—1995 年耕地空间演变情况为北部变化大，但整体变化情况相较于上一阶段，变化幅度大幅增加；1995—2000 年耕地空间演变情况为北部变化较大，整体较上一阶段相差不大；2000—2005 年耕地空间演变情况分布较少且均匀，较上一阶段变化幅度大幅减少；2005—2010 年耕地空间演变情况几乎没有，较上一阶段变化幅度大幅减少；2010—2015 年耕地空间演变情况为南部有较少部分变化，其他部分几乎没有，总体较上一阶段有所增加。总的来说，1990—1995 年变化幅度最大，2005—2010 年变化幅度最小，说明耕地空间演变情况偶尔增多，大部分情况变化较小，趋于平稳。

双鸭山市 1985—1990 年耕地空间演变情况为中部地区变化大，其他地区变化小；1990—1995 年耕地空间演变情况为南部变化大，北部相对较小，相较于上一阶段整体变化幅度大幅增加；1995—2000 年耕地空间演变情况分布均匀，只有北部少部分没有变化，较上一阶段，整体变化幅度有所减小；2000—2005 年耕地空间演变情况为北部变化大些，整体较上一阶段变化幅度有所减少；2005—2010 年耕地空间演变情况分布均匀，整体情况较上一阶段变化幅度有所减少；2010—2015 年耕地空间演变情况较上一阶段相差不大。总体来说，1990—1995 年变化幅度最大，2010—2015 年变化幅度最小，说明耕地空间演变情况逐渐趋于平稳。

佳木斯市 1985—1990 年耕地空间演变情况变化较大，东北部分最大；1990—1995 年耕地空间演变情况分布均匀，但整体变化幅度相较于上一阶段大幅增加；1995—2000 年耕地空间演变情况为南部变化较大，其他变化较小，整体变化幅度较上一阶段减小；2000—2005 年耕地空间演变情况为北部变化大些，整体较上一阶段变化幅度有所减少；2005—2010 年耕地空间演变情况为北部变化大些，且较为密集，整体较上一阶段变化幅度有所增加；2010—2015 年耕地空间演变情况为南部较多，整体较上一阶段相差不大。总体来说，1990—1995 年变化幅度最大，2000—2005 年变化幅度最小，说明耕地空间演变情况偶尔增多，大部分情况变化较小，趋于平稳。

牡丹江市 1985—1990 年耕地空间演变情况分布均匀，变化部分相对较大；1990—1995 年耕地空间演变情况分布均匀，但整体变化情况相较于上一阶段变化幅度大幅增加；1995—2000 年耕地空间演变情况为东北部变化较大，其他变化较小，整体情况较上一阶段变化幅度减小；2000—2005 年耕地空间演变情况只有东南角少部分有变化，其他部分几乎没有，较上一阶段变化幅度大幅减少；2005—2010 年耕地空间演变情况分布均匀，较上一阶段变化幅度有所增加；2010—2015 年耕地空间演变情况零星分布，较上一阶段有所减少。

总体来说，1990—1995 年变化幅度最大，2000—2005 年变化幅度最小，说明耕地空间演变情况偶尔增多，大部分情况变化较小，趋于平稳。

七台河市 1985—1990 年、1995—2000 年以及 2000—2005 年耕地空间演变情况分布均匀，变化情况为先增加再减小；2000—2005 年耕地空间演变情况为零星分布，较上一阶段变化幅度大幅减少；2005—2010 年耕地空间演变情况均匀分布，较上一阶段变化幅度小幅增加；2010—2015 年耕地空间演变情况几乎没有，较上一阶段有所减少。总体来说，1990—1995 年变化幅度最大，2010—2015 年变化幅度最小，说明耕地空间演变情况逐渐趋于平稳。

绥化市 1985—2015 年的 20 年间，每五年的变化情况都分布均匀，不同点在于变化幅度的大小。其中，1990—1995 年耕地空间演变情况最大，1995—2000 年耕地空间演变情况次之，变化度排第 3 位的是 1985—1990 年耕地空间演变情况，2000—2005 年、2005—2010 年的耕地空间演变情况相似，变化最小的为 2010—2015 年的耕地空间演变情况。总体来说，1990—1995 年变化幅度最大，2010—2015 年变化幅度最小，说明耕地空间演变情况逐渐趋于平稳。

黑河市 1985—1990 年耕地空间演变情况均匀分布，东部较多一些；1990—1995 年耕地空间演变情况为南部、北部变化大，其他地区相对较小，但整体变化幅度相较于上一阶段大幅增加；1995—2000 年耕地空间演变情况为中部变化较大，其他变化较小，整体变化幅度较上一阶段大幅减小；2000—2005 年、2005—2010 年及 2010—2015 年耕地空间演变情况都是零星分布，几乎没有，其中 2005—2010 年耕地空间演变情况最少。总体来说，1990—1995 年变化幅度最大，2005—2010 年变化幅度最小，说明耕地空间演变情况逐渐趋于平稳。

大兴安岭地区 1985—2015 年这 20 年间耕地空间演变情况几乎没有变化，只有南部少部分地区有变化。总体来说，耕地空间演变情况平稳。

（四）黑龙江省耕地利用格局预测研究

1. 相关参数准备

以 GDP、城市化、人口作为土地利用格局变化的主要外部驱动因素，其变化速率对耕地利用格局演变有着重要影响，具体见公式 6-1。

$$W^{1(i,t)} = C_p \left(\frac{p_t+1}{p_t}\right)^{Kp} + C_e \left(\frac{e_t+1}{e_t}\right)^{Ke} + C_u \left(\frac{u_t+1}{u_t}\right)^{Ku} \quad (6-1)$$

式中，p_t、e_t、u_t 分别为 t 时的人口、GDP、城市化，C 为驱动因素对耕地利用的影响，K 反映驱动因素与耕地利用之间的关系，$K=1$ 为正向作用，

$K=0$ 为没有作用，$K=-1$ 为负向作用。

针对黑龙江省经济社会的发展进行综合分析，确定了相关驱动力参数。2015 年和 2020 年黑龙江省人口分别为 3 812.0 万和 3 751.3 万，全省 GDP 分别达 11 690.0 亿元和 13 612.7 亿元。各地市的 2015 年和 2020 年的人口及 GDP 情况如表 6-6 和表 6-7 所示。

表 6-6　2015 年各地市人口、GDP 情况

地市	人口（万人）	GDP（亿元）
哈尔滨市	677.9	4 065.3
齐齐哈尔市	436.9	981.6
鹤岗市	193.9	285.2
鸡西市	234.1	501
大庆市	293.9	2 301.8
伊春市	201.8	233.7
双鸭山市	217.9	385.4
佳木斯市	269.7	619.4
牡丹江市	280.1	718.5
七台河市	181.7	190.1
绥化市	434.1	987.5
黑河市	227.7	457.0
大兴安岭地区	161.7	106.2

表 6-7　2020 年各地市人口、GDP 情况

地市	人口（万人）	GDP（亿元）
哈尔滨市	951.3	5 249.4
齐齐哈尔市	526.7	1 128.9
鹤岗市	98.5	336.4
鸡西市	169.4	552
大庆市	274.7	2 502.6
伊春市	112.4	298.8
双鸭山市	140.7	476.4
佳木斯市	232.0	762.9

（续）

地市	人口（万人）	GDP（亿元）
牡丹江市	250.4	825.0
七台河市	77.0	231.3
绥化市	521.7	1 101.1
黑河市	158.1	578.9
大兴安岭地区	41.7	138.6

2. 黑龙江省耕地利用格局预测结果与分析

（1）黑龙江省耕地利用格局预测结果。对黑龙江省耕地利用格局预测的结果显示，耕地利用在未来十几年内仍将呈现稳定增长趋势，耕地面积将小幅度增加。到 2035 年，耕地面积将增长到 1 040.82 万公顷，年均增长 7.20 万公顷。按预测人口计算，2035 年人均耕地面积为 0.46 公顷，与 2015 年的 0.40公顷相比上升了 0.06 公顷，上升幅度达 15%。各地市未来十年耕地利用情况显示为不同变化趋势。表现为稳定增长趋势的地市中，七台河市、黑河市以及大兴安岭地区会更趋向于既不增长也不减少的稳定局面；哈尔滨市、鸡西市、双鸭山市以及绥化市表现为小幅度增加的趋势，预计到 2035 年，耕地面积将分别增加到 437.6 万公顷、77.9 万公顷、64.7 万公顷以及 240.0 万公顷。表现为小幅下降趋势的地市为齐齐哈尔市、鹤岗市、大庆市、伊春市、佳木斯市及牡丹江市，预测到 2035 年将减少至 242.3 万公顷、45.3 万公顷、126.4 万公顷、51.7 万公顷、106.7 万公顷以及 115.2 万公顷。

（2）黑龙江省耕地利用格局预测结果分析。根据最新的政策及法律法规，对未来的耕地利用格局进行预测分析。分析表明，黑龙江省保护耕地的政策对于耕地的驱动作用很大，耕地面积显著增加。从中可以发现，未来耕地发展趋势是稳定增长的。1985—2015 年间黑龙江省耕地面积增加了 413.41 万公顷，年均增加 20.67 万公顷。到 2035 年，耕地面积将增长到 1 040.82 万公顷，年均增长 7.20 万公顷，耕地增加幅度上升，这表明耕地保护政策落实严格，耕地被保护的相对较好。

而各地市未来耕地利用趋势变化之所以不同，原因表现在经济、人口、产业、区位等多种方面。经济较为发达的地区，像哈尔滨市和绥化市，2020 年GDP 超过一千亿元，社会体系相对其他地市来说更为完善，对于耕地的保护完成地较好，能够保持小幅增加趋势。在人口方面，除哈尔滨市和齐齐哈尔市人口增长以外，其他地市都呈现负增长情况。劳动力是第一生产力，人口流失就意味着生产力减弱，耕地利用也仅能保持稳定。而对于边远地区，比如说大兴安岭地区、黑河市等地区，区位因素也产生很大影响，对于耕地利用方面缺少必要的硬性条件，所以情况不算乐观。除此之外，还受其他产业影响，比如以林业闻名的伊春市、被称为石油之乡的大庆市、"煤城"鸡西市等资源型城市，各地市发展产业不同，对于农业的关注较小，也导致耕地利用情况小幅下降。

（五）小结

根据黑龙江省土地利用现状图、历年《黑龙江省统计年鉴》等，通过ArcGIS 软件对 1985—2015 年间年黑龙江省耕地利用格局的演变进行时间和空间分析。时间演变规律是耕地利用格局呈现先下降后增加的趋势，总体呈现平稳增长的局面。利用数据整理与分析的方法，将历年来黑龙江省耕地政策进行整理，对黑龙江省耕地利用格局时间演变进行分析，分析结果显示农业政策、耕地保护政策还有建设用地管控政策起到了非常重要的作用，切实保护了耕地，并且使耕地面积逐年上升。空间演变规律为耕地利用变化幅度由东到西逐渐减小，北部变化较为平稳。佳木斯市、双鸭山市、鸡西市以及鹤岗市等位于黑龙江省东部的地级市的耕地利用变化幅度较大，尤其是 1990—1995 年期间变化幅度最大。而位于黑龙江省北部的大兴安岭地区，耕地利用变化幅度较小且平稳。对黑龙江省耕地利用格局进行预测，并综合分析未来黑龙江省耕地利用格局的演变情况的结果表明，黑龙江省耕地利用在未来十几年内仍将呈现稳定增长态势，耕地面积将小幅度增加。各地市耕地利用情况也将有不同变化，其中哈尔滨市、鸡西市、双鸭山市、七台河市、绥化市、黑河市以及大兴安岭地区都将呈现稳定增长趋势，齐齐哈尔市、鹤岗市、大庆市、伊春市、佳木斯市及牡丹江市将出现小幅下降趋势。

二、土地流转进程中的耕地利用压力演变

（一）研究方法与数据来源

1. 研究方法

采用最小人均耕地面积作为基础数据，研究黑龙江省耕地压力区域差异及动态演变。计算模型如下：

$$S_{\min} = \beta \times G_r / (p \times q \times k) \qquad (6-2)$$

式中，S_{min} 为最小人均耕地面积（公顷/人），β 为粮食自给率（％），即为当地粮食产出量与粮食消费量的比值，G_r 为人均粮食需求量（千克/人），p 为粮食单产（千克/公顷），是单位面积耕地的粮食产出量，q 为粮食播种面积在农作物总播种面积中的比例（％），k 为复种指数（％），是单位耕地内一年的农作物种植次数。

耕地压力是为满足人们对粮食的需求，耕地资源所要承受的压力。计算模型如下：

$$K = S_{min} / S \qquad\qquad (6-3)$$

式中，K 为耕地压力指数，S_{min} 为最小人均耕地面积，S 为实际人均耕地面积。

如表 6-8 所示，当 $K<1$ 时，耕地压力所对应的状态是相对良好的，粮食安全水平是较为安全的，耕地资源在满足人们自身的粮食需求外还有剩余，是较好的耕地资源的状态；当 $K=1$ 时，耕地压力初步体现，粮食安全水平是预警状态，耕地资源刚好满足人们自身的需求，但这是一个警戒线，一旦超出这个范围就会造成耕地压力扩大，这时需要对耕地资源的保护与利用给予重视；当 $K>1$ 时，耕地压力较大，粮食安全水平处于不安全状态，耕地难以满足人们自身的需求，粮食安全问题显现，需要立即采取措施实现耕地资源利用的高质量、高效能。

表 6-8　耕地压力指数对应状态与粮食安全水平

K	耕地压力状态	粮食安全水平
$K<1$	不明显	安全
$K=1$	初现	预警
$K>1$	较大	不安全

2. 数据来源

研究数据主要来源于历年《黑龙江统计年鉴》《中国区域经济统计年鉴》《中国统计年鉴》，黑龙江省耕地数据年份为 1985—2017 年，每五年为一个时间节点，黑龙江省各地市的数据年份为 2005 年、2010 年、2015 年、2017 年。

（二）黑龙江省耕地压力区域差异分析

1. 耕地压力时间变化特征

（1）耕地资源数量时间变化特征。黑龙江省耕地面积总体增长态势较好，

2017 年相比较于 1985 年，耕地总面积上升 693.5 万公顷，年均增加 21.67 万公顷，1985—2017 年耕地总面积动态变化如图 6-9 所示。

1985—2017 年，黑龙江省耕地总面积呈现平稳上涨的趋势，这一时期耕地资源平稳发展。1985—1990 年，耕地总面积出现小幅度的下降，是由于全省对于土地资源进行配置，产业结构做出了调整，建筑用地占用部分耕地，使耕地总面积有小幅度下降。1990—2010 年耕地总面积实现约为 700 万公顷的增长。2000—2010 年，全省耕地面积增速较快、幅度较大，增长了 624.1 万公顷，主要是全省对耕地的保护意识有所增强，对耕地面积进行了严格的控制，确保耕地不被占用，保证耕地面积的稳步上升。2010—2017 年，全省耕地面积增速趋于平稳，耕地面积相对稳定。全省始终坚持对耕地的保护，确保耕地面积不被占用，耕地呈稳步上升趋势。

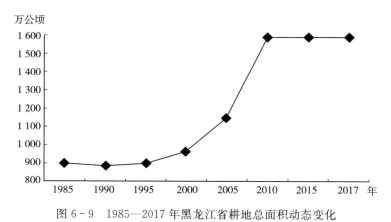

图 6-9   1985—2017 年黑龙江省耕地总面积动态变化

如图 6-10 所示，黑龙江省人均耕地面积总体处于上升态势。1985—1995 年，人均耕地面积有所下降，下降幅度约为 0.023 公顷/人，这是由于这段时间人口大幅度增加，人口上升速度快，但耕地面积的增长是相对稳定的，这就使得人均耕地面积有所降低。但到 1995—2010 年，形势出现转折，全省的人均耕地面积增长率为 1.14%，发展情况较好，这一时期对耕地资源的保护意识增强，加强了对耕地资源保护的力度，人均耕地面积出现了大幅度的上升。2010—2017 年，人均耕地面积实现 0.004 公顷/人的上升趋势。

（2）粮食产量时间变化特征。根据折线图 6-11、图 6-12、图 6-13 可知，在 32 年间，黑龙江省的粮食产量实现了质的飞跃。粮食总产量研究结果表明（图 6-11），从 1985 年至 2017 年，黑龙江省粮食总产量增长 6 005.3 万

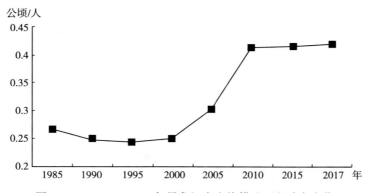

图 6 - 10　1985—2017 年黑龙江省人均耕地面积动态变化

吨，年均增量为 187.67 万吨，2000 年出现下降是因为干旱导致的粮食减产，机械化程度较低等也是导致减产的原因。2000 年至 2015 年粮食总产量大规模上升，原因在于我国逐渐推行规模化、规范化、集约化的种植模式，土地经营权有序流转，土地利用更加高效与合理，粮食产量大幅增加。2015 年至 2017 年粮食减产，主要原因是干旱。

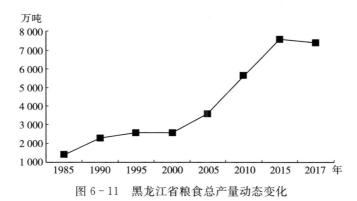

图 6 - 11　黑龙江省粮食总产量动态变化

　　粮食单产研究结果表明（图 6 - 12），黑龙江省粮食单产总体呈现上升态势，粮食单产年均增长量为 48.04 千克/公顷。1985 年至 1995 年，粮食单产明显增长；1995 年至 2000 年呈现的是降低趋势，单产降低 31.85 千克/公顷；2000 年至 2015 年增长幅度最大，单产增长 1 329.21 千克/公顷。2000 年单位面积粮食产量出现一个转折点，出现了较上年单位面积粮食产量减少的变化态势，但从 2000 年至 2015 年，单位面积粮食产量得到了提高，增速较快，并且黑龙江省的粮食单产在这一时间段的发展较好。2015 年至 2017 年由于干旱，黑龙江省粮食单产出现减产的情况。总之，1985 年至 2017 年粮食单产与粮食总产量都有一定的波动现象，但都实现了增长，且 1985 至 2017 年的粮食单产实现了高速增长。

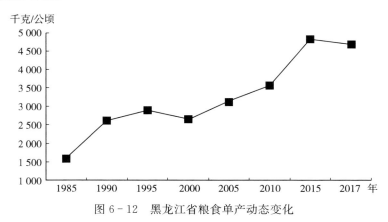

图 6 - 12　黑龙江省粮食单产动态变化

人均粮食产量研究结果表明（图 6 - 13），从 1985 年至 1995 年，黑龙江省人均粮食产量增长相对稳定，2000 年人均粮食产量有所降低，但 2000 年至 2015 年，黑龙江省的人均粮食产量增速较大，增长趋势为高速增长。这是因为 2015 年黑龙江省实施耕地资源质量提升的方案，对于部分地区给予补贴，降低种植成本，提供农用资料，提供优质服务。2015 年至 2017 年图表中的数据有下降，原因在于黑龙江省实施经济的转型发展，城镇规模扩大，重工业加大了发展力度，使得原本用于种植的耕地资源被占用，同时为了发展交通设施也占用了部分耕地，使得耕地资源以及粮食单产有所减少。

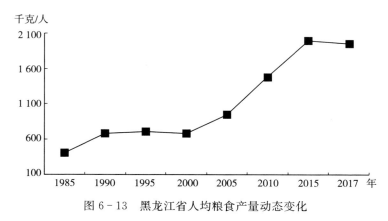

图 6 - 13　黑龙江省人均粮食产量动态变化

这三个数据表明，黑龙江省的粮食生产呈现出良好的发展趋势。黑龙江省一直是中国粮食主要产地，作为粮食大省，其粮食产量在全国始终居于第一位，始终发挥地区优势。未来应不断加强农业基础设施的建设，提高产量与质量，加强科学技术投入，发展科技兴农，不断完善土地规模化、标准化的种植模式，引入高技术、高效能的发展模式，以实现黑龙江省粮食作物高产增收，保证国家粮食安全。

（3）最小人均耕地面积的测算。表6-9将黑龙江省1985—2017年最小人均耕地面积情况清晰的表示出来，为黑龙江省耕地资源有效利用提供更加精准的方案对策。

表6-9 1985—2017年黑龙江省最小人均耕地面积（公顷）

年份	最小人均耕地面积
1985	0.345
1990	0.205
1995	0.187
2000	0.208
2005	0.168
2010	0.161
2015	0.104
2017	0.108

本文将黑龙江省人均粮食需求量定为450千克/人，粮食自给率定为100％。

以5年为节点，根据基础数据得到最小人均耕地面积数据。经过计算可知，1985—1995年最小人均耕地面积逐年降低，根据运算模型可知，耕地压力指数有降低的良好变化情况。1995—2000年最小人均耕地面积有所增长。2000—2015年最小人均耕地面积降低了0.104公顷，2015—2017年黑龙江省最小人均耕地面积有了小幅度的上升（图6-14）。

以最小人均耕地面积为数据基础，运用耕地压力指数模式，以数据的形式更加直观地将耕地实际利用的压力情况表现出来。利用耕地压力指数模型对黑龙江省各地市与地区的耕地利用情况进行系统的对比分析，得出不同城市与地区耕地利用中存在的问题，通过对比研究，能够凸显出地市与地区之间的差异性。

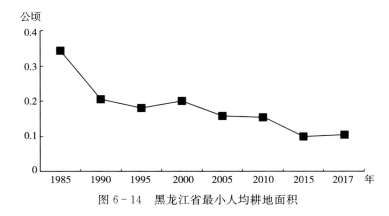

图 6-14　黑龙江省最小人均耕地面积

（4）耕地压力时间变化特征。如表 6-10 所示，1985 年耕地压力相对较大，1990 至 2017 年黑龙江省耕地压力均为无压力，这表明黑龙江省耕地状态较为良好。

表 6-10　黑龙江省耕地压力指数

年份	耕地压力指数
1985	1.33
1990	0.823
1995	0.77
2000	0.82
2005	0.56
2010	0.389
2015	0.25
2017	0.258

如图 6-15 所示，随着耕地资源保护政策的落实、耕地保护意识的增强，黑龙江省耕地压力逐渐减小。1985 年耕地压力指数大于 1 是因为当年黑龙江省耕地自然灾害较为严重，灾害总面积达到了 4 411 千公顷，使得 1985 年耕地压力较大，超出了耕地压力的水平线。1900 年耕地压力指数降到耕地压力线以下，且一直到 2017 年耕地压力指数都处于无压力状态。1990—1995 年耕地压力有所下降，1995—2000 年黑龙江省耕地压力有所上升，这是因为耕地受自然因素影响过大，2000 年自然灾害导致耕地面积达到了 3 483 千公顷，这对黑龙江省 2000 年耕地压力产生较大影响，导致 2000 年耕地压力指数有所上

升。2000—2015 年耕地压力处于下降趋势，黑龙江省耕地资源得到了有效的保护，耕地资源的质量也有所提升。黑龙江省始终坚持耕地占补平衡，高效合理利用耕地资源，耕地压力得到明显缓解。2015—2017 年黑龙江省耕地压力有所上升但并不显著，一方面原因在于《黑龙江省 2015 年耕地保护与质量提升补贴项目实施方案》的顺利实施，另一方面是因为黑龙江省耕地结构有所调整。

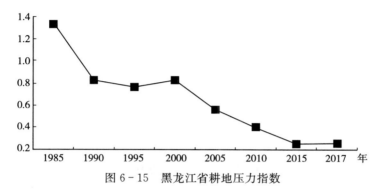

图 6-15　黑龙江省耕地压力指数

2. 耕地压力空间变化特征

（1）黑龙江省各地市与地区最小人均耕地面积（S_{min}）与耕地压力指数（K）测算。以 2005、2010、2015、2017 年为时间节点，各地市和地区以四个时间点为顺序测算 S_{min} 与 K，如表 6-11 所示。

表 6-11　各地市和地区的人均最小耕地面积与耕地压力指数

地区	2005 年		2010 年		2015 年		2017 年	
	S_{min}	K	S_{min}	K	S_{min}	K	S_{min}	K
哈尔滨	0.087	0.476	0.065	0.355	0.057	0.292	0.063	0.319
齐齐哈尔	0.147	0.419	0.132	0.327	0.089	0.204	0.097	0.216
牡丹江	0.129	0.785	0.115	0.635	0.087	0.416	0.096	0.476
佳木斯	0.215	0.358	0.114	0.254	0.073	0.141	0.079	0.161
大庆	0.121	0.508	0.083	0.372	0.058	0.220	0.069	0.277
鸡西	0.105	0.572	0.120	0.412	0.083	0.255	0.098	0.298
双鸭山	0.141	0.547	0.103	0.387	0.077	0.229	0.089	0.249
伊春	0.211	1.319	0.171	0.857	0.307	1.062	0.195	0.620
七台河	0.133	0.855	0.115	0.699	0.092	0.404	0.106	0.445

（续）

地区	2005 年		2010 年		2015 年		2017 年	
	S_{min}	K	S_{min}	K	S_{min}	K	S_{min}	K
鹤岗	0.127	1.058	0.110	0.749	0.083	0.435	0.090	0.430
黑河	0.171	0.395	0.179	0.318	0.106	0.177	0.116	0.216
绥化	0.099	0.375	0.069	0.243	0.055	0.172	0.062	0.192
大兴安岭	0.224	1.332	0.184	0.696	0.229	0.747	0.415	0.849

根据黑龙江省 12 地市和 1 个地区的人均最小耕地面积与耕地压力指数的直方图可以看出，黑龙江省耕地压力呈现出明显的空间差异。

如图 6 - 16 所示，除伊春市、鸡西市、黑河市、大兴安岭地区外，2005 年其他城市最小人均耕地面积均为最高值，这些城市的 S_{min} 在 2010 年、2015 年出现下降，2017 年再次出现上升的变动趋势。伊春市最小人均耕地面积的变化情况为 2005 年至 2010 年下降，2010 年至 2015 年增加，2015 年至 2017 年下降。鸡西市和黑河市的变化情况较为一致，从 2005 年到 2010 年上升，2010 年到 2015 年最小人均耕地面积下降，2015 年到 2017 年上升。大兴安岭地区

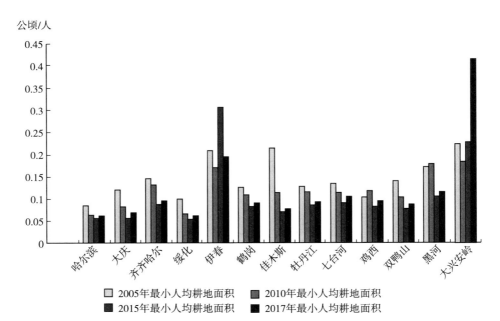

图 6 - 16　2005、2010、2015、2017 年 13 地市最小人均耕地面积

则是先下降再上升的趋势。通过对数据的整合、计算与分析，选取的时间节点
所产生的最小人均耕地面积的平均值分别为 0.147、0.12、0.107、0.121。

以最小人均耕地面积的平均值作为衡量各个城市与地区的相对情况可以得
知，伊春市和大兴安岭地区在四个时间节点中最小人均耕地面积的数值都大于
平均水平。伊春市和大兴安岭地区是林业较为繁荣的地区，最小人均耕地面积
相对高于平均水平。黑河市在 2005 年和 2010 年最小人均耕地面积的数值大于
平均水平，黑河市由于耕地质量和环境污染的问题使得耕地资源条件低于平均
水平。佳木斯市在 2005 年最小人均耕地面积大于平均水平，齐齐哈尔市在
2010 年最小人均耕地面积大于平均水平。

如图 6-17 所示，除伊春市、鹤岗市以外，其余地区耕地压力指数都呈现
出 2005 年到 2015 年下降、2015 年到 2017 年上升的状态。伊春市耕地压力在
2005 至 2010 年下降，2010 年至 2015 年上升，2015 年至 2017 年下降。鹤岗
市 2005 年到 2017 年耕地压力指数逐年下降。大兴安岭地区 2005 年至 2010 年
耕地压力指数下降，2010 年至 2017 年耕地压力指数上升。经过对 2005 年、
2010 年、2015 年、2017 年耕地压力指数数据的测算，四个时间节点 K 平均
水平分别为 0.692、0.485、0.366、0.365。2005 年，黑龙江省耕地压力指数
平均水平为 0.692，以此为水平界限，伊春市、鹤岗市、牡丹江市、七台河
市、大兴安岭地区均超过 2005 年界限值。2010 年，K 平均水平的标准线为
0.485，较 2005 年实现 0.207 公顷/人的减少幅度，伊春市、鹤岗市、牡丹江
市、七台河市、大兴安岭地区均超过 2010 年的标准界限值。2015 年，K 平均水

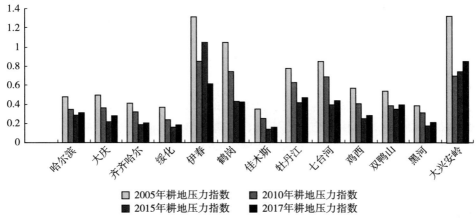

图 6-17　2005、2010、2015、2017 年 13 地市耕地压力指数

平的标准线为 0.365，较上年减少 0.119 公顷/人，减少幅度不如上年多，伊春市、鹤岗市、牡丹江市、七台河市、大兴安岭地区均超过 2015 年的界限值。2017 年，K 平均水平界限值为 0.365，较上年有小幅度降低，伊春市、鹤岗市、牡丹江市、七台河市、大兴安岭地区均超过 2017 年平均水平。通过对图表数据的统计与整理可以得知，2005 年、2017 年大兴安岭地区的耕地压力指数最大，2010 年、2015 年伊春市耕地压力指数最大。

（2）各地市耕地压力分区。对黑龙江省 12 地市和 1 个地区进行耕地压力分区，为了更加细致地将各地市与地区的压力情况以变化图的形式表示出来，将耕地压力划分为四个区间：当 $0 \leqslant K < 0.8$ 时，耕地压力为无压力；当 $0.8 \leqslant K < 1$ 时，耕地压力为压力预警状态；当 $1 \leqslant K < 2$ 时，耕地压力为压力较大状态；当 $2 \leqslant K < 4.2$ 时，耕地压力为压力极大状态。

从黑龙江省各地市耕地压力变化情况可以看出，在这四个时间节点中，黑龙江省各地市的耕地压力情况随时间的变化都有所不同。2005 年耕地压力情况明显的有四个地市和地区，分别为七台河市、伊春市、鹤岗市、大兴安岭地区，在这四个城市和地区中，七台河市的耕地压力情况较轻，其处于压力预警状态，其余三个城市的地区的耕地压力较大，需要予以更高的重视。2005 年耕地压力指数较大是由于当年干旱情况严重，导致耕地缺少水资源的灌溉，粮食大规模减产，耕地压力达到较高值。2010 年和 2015 年伊春市的耕地压力状况较为明显，处于耕地预警状态。大兴安岭地区的耕地压力虽然在 2010 年和 2015 年处于无压力的状态，但从数据中可以看出，虽然数值上在无压力区间，但较为接近预警状态，同样需要予以重视。2010 年和 2015 年其余城市与地区的耕地压力情况均处于无压力。伊春市作为林地较多的城市，森林覆盖率较大，2010 年和 2015 年的耕地压力情况有所显现，但到了 2017 年，伊春市的耕地压力情况有所缓解，因为经济的转型升级，耕地占补平衡的稳步推进，鼓励开荒种田，使得伊春市耕地压力有所减少。2017 年，除了大兴安岭地区处于压力预警区以外，其余地市处于耕地无压力状态。研究结果表明，在这四个年份中，七台河市、伊春市、大庆市、双鸭山市、鹤岗市、大兴安岭地区在黑龙江省都属于资源型城市，因而这些城市和地区的耕地压力指数都相较于其他城市有所偏高。

鹤岗市、双鸭山市、七台河市、大庆市都是矿产资源较为丰富的城市，耕地资源较为稀缺，耕地资源集约利用难度大、合理利用较为缺乏，矿产资源丰富的城市其耕地资源若不加以合理的保护就会遭到破坏，最小人均耕地面积较大导致耕地压力指数较大。大兴安岭地区林业发达，地形由中山、低山、丘陵和山间盆地构成，矿产资源也较为丰富，森林覆盖率高达 84.23%，耕地面积为 25 万公顷，粮食总产量为 24.1 万吨，耕地面积是黑龙江省各地市中最小的。伊春市湿地资源较为丰富，耕地资源相对较少，耕地面积为 36 万公顷，粮食产量是 73.9 万吨，由于耕地资源较少且开发利用不够，耕地压力较大。

（三）小结

选取 2005 年、2010 年、2015 年、2017 年四个时间节点对黑龙江省 1985—2017 年间耕地压力进行测算，结果如下：

（1）黑龙江省耕地资源时间变化特征为耕地总面积 1985 年至 2010 年快速增长，2010 年至 2017 年耕地面积的变化情况较为稳定。从 1985 年至 1995 年，由于人口增长幅度的提升，黑龙江省的人均耕地面积减少；随着政策稳步推进与落实到位，黑龙江省人均耕地面积在 1995—2010 年增长幅度大，增长速度快；2010—2017 年随着政策的深入推进，人均耕地面积增速较为稳定。1985—1995 年黑龙江省粮食总产量变化浮动为上升态势，但 1995—2000 年粮食总产量却随着时间的变化有所降低，其原因是干旱导致粮食减产。2000—2015 年，耕地占补平衡有力推进，粮食总产量出现大幅度上升。2015 年至 2017 年由于经济转型，工业用地、交通设施占用部分耕地，导致粮食的总产量有所下降。

（2）黑龙江省耕地压力指数变化特征。1985 年耕地资源受到自然因素的影响较大，耕地压力指数最高。1990 年至 2017 年耕地压力情况恢复较好，伴随着政策的推进、保护意识和保护能力的提升。这段时间耕地压力处于压力不明显的状态。其中，1990 年至 1995 年耕地压力逐渐减少，耕地发展趋势良好；1995 年至 2000 年，耕地压力指数有所增长，受到自然灾害的影响，耕地资源被破坏；2000 年至 2017 年，耕地资源压力指数始终保持在良好的区间，总体呈现良好的发展趋势。

（3）黑龙江省耕地资源空间变化特征。为更好地、直观地、有体系地对耕地压力情况进行展示，选取 2005 年、2010 年、2015 年、2017 年作为主要的研究时间点。除鸡西市、黑河市、伊春市、大兴安岭地区以外，其他城市在 2005 年最小人均耕地面积出现最高点。伊春市在 2005 年至 2010 年 S_{min} 下降，2010 年至 2015 年 S_{min} 上升，2015 年至 2017 年 S_{min} 下降。鸡西市、黑河市最小人均耕地面积在 2005 年至 2017 年变化情况出现波动，在 2005 年至 2010 年

S_{min} 上升，2010 年至 2015 年 S_{min} 下降，2015 年至 2017 年 S_{min} 再上升。大兴安岭地区的 S_{min} 在 2005 年至 2010 年呈下降趋势，2010 年至 2017 年呈上升趋势。黑龙江省 12 个地市和 1 个地区的耕地压力情况都在向逐渐变好的方向发展。2005 年，七台河市处于压力预警区间，伊春市、鹤岗市、大兴安岭地区压力较大。2010 年和 2015 年耕地压力情况有了较好的改善，只有伊春市处于压力预警区间。2017 年，除了大兴安岭地区处于压力预警区，其他城市均处于无压力状态。

三、土地流转进程中的耕地资产价值演变

（一）耕地资源资产价值核算方法

在有关研究基础上，对耕地资源的价值进行总结，将耕地资源价值分为三种不同的类型，对这三种价值分别进行测算和分析。

1. 经济价值核算方法

本书运用收益还原法来计算黑龙江省耕地资源经济价值。收益还原法也称作收益倍数法，是将待评估土地的未来年收益用一定的土地还原率将其还原，来估算耕地资源的经济价值。具体而言，要先将耕地的农作物总收益计算出来，再减去成本，剩下的就是耕地资源的纯收益，再利用还原率将其还原得出耕地资源的经济价值。

2. 生态价值核算方法

本书采用能值分析法来计算黑龙江省耕地资源的生态价值，在应用过程中能够实现不同能量的转化，也能对生态系统的功能特点进行相应的分析。在对黑龙江省土地价值总结的过程中，应根据已有的评价指标体系，对农业生态的补偿标准进行相应的计算。使用分位数回归法对农田价值和农田舒适度之间的联系进行测算，通过对 2010—2018 年耕地中使用的氮肥数量及钾肥数量进行统计，表明农田舒适度和农田价值呈现出明显的正相关关系，并且农田舒适度对农田价值水平的提升有比较重要的影响。

3. 社会价值核算方法

耕地社会价值是中国学者所提出的特色价值，包含两种价值，第一是市场价值，第二是非市场价值。在实际分析过程中经常利用 CVM 研究方法。该方法能够对调研对象的行为进行相应的分析，也能对生态产品的服务质量进行相应的衡量，从而量化研究对象的非市场价值。所以，开展耕地社会价值核算，

主要是从耕地社会功能角度出发，选取 2010—2018 年黑龙江省从农林牧业方面转移的劳动力数量与年平均收入进行计算统计，有关数据表明劳动力数量和耕地呈现出明显的正相关关系。

（二）研究结果分析

1. 经济价值

黑龙江省作为我国的粮食生产大省，截至 2020 年，黑龙江省粮食作物种植面积达到了 21 792 万亩，比 2010 年增加近 7 000 万亩；2020 年黑龙江省粮食总产量达到 7 451 万吨，实占全国粮食总产量的 11.3%，比 2010 年增加 749 亿斤。根据黑龙江省的作物种植结构，可以用玉米、大豆、土豆、水稻、小麦等农产品的经济收入来反映黑龙江省耕地的经济价值核算。我们使用相应的计算方法对黑龙江省 2010 年、2012 年、2014 年、2016 年、2018 年粮食的平均产量分别进行计算，以便更加直观地体现出我国耕地的经济价值，计算结果如表 6 - 12、表 6 - 13、表 6 - 14、表 6 - 15、表 6 - 16 所示。

表 6 - 12　2010 年黑龙江省单位耕种面积纯收益

种类	产量 （千克/公顷）	产值 （元/公顷）	物质费用 （元/公顷）	人工费用 （元/公顷）	投资机会成本 （元/公顷）	生产成本 （元/公顷）	土地纯收益 （元/公顷）
玉米	17 265	2 900.5	905	910	108.6	1 963.6	936.9
大豆	3 883.9	2 563.4	844.8	892.5	101.38	1 878.7	684.68
土豆	64 445	6 444.5	3000	1125	360	4 537.5	1 907
水稻	2 449.1	2 302.1	14 154	900	169.8	1268	1 034.1
小麦	1 812.1	5 779.9	906.5	1300	108.78	2 373.5	3 406.4

表 6 - 13　2012 年黑龙江省单位耕种面积纯收益

种类	产量 （千克/公顷）	产值 （元/公顷）	物质费用 （元/公顷）	人工费用 （元/公顷）	投资机会成本 （元/公顷）	生产成本 （元/公顷）	土地纯收益 （元/公顷）
玉米	21 734	3105	1058	1043	179	2678	1 264
大豆	4 173.7	2975	907.6	1079	167.7	2478	784.8
土豆	69 486	71 595.7	3 349.7	1 760	566	4 970	2 467
水稻	2 706	2 750.1	18 449.7	1 142	312	1 899	1 749.8
小麦	2 304.9	6 540.7	1 079	1 751.5	167.98	2 746.5	4 118

表 6 - 14　2014 年黑龙江省单位耕种面积纯收益

种类	产量 （千克/公顷）	产值 （元/公顷）	物质费用 （元/公顷）	人工费用 （元/公顷）	投资机会成本 （元/公顷）	生产成本 （元/公顷）	土地纯收益 （元/公顷）
玉米	27 979	3 790.8	1457	1531	217	3110	1 670
大豆	5249	3467	1 248.7	1349	210	2997	840
土豆	77 495	76 485.9	3 870	2 337	634	5 670	2 987.7
水稻	3 409	3 348.9	21 479	1 749	401	12 409	2 467
小麦	3 177	7 549.8	1 513	2 348.9	234	3 600	5 140

表 6 - 15　2016 年黑龙江省单位耕种面积纯收益

种类	产量 （千克/公顷）	产值 （元/公顷）	物质费用 （元/公顷）	人工费用 （元/公顷）	投资机会成本 （元/公顷）	生产成本 （元/公顷）	土地纯收益 （元/公顷）
玉米	35 997.5	4 379	2 167	2 679	374	4 800	2 340.9
大豆	6 348	4 358.8	2 348.9	2 147	310	3 798	952
土豆	88 794.9	76 485.9	3 870	2 998	716	6 249	3 760
水稻	4 179.8	4 167	33 049	1 749	572	21 497.9	3 497
小麦	4 670.9	8 970	2 439	2 348.9	406	5 100	7 120

表 6 - 16　2018 年黑龙江省单位耕种面积纯收益

种类	产量 （千克/公顷）	产值 （元/公顷）	物质费用 （元/公顷）	人工费用 （元/公顷）	投资机会成本 （元/公顷）	生产成本 （元/公顷）	土地纯收益 （元/公顷）
玉米	41 349	5 137	2 972.4	3 207.7	541	5 706	3 109
大豆	7 106	5 304	2 348.9	2 987.8	432.6	4 890.7	1 504.5
土豆	96 470	84 976.4	3 870	2 998	889	7 052.7	4 958.7
水稻	5 304	5 324.8	33 049	1 749	772	29 785.8	5 196.4
小麦	5 107.9	10 476.8	2439	2 348.9	681	6 324.8	8 249

上述表中：投资成本＝物质费用×社会平均利用率

物质费用＝种子费＋机械费＋化肥费

生产成本＝人工成本

玉米、大豆、土豆、水稻和小麦的种植面积占据总种植面积的百分比分别为：玉米 30.54%、大豆 22.42%、土豆 16.76%、水稻 4.07%、小麦 1.93%

根据玉米、大豆、土豆、水稻和小麦的种植面积占据总种植面积的百分比进行加权平均计算，可得出单位耕地的经济价格，进而可计算出黑龙江省单位种植耕地的纯收益。

2010 年、2012 年、2014 年、2016 年、2018 年各年计算结果为：

2010 年单位种植耕地纯收益为 $936.9 \times 30.54\% + 684.68 \times 22.42\% + 1\,907 \times 16.76\% + 1\,034.1 \times 4.07\% + 3\,406.4 \times 1.93\% = 867.397$（元/公顷）

2012 年单位种植耕地纯收益为 $1\,264 \times 30.54\% + 784.8 \times 22.42\% + 2\,467 \times 16.76\% + 1\,749.8 \times 4.07\% + 4\,118 \times 1.93\% = 1\,186.348$（元/公顷）

2014 年单位种植耕地纯收益为 $1\,670 \times 30.54\% + 840 \times 22.42\% + 2\,987.7 \times 16.76\% + 2\,467 \times 4.07\% + 5\,140 \times 1.93\% = 1\,398.692$（元/公顷）

2016 年单位种植耕地纯收益为 $2\,340.9 \times 30.54\% + 952 \times 22.42\% + 3\,760 \times 16.76\% + 3\,497 \times 4.07\% + 7\,120 \times 1.93\% = 1\,838.267$（元/公顷）

2018 年单位种植耕地纯收益为 $3\,109 \times 30.54\% + 1\,504.5 \times 22.42\% + 4\,958.7 \times 16.76\% + 5\,196.4 \times 4.07\% + 8\,249 \times 1.93\% = 2\,488.572$（元/公顷）

以上为各年的种植土地纯收益，再将计算出的结果与假设当年的复种指数 85% 进行相乘，即可计算得出黑龙江省单位种植面积纯收益。计算结果如下：

2010 年单位种植面积纯收益为：$867.397 \times 85\% = 737.29$（元/公顷）

2012 年单位种植面积纯收益为：$1\,186.348 \times 85\% = 1\,008.4$（元/公顷）

2014 年单位种植面积纯收益为：$1\,398.692 \times 85\% = 1\,188.88$（元/公顷）

2016 年单位种植面积纯收益为：$1\,838.267 \times 85\% = 1\,562.52$（元/公顷）

2018 年单位种植面积纯收益为：$2\,488.572 \times 85\% = 2\,115.28$（元/公顷）

以上为各年的单位种植面积纯收益，再将计算出的结果除以 8% 的收益还原率，即可得出各年种植单位面积价格。计算结果如下：

2010 年种植单位面积价格为：$737.29 \div 8\% = 9\,216.1$（元/公顷）

2012 年种植单位面积价格为：$1\,008.4 \div 8\% = 10\,260.5$（元/公顷）

2014 年种植单位面积价格为：$1\,188.88 \div 8\% = 14\,861$（元/公顷）

2016 年种植单位面积价格为：$1\,562.52 \div 8\% = 19\,531.5$（元/公顷）

2018 年种植单位面积价格为：$2\,115.28 \div 8\% = 26\,441$（元/公顷）

黑龙江省 2010 年耕地总面积为 1\,177.1 万公顷、2012 年耕地总面积为 1\,594.4 万公顷、2014 年耕地总面积为 2\,389.8 万公顷、2016 年耕地总面积为 1\,592.39 万公顷、2018 年耕地总面积为 1\,592.19 万公顷，截止到 2018 年，黑龙江省耕地总经济价值大约为 4\,209.91 亿元人民币（表 6-17）。

表 6-17　2010—2018 年经济价值统计

年份	种植土地纯收益 (元/公顷)	单位种植面积纯收益 (元/公顷)	种植单位面积价格 (元/公顷)	耕地总面积 (万公顷)
2010	867.397	737.29	9 216.1	1 177.1
2012	1 186.348	1 008.4	10 260.5	1 594.4
2014	1 398.692	1 188.88	14 861	2 389.8
2016	1 838.267	1 562.52	19 531.5	1 592.39
2018	2 488.572	2 115.28	26 441	1 592.19

2. 生态价值

耕地能够对生态环境发挥相应的保护作用，通过发展耕地资源也能有效降低对环境的破坏性，在实际的应用过程中，可以利用修复费用法对耕地在生态环境方面的保护价值进行分析。在发挥土地生态价值过程中，应该防止水土流失。由于近几年黑龙江省的地表植被率严重下降，加之对于水资源的保护不是很到位，每年都存在大量耕地水土流失的情况。以 2010 年、2012 年、2014 年、2016 年、2018 年为例，2010 年水土流失面积为 13 455 万公顷、2012 年为 15 729 万公顷、2014 年为 18 972.4 万公顷、2016 年为 21 497 万公顷、2018 年为 29 787 万公顷。在地表种植根系发达的植物可以有效地保护耕地，也可以预防水土流失。根据统计局及其相关部门统计，因为水土流失的原因，黑龙江省每年使用的农用化肥中有 50% 不能够有效地利用。2010 年黑龙江省在农林牧业上的氮肥使用量是 60.7 万吨，钾肥的使用量是 14 万吨，在水土流失过程中损失的氮肥和钾肥分别为 30.4 万吨和 7 万吨；2012 年黑龙江省在农林牧业上的氮肥使用量是 72.9 万吨，钾肥的使用量是 19.7 万吨，损失的氮肥和钾肥分别为 41.3 万吨和 11 万吨；2014 年黑龙江省在农林牧业上的氮肥使用量是 96.8 万吨，钾肥的使用量是 26 万吨，流失的氮肥和钾肥分别为 48.4 万吨和 13 万吨；2016 年黑龙江省在农林牧业上的氮肥使用量是 112 万吨，钾肥的使用量是 31 万吨，流失的氮肥和钾肥分别为 56 万吨和 15.5 万吨；2018 年黑龙江省在农林牧业上的氮肥使用量是 160 万吨，钾肥的使用量是 45 万吨，流失的氮肥和钾肥分别为 80 万吨和 22.5 万吨。按每年市场价格氮肥 4 500 元/吨、钾肥 4 700 元/吨计算，则 2010 年、2012 年、2014 年、2016 年、2018 年黑龙江省仅耕地这一项功能产生的环境效益（表 6-18）为：

2010 年环境效益：60.7×10^4（吨）$\times 4\ 500$（元/吨）$+ 14 \times 10^4$（吨）$\times 4\ 700$（元/吨）$= 33.895 \times 10^8$ 元，即 33.895 亿元；

2012 年环境效益：72.9×10^4（吨）$\times 4\ 500$（元/吨）$+19.7 \times 10^4$（吨）$\times$ $4\ 700$（元/吨）$=42.064 \times 10^8$ 元，即 42.064 亿元；

2014 年环境效益：96.8×10^4（吨）$\times 4\ 500$（元/吨）$+26 \times 10^4$（吨）$\times$ $4\ 700$（元/吨）$=55.780 \times 10^8$ 元，即 55.780 亿元；

2016 年环境效益：112×10^4（吨）$\times 4\ 500$（元/吨）$+31 \times 10^4$（吨）$\times$ $4\ 700$（元/吨）$=64.970 \times 10^8$ 元，即 64.970 亿元；

2018 年环境效益：160×10^4（吨）$\times 4\ 500$（元/吨）$+45 \times 10^4$（吨）$\times$ $4\ 700$（元/吨）$=93.150 \times 10^8$ 元，即 93.150 亿元。

表 6 - 18　2010—2018 年生态价值统计

年份	氮肥使用量（万吨）	钾肥使用量（万吨）	环境效益（亿元）
2010	60.7	14	33.895
2012	72.9	19.7	42.064
2014	96.8	26	55.780
2016	112	31	64.970
2018	160	45	93.150

3. 社会价值

耕地在人类社会生产进步过程中发挥了极其重要的作用，在耕地的开发使用过程中，应该重视与农业劳动力的结合，确保耕地能够创造出较高的社会价值。耕地能够有效防止劳动力出现大量流失，2010 年黑龙江省从农林牧业方面转移的劳动力超过 3.6 万人，2012 年转移的劳动力超过 5.7 万人，2014 年超过 8.1 万人，2016 年超过 14 万人，特别是 2018 年，黑龙江省从农林牧业方面转移的劳动力更是达到了 21 万人。我们假设这些人数中有 80％来自农业，按照黑龙江省劳动力外出打工每年 2 万元的标准进行计算，则 2010 年、2012 年、2014 年、2016 年、2018 年黑龙江省仅耕地这一项功能产生的社会效益（表 6 - 19）为：

2010 年耕地的社会稳定价值为 3.6×10^4（人）$\times 80\% \times 2 \times 10^4$（元/人）$=$ 5.76×10^8 元，即 5.76 亿元；

2012 年耕地的社会稳定价值为 5.7×10^4（人）$\times 80\% \times 2 \times 10^4$（元/人）$=$ 9.12×10^8 元，即 9.12 亿元；

2014 年耕地的社会稳定价值为 8.1×10^4（人）$\times 80\% \times 2 \times 10^4$（元/人）$=$ 12.96×10^8 元，即 12.96 亿元；

2016 年耕地的社会稳定价值为 14×10^4（人）$\times 80\% \times 2 \times 10^4$（元/人）$=$ 22.4×10^8 元，即 22.40 亿元；

2018 年耕地的社会稳定价值为 21×10^4（人）$\times 80\% \times 2 \times 10^4$（元/人）$=$ 33.6×10^8 元，即 33.60 亿元。

表 6-19　2010—2018 年社会价值统计

年份	转移劳动力的 80% （万人）	外出打工平均标准 （万元）	社会效益 （亿元）
2010	2.88	2	5.76
2012	4.56	2	9.12
2014	6.48	2	12.96
2016	11.2	2	22.4
2018	16.8	2	33.6

综上所述，黑龙江省 2010—2018 年耕地的经济价值、生态价值及社会价值如表 6-20 所示。

表 6-20　2010—2018 年黑龙江省耕地价值总统计

年份	经济价值 （元/公顷）	生态价值 （元/公顷）	社会价值 （元/公顷）
2010	10 820.787	32.91	5.76
2012	12 455.248	43.78	9.12
2014	17 448.572	61.52	12.96
2016	22 932.287	73.82	22.4
2018	31 044.852	94.09	33.6

结合以上数据，可以看出耕地保护与耕地产出的经济价值、生态价值和社会价值有着比较紧密的联系，同时，耕地资源的保护对于保障国家粮食安全也是至关重要的。通过经济价值、生态价值和社会价值的计算结果可以看出，耕地利用的经济价值最高，其次是生态价值，最后是社会价值，且各类价值呈逐年上升的趋势。未来的耕地利用应继续关注耕地生态价值和社会价值的提升，通过对耕地生态环境的保护实现耕地资源的可持续利用，通过提高耕地利用的社会效益，切实保障农民的根本利益。

（三）小结

总体来说，每一类耕地资源价值的计算都有很多种方法，且各有优缺点。而耕地资源价值计算方法的选取直接影响其价值结果，因此，在选取计算方法的过程中要根据研究区的实际情况，因地制宜地选取适合黑龙江省耕地资源价值的计算方法。

对于耕地经济价值的计算，目前应用较多的有市场比较法、收益还原法等，这些方法对于耕地价值的核算具有很好的效果，实际应用也很多。但对耕地的生态价值和社会价值进行量化方法不是很多，研究仍处于起步阶段，仍有待学者们的进一步探究。本研究基于前人的研究成果对耕地资源的价值进行核算，采用的核算方法较为客观，得出的计算结果比较准确。但受到部分数据的影响和数学模型的限制，测量结果存在一些不可避免的误差，同时受到目前的耕地流转的样本数量和准确度影响，整体对于耕地资源价值的测算结果会与实际情况略有偏差。

四、土地流转进程中的耕地利用效益演变

（一）研究概况及数据来源

1. 研究概况

黑龙江省 2020 年第一产业增加值 3 438.3 亿元，较上年增长 2.9％；种植业产值 4 044.1 亿元，较上年增长 1.4％。水土流失面积 755.6 万公顷，综合治理水土流失面积 41.8 万公顷。全省粮食播种面积达 1 443.8 万公顷，农机总发电量 6 775.1 万千瓦时，机械化程度达 98％；粮食总产量 7 540.8 万吨，连续 10 年居全国首位（图 6-18）。根据 2020 年第 7 次人口普查，黑龙江省全省共有 3 185 万人，人户分离人口 1 155 万人，乡村从业人员 550 万人，较上年下降 1％。

2. 数据来源

本文数据主要来源于《中国统计年鉴》中的相关信息以及黑龙江省统计局官方网站中 2011—2021 年《黑龙江省统计年鉴》、2017—2020 年《黑龙江省国民经济与社会发展统计公报》和《黑龙江省人民政府第三次全国农业普查主要数据公报》的统计数据，并经过相关计算，文中将不再对数据来源进行标注。

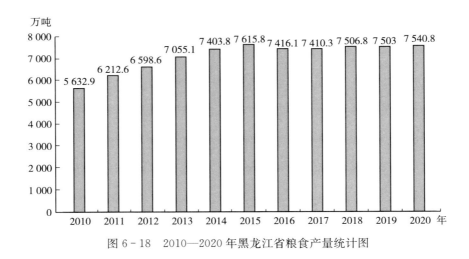

图 6-18　2010—2020 年黑龙江省粮食产量统计图

（二）黑龙江省耕地利用效益评价

1. 指标选取

指标的选取主要基于粮食安全的角度，从生态、经济与社会效益三个层面选取。其中，生态效益的评价指标选取主要是针对耕地利用中的一些行为对生态环境所产生的影响，经济效益评价指标主要选取的是耕地生产利用的过程中涉及的经济方面投入与回报的相应指标，社会效益方面评价指标的选取主要与耕地利用过程中产生的结果对社会生活的影响相关。

2. 指标体系构建

本书从三个层面构建指标体系，共选取 13 个指标（表 6-21），其目标层为黑龙江省耕地利用综合效益，由准则层的生态、经济、社会效益三个层面的评价值通过相关权重计算得出。生态效益指标层包括：水资源总量，反映农作物生产中自然资源的投入；水土流失面积，反映耕地利用过程中的不合理利用对耕地产生的负面影响；农用化肥施用量，反映化肥施用对耕地质量的负面影响；农药使用量，反映农药使用对耕地可持续发展的负面影响。经济效益指标层包括：农业机械总动力，反映粮食种植过程中的机械化水平；第一产业固定资产投资额，反映在农业生产过程中的固定资产的投资规模；粮食单位面积产量，反映耕地的生产回报效益；城市建设征用土地总量，反映城市化建设过程中对农作物生产的限制性；粮食作物播种面积，反映用于粮食生产投入耕地的规模。社会效益指标层包括：人口数量，反映社会生活中人口对粮食的需求量；农业从业人数，反映在粮食生产中的劳动投入；人均粮食产量，反映满足社会需要的粮食量；复种指数，反映耕地生产潜力。

表 6-21　黑龙江省耕地利用效益评价指标体系

目标层	准则层	指标层	单位	变量标识
黑龙江省耕地利用综合绩效	生态效益	水资源总量	亿立方米	X1
		水土流失面积	万公顷	X2
		农用化肥施用量	万吨	X3
		农药使用量	万吨	X4
	经济效益	农业机械总动力	万千瓦	X5
		第一产业固定资产投资额	亿元	X6
		粮食单位面积产量	千克/公顷	X7
		城市建设征用土地总量	平方公里	X8
		粮食作物播种面积	万公顷	X9
	社会效益	人口数量	万人	X10
		农业从业人口数量	万人	X11
		人均粮食产量	吨/人	X12
		复种指数	%	X13

3. 数据处理

（1）数据标准化处理。由于选取的指标单位不同，为确保评价结果的合理性，本书采用极值法对原始数据进行标准化处理。与耕地利用效益呈正相关性的指标，采用正向指标计算公式（6-4），如复种指数、农业机械总动力、人口数量、粮食单位面积产量等，指标与耕地利用效益呈负相关性，则采用负向指标计算公式（6-5）如水土流失面积、农用化肥施用量、农药使用量等。

$$Y_{ij} = \frac{x_{ij} - \min(x_j)}{\max(x_j) - \min(x_j)} \qquad (6-4)$$

$$Y_{ij} = \frac{\max(x_j) - x_{ij}}{\max(x_j) - \min(x_j)} \qquad (6-5)$$

式中，Y_{ij} 为第 i 年第 j 个指标的标准化值；x_{ij} 为第 i 年的第 j 个指标的原始值；$\max(x_j)$ 为第 j 个指标的最大值；$\min(x_j)$ 为第 j 个指标的最小值。

结果见下表 6-22。

表 6 - 22 黑龙江省耕地利用效益评价指标标准值

指标	2011 年	2012 年	2013 年	2014 年	2015 年	2016 年	2017 年	2018 年	2019 年	2020 年
X1	0.000 0	0.240 3	0.895 9	0.202 3	0.209 3	0.242 9	0.128 1	0.433 0	1.000 0	0.896 2
X2	0.000 0	0.470 9	0.470 9	0.470 9	0.470 9	0.470 9	0.470 9	0.999 7	0.999 8	1.000 0
X3	0.840 6	0.468 8	0.321 9	0.106 3	0.000 0	0.078 1	0.128 1	0.303 1	1.000 0	0.971 9
X4	0.346 2	0.230 8	0.115 4	0.000 0	0.153 8	0.153 8	0.153 8	0.461 5	0.884 6	1.000 0
X5	0.000 0	0.168 6	0.280 5	0.395 1	0.502 3	0.573 9	0.640 9	0.741 3	0.439 1	1.000 0
X6	0.000 0	0.094 9	0.306 7	0.228 0	0.442 6	0.543 8	0.790 5	0.566 3	0.526 3	1.000 0
X7	0.000 0	0.310 2	0.724 5	0.934 7	1.000 0	0.775 5	0.802 0	0.895 9	0.798 0	0.777 6
X8	0.000 0	0.208 8	0.716 5	0.603 1	0.850 5	0.773 2	1.000 0	0.523 2	0.299 0	0.780 9
X9	0.000 0	0.237 1	0.463 6	0.707 5	0.903 5	0.853 1	0.823 3	0.861 2	0.937 8	1.000 0
X10	0.998 5	0.998 5	1.000 0	0.997 0	0.946 1	0.439 8	0.343 4	0.234 9	0.126 5	0.000 0
X11	1.000 0	0.928 1	0.838 6	0.739 6	0.561 4	0.468 8	0.347 0	0.241 7	0.117 1	0.000 0
X12	0.000 0	0.132 9	0.289 5	0.410 7	0.507 1	0.687 8	0.738 8	0.839 3	0.903 7	1.000 0
X13	0.000 0	0.267 9	0.508 7	0.782 3	1.000 0	0.943 7	0.923 4	0.966 5	0.268 1	0.332 3

（2）评价指标权重确定。本文运用熵值法来确定各指标权重，过程如下。

①数据标准化处理（表 6 - 22）；

②计算第 i 年第 j 个指标值的比重：

$$P_{ij} = \frac{Y_{ij}}{\sum\limits_{i=1}^{m} Y_{ij}} \qquad (6 - 6)$$

③计算信息熵：

$$e_j = -k \sum_{i=1}^{m} (P_{ij} \times \ln P_{ij}) \qquad (6 - 7)$$

④计算信息熵冗余度：

$$c_j = 1 - e_j \qquad (6 - 8)$$

⑤计算指标权重：

$$W_j = \frac{c_j}{\sum\limits_{j=1}^{n} c_j} \qquad (6 - 9)$$

其中，$k = 1/\ln m$，m 为评价年数，n 为指标数。

结果如表 6 - 23 所示。

表 6 - 23　黑龙江省耕地利用效益评价体系各指标权重

目标层	准则层	指标层	权重
黑龙江省耕地利用综合绩效	生态效益 (0.409 0)	水资源总量	0.263 6
		水土流失面积	0.132 6
		农用化肥施用量	0.302 7
		农药使用量	0.301 1
	经济效益 (0.294 3)	农业机械总动力	0.218 1
		第一产业固定资产投资	0.265 2
		粮食单位面积产量	0.146 6
		城市建设征用土地总量	0.197 5
		粮食作物播种面积	0.172 6
	社会效益 (0.296 7)	人口数量	0.280 6
		农业从业人口数量	0.260 1
		人均粮食产量	0.232 8
		复种指数	0.226 5

（3）综合评价值确定。黑龙江省耕地利用效益受多种因素影响，因此本文运用多因素综合评价法对其进行评价分析，即对各准则层内指标进行加权求和，得出各指标对于相应准则层的贡献度，再将各准则层评价值进行加权求和，得出最终的耕地利用综合绩效评价值。计算公式如下：

$$F = \sum Y_i \times W_i \qquad (6-10)$$

公式（6-10）中，F 为耕地利用效益水平；Y_i 为指标 i 的标准值；W_i 为指标 i 的权重。

耕地利用生态效益评价值：$F_生 = y_1 W(x_{i1}) + y_2 W(x_{i2}) + y_3 W(x_{i3}) + y_4 W(x_{i4})$

耕地利用经济效益评价值：$F_经 = y_5 W(x_{i5}) + y_6 W(x_{i6}) + y_7 W(x_{i7}) + y_8 W(x_{i8}) + y_9 W(x_{i9})$

耕地利用社会效益评价值：$F_社 = y_{10} W(x_{i10}) + y_{11} W(x_{i11}) + y_{12} W(x_{i12}) + y_3 W(x_{i13}) + y_4 W(x_{i13})$

耕地利用综合效益评价值：$F = F_生 W_生 + F_经 W_经 + F_社 W_社$

4. 评价结果及分析

通过以上计算得出黑龙江省 2011—2020 年耕地利用的生态、经济、社会以及综合效益评价值（图 6 - 19）。

图 6 - 19　2011—2020 年黑龙江省耕地利用效益评价值

（1）黑龙江省耕地利用生态效益评价。通过图 6 - 19 可以看出，黑龙江省耕地利用的生态效益在 2011—2020 这十年间呈现"平稳—下降—平稳—上升"的趋势，总体处于上升态势。具体可分为三个阶段：

第一阶段（2011—2014 年）。黑龙江省生态效益评价值从 2011 年开始基本处于平稳的状态，2013 年逐渐呈现下降趋势，并在 2014 年出现十年间的最低值。2013 年开始下降的主要原因是 2013 年黑龙江省发生较大洪水，对生态环境产生一定程度破坏，造成粮食减产，农民为了挽救损失，使用过多农药化肥抢救秧苗，自然灾害以及农民们的耕作活动都对耕地的生态效益产生了一定的影响。

第二阶段（2014—2018 年）。黑龙江省生态效益评价值一直处于偏低的水平，但是也呈现小幅度的上升趋势。这一阶段耕地较上一阶段来说属于一个恢复期，2014—2018 年耕地状态在逐渐改善，耕地生态效益在持续向好，水资源总量趋于平稳，水土流失面积不断减少，生态效益平稳上升。

第三阶段（2018—2020 年）。黑龙江省生态效益评价值在 2020 年有一点小回落，但总体呈现大幅度上升趋势，2019 年达到近十年的最高值。2018 年黑龙江省人民政府办公厅印发了《黑龙江省黑土耕地保护三年行动计划（2018—2020 年）》，以农业供给侧结构性改革为导向，统筹粮食优质增产、农民增收和耕地保护之间的关系，调整优化农业种植结构和产业布局，积极倡导采用资源节约型、环境友好型技术，做到在保护中利用、在利用中保护，因此这三年中耕地利用生态效益有较大幅度的提升。

通过对黑龙江省耕地利用生态效益准则层内各指标进行分析可以得出，水土流失面积、农用化肥施用量、农药使用量贡献值持续增加，耕地利用生态效益持续上升。这十年中，水土流失面积逐渐缩小，农用化肥施用量及农药使用量减少，改善了耕地质量，推动了耕地利用的可持续发展。

（2）黑龙江省耕地利用经济效益评价。通过图 6-19 可以看出，黑龙江省耕地利用的经济效益在 2011—2020 这十年间一直处于波动上升的状态，具体可分为三个阶段：

第一阶段（2011—2013 年）。黑龙江省耕地利用经济效益评价值上涨较为迅速，从 0.016 4 上涨到 0.040 7，这三年如此迅速的增长主要是因为黑龙江省财政厅在 2010 年就开始加大对"三农"方面的投入，相关政策向惠农强农方面倾斜，围绕实施千亿斤粮食产能工程配备专项资金，支持鼓励中低产田改造和基本农田保护。

第二阶段（2013—2017 年）。黑龙江省经济效益处于持续上升的阶段，黑龙江省财政方面始终保持着对农业的稳定投入，良种补贴、粮食直补、农资补贴等政策的实施，使得农机具的使用量不断增加，农业机械化程度不断提高，粮食产量不断上升，农民收入不断增长，生产积极性也越来越高。

第三阶段（2017—2020 年）。黑龙江省经济效益评价值呈现先下降后回升的态势，2017 年经济效益评价值开始下降，直到 2019 年之后才回升。这是由于 2017 年之后农业生产的财政投入较往年减少，粮食价格受市场影响较大，粮食价格较低，农民收入相应减少，耕地利用经济效益下降。2019 年之后黑龙江省为了鼓励农业生产，调动农民生产积极性，开始增加惠农补贴投入，但由于部分城市劳动力的流失，耕地利用经济效益总体仍然处于较低水平。

黑龙江省耕地利用经济效益各指标中，第一产业固定投资额、农业机械总动力、粮食作物播种面积贡献率均呈现逐年增加的态势，由此看出，黑龙江省在粮食种植方面财政投入力度较大，农业机械化水平有效提高，粮食单位面积产量处于稳定状态。

（3）黑龙江省耕地利用社会效益评价。通过图 6-19 可以看出，黑龙江省耕地利用的社会效益在 2011—2020 这十年间呈现"先升后降"的态势，具体可分为两个阶段：

第一阶段（2011—2015 年）。黑龙江省耕地利用的社会效益处于上升趋势，从 2011 年的 0.047 6 上升到 2015 年的 0.066 6，这五年间社会效益以 7%

的增速平稳上升，但整体仍然处于较低水平。

第二阶段（2015—2020 年）。黑龙江省耕地利用社会效益持续下降，从 2015 年的 0.066 6 下降到 2020 年的 0.027 1，其主要原因是 2015 年以后黑龙江省人口数量逐渐减少，农业从业人口数也在逐渐下降，究其根本还是农民收入偏低，劳动力选择外出务工，社会效益的可持续性下降。

黑龙江省耕地利用社会效益各指标中，人口数量、农业从业人口数、复种指数对社会效益的贡献值均呈大幅度下降趋势。由于人口数量下降，人均粮食产量呈现上升趋势。一方面，黑龙江省外出务工人数较多，人口流动量大，从保障粮食安全的背景下来看，当前形势对农业生产并不乐观；但从另一方面来说，农业从业人口数量下降，粮食产量反而上升，也可以说明黑龙江省耕地利用更加合理高效。

（4）黑龙江省耕地利用综合效益评价。通过图 6-19 可以看出，黑龙江省耕地利用的综合效益在 2011—2020 这十年间呈现"上升—波动—上升"趋势，从 2010 年的 0.307 0 到 2020 年的 0.757 7，年均增长率 9.5%。这 10 年间的黑龙江省耕地利用综合效益大致可分为三个阶段：

第一阶段（2011—2013 年）。黑龙江省耕地利用综合效益处于上升趋势，由 0.307 0 上升到 0.516 7，从生态、经济、社会效益评价值对综合效益的影响来看，这一阶段三种效益均呈现上升态势，经济效益上升幅度最大，从 2010 年黑龙江省出台针对"三农"问题的专项治理措施之后，耕地利用各项效益均有所改善，但总体仍处于较低水平。

第二阶段（2013—2017 年）。黑龙江省耕地利用综合效益呈现波动状态，产生这一现象的主要原因是 2013 年自然灾害过后，生态环境受到影响，耕地质量下降，农业生产效率降低，耕地利用生态效益受到影响，但同时黑龙江省政府也在积极颁布政策，惠农助农，增加经济投入，降低农民经济损失。因此，生态效益下降，经济效益提升，最后使黑龙江省耕地利用综合效益出现小范围波动。

第三阶段（2017—2020 年）。黑龙江省耕地利用综合效益呈现大幅度上涨趋势，由 2017 年的 0.480 0 增长到 2020 年的 0.757 7，年均增长率为 12%。从黑龙江省耕地利用的生态效益、经济效益、社会效益对综合效益的贡献来看，在这四年期间，经济效益和生态效益呈现增长态势，社会效益呈现下降趋势，但综合效益持续上升说明社会效益产生的负面影响被经济、生态效益抵消，说明在黑龙江省耕地利用的过程中，虽然从事农业生产的劳动力数量在下降，但是农业生产可持续问题得到了重视，经济效益和生态效益之间做到了协调发展。

总体来看，黑龙江省耕地利用综合效益处于较好水平，但根据对各指标评价值的研究来看，黑龙江省耕地利用过程中也存在一些影响粮食安全的不稳定因素，例如耕地的可持续利用能力、耕地质量、生产潜力下降，从事粮食生产的经济回报较少、劳动力缺失，在推进耕地利用农业生产过程中，相关职能部门政策颁布实施是否高效、粮食供应质量能否得到充分保证等。因此，减少不稳定因素，保证粮食安全是重中之重。

（三）小结

2011—2020 年黑龙江省耕地利用的生态效益评价值呈现"平稳—下降—平稳—上升"的趋势，总体来看处于上升态势。其中，2011—2014 年基本处于平稳的状态，从 2013 年开始下降，2014 年为近 10 年来的最低水平，2014—2018 年的生态效益评价值一直处于偏低的水平，但是也呈现小幅度的上升趋势，2018—2020 年的生态效益评价值在 2020 年有一点小回落，但总体呈现大幅度上升趋势，2019 年达到近十年的最高值。2011—2020 年黑龙江省耕地利用的经济效益一直处于波动上升态势，2011—2013 年这三年经济效益评价值迅速上升，2013—2017 年经济效益仍保持平稳上升态势，2017—2020 年经济效益评价值呈现先下降后上升的态势，从 2017 年开始下降，直到 2019 年之后才回升，但耕地利用经济效益总体仍然处于较低水平。2011—2020 年黑龙江省耕地利用的社会效益呈现"先升后降"的趋势，2011—2015 年社会效益评价值呈现上升趋势，2015—2020 年社会效益持续下降，从 0.066 6 下降到 0.027 1。

2011—2020 年黑龙江省耕地利用的综合效益呈现波动上升态势，第一阶段（2011—2013 年）综合效益评价值由 0.307 0 上升到 0.516 7，这一阶段三种效益均呈现上升态势，经济效益上升幅度最大；2013—2017 年综合效益呈现波动状态；2017—2020 年综合效益开始出现大幅度上涨趋势，由 0.480 0 增长到 0.757 7，年均增长率为 12%。总体来看，黑龙江省耕地利用综合效益处于较好水平。

五、土地流转进程中的耕地集约利用水平演变

（一）数据来源与研究方法

1. 数据来源

本研究主要以黑龙江省为研究对象，相关数据主要来自 2011—2020 年

《黑龙江统计年鉴》以及历年《齐齐哈尔统计年鉴》《哈尔滨统计年鉴》《鸡西统计年鉴》等统计年鉴和相关统计公报。

2. 研究方法

（1）构建评价指标体系。建立评价指标体系不仅要符合耕地集约利用的内涵，而且要客观地反映黑龙江省耕地利用的实际情况。影响耕地集约利用的因素众多，依据科学性、可操作性、准确性等原则，结合黑龙江省耕地实际情况，以黑龙江省为研究对象，根据相关文献，从投入强度、利用程度、产出效果3个方面入手选择了单位面积劳动力投入、复种指数、人均产值、地均产值等14个指标，构建黑龙江省耕地集约利用的评价指标体系（表6-24）。

表6-24　黑龙江省耕地集约利用评价指标体系

目标层	准则层	指标层	意义	单位
耕地集约利评价	投入强度	单位面积劳动力投入	劳动力数量/耕地总面积	人/公顷
		单位面积农药投入	农药施用量/耕地总面积	吨/公顷
		单位面积化肥投入	化肥施用量/耕地总面积	吨/公顷
		单位面积地膜投入	地膜使用量/耕地总面积	吨/公顷
		单位面积机电井投入	机电井投入量/耕地总面积	眼/公顷
		单位面积机械投入	农业机械总动力/耕地总面积	千瓦/公顷
	利用程度	复种指数	农作物总播种面积/耕地总面积	%
		灌溉指数	有效灌溉面积/耕地总面积	%
		垦殖指数	耕地面积/土地总面积	%
	产出效果	粮食单产	粮食总产/耕地总面积	千克/公顷
		地均产值	种植业总产值/耕地总面积	万元/公顷
		人口密度	人口数量/土地总面积	人/公顷
		人均产值	种植业总产值/人口总数	万元/人
		耕地平衡指数	年末耕地总面积/年初耕地总面积	%

（2）数据标准化处理。在多指标体系中，由于每个评价指标的性质不同，不同的指标有不同的维度和数量级，数据之间没有可比性，必须进行处理，将原有的数据转化为无单位的相对数，以消除评估过程中不同单位造成的误差。

本文通过极差标准化法对黑龙江省耕地集约利用相关数据进行处理。本文指标体系中的所有指标都为正向指标，对于正向指标来说，计算公式如下：

$$y_i = \frac{x_i - \min x_i}{\max x_i - \min x_i} \tag{6-11}$$

公式中，y_i 为某项指标标准化后指标的值；x_i 为某项指标未标准化的值；max x_i 为某项指标标准化处理前的最大值；min x_i 为某项指标标准化处理前的最小值。

计算可知，本书 14 项指标经过标准化后均在（0，1），均为正向指标。

（3）熵值法。根据各指标在黑龙江省耕地集约利用指标评价体系中的重要性，选择熵权法确定各指标的权重。其过程如下：

第 i 个指标的标准化值 y_i 的均值 W_i：

$$W_i = \frac{\sum_{i=1}^{n} y_i}{n} \qquad (6-12)$$

公式中，W_i 为第 i 个指标的标准化值的均值；y_i 为第 i 个指标的标准化值。

W_i 的均方差 Z_i：

$$Z_i = \sqrt{\sum_{i=1}^{n} (y_i - W_i)^2} \qquad (6-13)$$

公式中，y_i 为第 i 个指标的标准化值；Z_i 为第 i 项指标的均方差；W_i 为第 i 个指标的标准化值的均值。

指标 i 的权重 E_i：

$$E_i = \frac{Z_i}{\sum_{n=1}^{n} Z_i} \qquad (6-14)$$

公式中，E_i 是指标 i 的权重；Z_i 为第 i 项指标的均方差。

根据上述 4 个公式，通过 Excel 软件对黑龙江省耕地集约利用指标评价体系中的各项进行计算，最终得到 2011—2020 年黑龙江省耕地集约利用各指标权重，再将每年的全部指标加和，求出黑龙江省每年耕地集约利用的权重。

（二）黑龙江省耕地集约利用评价结果与分析

1. 耕地集约利用水平时间变化分析

（1）黑龙江省整体耕地集约利用水平。如表 6 - 25、表 6 - 26 所示，近十年黑龙江省耕地集约利用水平呈上升态势，黑龙江省耕地集约利用度从 0.323 7 上升到 0.645 8。2018—2019 年黑龙江省耕地集约利用度上升幅度最大，从 2018 年的 0.423 5 上升到 2019 年的 0.566 6，增长了 0.134 1。黑龙江省耕地集约利用度最低的年份为 2012 年，耕地集约利用度为 0.309 4；耕地集约利用度最高的年份为 2020 年，耕地集约利用度为 0.645 8。2011—2018 年黑龙江省耕地集约利用度变化不大，波动幅度较小，集约利用度增长缓慢。2018—2020 年耕地集约利用度大幅度上升，两年间增长 0.222 3。

2013—2015 年、2018—2020 年黑龙江省耕地集约利用度逐年增加。其中，2013—2015 年每年平均耕地集约利用度为 0.438 5，这一期间耕地集约利用水平平稳增长，平均每年增长 0.030 1。这一时期的黑龙江省耕地面积基本保持不变，复种指数、灌溉指数等对耕地集约利用水平有正向影响的指标均有不同程度的增长，随着政府对耕地集约利用水平的重视和农业生产者自身意识的提高，对耕地质量产生负面影响的生产指标如化肥、农药等也有了一定程度的减少。在 2018—2020 年这三年中，黑龙江省耕地集约利用度快速增长，从 2018 年的 0.423 5 增长到 2020 年的 0.645 8，共增长 0.222 3，平均每年增长 0.116 7。通过对 2018—2020 年这三年的研究可以发现，这一时期的耕地总面积增长较多，单位面积的机械投入增长幅度也比较大，此外，农药使用量明显减少。这一时期，由于经济发展与国家对粮食安全的重视，黑龙江省的生产投入、有效灌溉面积、机械投入量等指标都达到了较优值，同时这一时期也处于黑龙江省政府行政职能改革的关键时期，政府颁布了大量关于农村资源环境保护利用、农业生产活动的科技人才支撑、乡村建设等方面的惠农措施，很大程度上提升了黑龙江省耕地集约利用水平。

2011—2012 年、2015—2018 年黑龙江省耕地集约利用水平逐年下降。其中，2011—2012 年黑龙江省耕地集约利用水平从 0.323 7 下降到 0.309 4，下降幅度不大，共下降 0.014 3。2015—2018 年，耕地集约利用情况从 2015 年的 0.477 7 减少到 2018 年 0.423 5，下降幅度很小，平均每年下降 0.018 1。这一时期黑龙江省耕地总面积有一定程度的减少，但是减少的不多。这一时期由于中国城市化进程的发展迅速，吸引了大量农村劳动力进城务工，所以黑龙江省耕地集约利用水平出现了短暂的下降，随后政府出台了一系列吸引劳动力回村务农的政策，避免了耕地集约利用水平的持续下降。

表 6 - 25 黑龙江省 2011—2020 年耕地集约利用情况

年份	2011 年	2012 年	2013 年	2014 年	2015 年	2016 年	2017 年	2018 年	2019 年	2020 年
权重	0.323 7	0.309 4	0.385 7	0.452	0.477 7	0.444 4	0.434	0.423 5	0.566 6	0.645 8

（2）黑龙江各市耕地集约利用情况。黑龙江省 2011—2020 年各地级市耕地集约利用程度可以分为两类：第一类是耕地集约利用水平变化平稳；第二类耕地集约利用水平波动范围较大。

在第一类耕地集约利用水平变化平稳的城市中，牡丹江市是黑龙江省内耕地集约利用水平较高的城市，2011—2017 年耕地集约利用水平从 0.400 1 上升到 0.610 3，在此期间，牡丹江市单位面积机械投入、灌溉指数等都呈上升的状态，生产要素投入逐年增加，利用程度也随之升高。2020 年疫情防控对劳动力及时进行农业活动产生了一定影响，导致了耕地集约利用水平的下降。大庆市耕地集约利用水平先上升后下降，出现这种情况的主要原因是政府颁布的有关土地的政策对农业活动的发展有很大影响，2016 年以后颁布的政策仍大力支持农业发展，但是也颁布了相关政策规范农业生产的正规性，造成了耕地集约利用水平下降。

在第二类耕地集约利用水平波动幅度较大的城市中，哈尔滨市和齐齐哈尔市作为黑龙江省经济情况发展较快的城市，一方面劳动力流失问题较为突出，另一方面哈尔滨和齐齐哈尔等经济较发达的城市逐渐轻视农业，造成耕地集约利用水平下降的情况。七台河市、佳木斯市、鸡西市耕地集约利用水平每年稳定增长，且这些城市耕地平坦，利于耕作，所以耕地集约利用水平逐年增长。伊春市、黑河市、绥化市 2017 年之前耕地集约利用水平逐年上升，2018 年耕地集约利用水平急剧下降，后逐年升高。鹤岗市和双鸭山市耕地集约利用程度在 2019 年突然大幅度上升，因为在于政府颁布耕地"一占一补"的政策，按照"占多少，补多少"的原则补充耕地，增加耕地面积，增大产出效果，使耕地集约利用水平提高。

表 6 - 26　黑龙江省各地级市（区）耕地集约利用水平

	2011 年	2012 年	2013 年	2014 年	2015 年	2016 年	2017 年	2018 年	2019 年	2020 年
哈尔滨	0.560 5	0.631 3	0.577 3	0.641 2	0.632 2	0.683 1	0.618 0	0.514 9	0.405 2	0.433 0
齐齐哈尔	0.384 5	0.483 0	0.432 7	0.458 5	0.493 1	0.498 0	0.588 6	0.505 2	0.566 6	0.399 2
鸡西	0.576 4	0.248 8	0.238 2	0.256 1	0.284 6	0.253 2	0.385 5	0.394 6	0.458 2	0.574 2
鹤岗	0.433 3	0.470 0	0.409 3	0.350 5	0.359 9	0.395 6	0.365 5	0.360 1	0.502 6	0.624 1
双鸭山	0.400 7	0.313 4	0.307 8	0.346 2	0.503 9	0.511 2	0.437 6	0.398 3	0.634 1	0.640 9
大庆	0.387 1	0.433 6	0.423 3	0.398 4	0.560 9	0.604 3	0.538 8	0.429 5	0.419 2	0.421 5
伊春	0.413 3	0.540 3	0.474 7	0.535 8	0.544 9	0.663 6	0.525 4	0.486 1	0.529 3	0.594 7

（续）

	2011 年	2012 年	2013 年	2014 年	2015 年	2016 年	2017 年	2018 年	2019 年	2020 年
佳木斯	0.313 3	0.357 4	0.328 3	0.381 5	0.379 7	0.507 2	0.422 1	0.544 8	0.592 5	0.566 6
七台河	0.338 4	0.495 3	0.555 2	0.560 1	0.583 8	0.555 6	0.612 9	0.601 4	0.410 2	0.643 1
牡丹江	0.400 1	0.515 2	0.489 6	0.523 7	0.585 7	0.584 1	0.610 3	0.543 9	0.577 2	0.551 1
黑河	0.295 8	0.358 2	0.330 0	0.368 8	0.460 6	0.445 9	0.600 7	0.458 0	0.610 1	0.553 9
绥化	0.480 0	0.590 1	0.572 1	0.655 5	0.623 4	0.646 7	0.696 5	0.452 7	0.484 6	0.452 9
大兴安岭	0.400 8	0.432 7	0.388 6	0.612 8	0.501 4	0.532 3	0.586 8	0.455 7	0.492 3	0.465 1

2. 耕地集约利用水平空间变化分析

从黑龙江省各地级市耕地集约利用评价结果可以看出，黑龙江省各地级市每年的耕地集约利用程度存在着一定的差异，且每年差异程度不同。各地级市耕地集约利用程度差异最大的年份是 2016 年，最大值是哈尔滨市 0.683 1，最小值是鸡西市为 0.253 2，相差 0.429 9。黑龙江省各地级市耕地集约利用差异最小的年份是 2019 年，差异值为 0.228 9，耕地集约利用水平最大值为 0.634 1，最小值为 0.405 2。

黑龙江省各地级市耕地集约利用空间差异在 2011—2016 年间每年逐年上升，到 2016 年各地级市相差最大，从 2016 年开始逐年下降。造成这种现象的原因有很多，主要原因是随着科技的发展，农业生产活动逐渐实现机械化，耕地的产出效率有了显著提高。同时，国家政策的引导也对提高耕地集约利用程度的影响，这一时期耕地集约利用水平提高。黑龙江省作为中国主要农业生产基地，在粮食生产方面投入较大，2011—2016 年各市经济发展水平较快，运用科学的方法进行农业活动，减少农药、化肥等负向指标的投入，对土地进行科学的管理，土地质量得到有效改善，提高了耕地集约利用水平。但是黑龙江各地级市经济发展差距较大，对耕地的投入情况也各不相同，所以黑龙江省各地级市耕地集约利用程度差异越来越大。2016—2020 年，一部分城市耕地集约利用度上升，一部分城市耕地集约利用程度下降。造成耕地集约利用度上升的原因主要是因为经济的不断发展，对于耕地的投入增加，利用更加科学、合理的方法进行农业活动，提高耕地集约利用水平。但是，在对土地的投入达到一定值的时候，产出效益将不会增加，所以耕地集约利用程度不会无限增加，要把握好土地报酬递减规律的临界值。2016 年国家出台了相关政策，减少耕地集约利用程度差异较大的情况，保证耕地总量动态平衡。黑龙江省采用更科学、更符合各地级市耕地情况的方式进行农业活动,减少各地级市耕地集约利用水平之间的差异。耕地集约利用程度下降的城市大多是黑龙江省内经济发展较快的城市,由于城市化进程的不断推进和经济的发展,导致这些城市的农业人口迅速流失,农业活动缺少年轻的劳动力,再加上政府对农业的重视大不如前,所以这一期间尽管提高对于耕地的投入,但是一部分经济发展较快的城市耕地集约利用水平下降。其他城市由于加大生产要素的投入、使用更科学的耕作方法等原因,耕地集约利用水平提高。

2011 年,黑龙江省各地级市耕地集约利用水平差异较小。耕地集约利用水平最高的城市是哈尔滨市,哈尔滨市经济发展较快,生产要素投入大、机械耕种面积广阔,因此哈尔滨市耕地集约利用水平高于其他城市。耕地集约利用水平最低的城市是黑河市,耕地集约利用度仅为 0.295 8,虽然黑河市耕地面积不少,但是有效灌溉面积较少。此外,黑河市从事农业活动的劳动力数量少,对耕地的投入少,这一时期耕地集约利用较低就是这个原因。2012 年,黑龙江省各地级市耕地集约利用度最高的城市是哈尔滨市,为 0.631 3,最低的是鸡西市,为 0.248 8,相差 0.382 5。2011—2012 年,大部分城市耕地集约利用程度是增长态势,但是鸡西市耕地集约利用水平下降明显,是因为这一年间鸡西市机械耕作面积、复种指数等指标都有明显下降,从而导致各地区耕地集约利用水平变化情况不同,空间差异增大。2013 年各地级市耕地集约利用水平较上一年都小幅度下降,这一时期各地级市的空间差异也有了小幅度的减少。2014 年黑龙江省各地级市耕地集约利用水平最高的城市是绥化市,最低的是鸡西市。大兴安岭地区耕地集约利用水平快速上升,上升的主要原因是大兴安岭地区粮食单产在这一年快速增加,从 2013 年的 1 577 千克/公顷上升到 2014 年的 2 396 千克/公顷。从 2014 年开始,黑龙江省各地级市的耕地集约利用水平已经上升明显,这一时期耕地集约利用度超过 0.6 的城市共有 3个,分别是哈尔滨市、绥化市和大兴安岭市。这些城市土地肥沃,生产要素投入较高,耕地的产出效果有明显的提高。2015 年除鸡西市耕地集约利用度为0.284 6 外,其他各城市耕地集约利用水平较平均,相差不多。2016 年大部分地级市耕地集约水平达到最高,这一时期黑龙江省耕地集约利用空间差异度为0.429 9,水平最高的城市是哈尔滨市,耕地集约利用度为 0.683 1,鸡西市水平最低,为 0.253 2。2016 年耕地集约利用度达到 0.6 的城市共有 4 个,分别是哈尔滨市、大庆市、伊春市和绥化市;耕地集约利用度在 0.5～0.6 之间的城市有 5 个,分别是双鸭山市、佳木斯市等。这一期间社会发展状况良好,虽然各地级市耕地面积基本不变，但是机械化水平有所提高，因此，黑龙江省大部分地级市在此期间耕地集约利用水平较高。但是由于鸡西市耕地集约利用水平仍然较低，导致黑龙江省这一时期的耕地集约利用水平差异较大。从2017年开始，黑龙江省各地级市的空间差异逐渐缩小。2018年，各市耕地集约利用水平空间差异程度缩小，各市耕地集约利用水平上升或趋于平稳。2019年是近十年来黑龙江省耕地集约利用水平空间差异最小的一年，耕地集约利用度仅相差0.228 9。2020年耕地集约利用水平较低的城市是哈尔滨市、齐齐哈尔市等经济发展较快的城市，这些城市注重发展经济，从事农业活动的劳动力不足，对耕地的投入量低于其他城市，造成耕地集约利用水平下降。而鹤岗市、双鸭山市等地级市由于政府政策，大力发展农业活动，农业活动设施充足，耕地产出效果、投入强度都处于偏上的水平。这一时期因上述原因，黑龙江省耕地集约利用水平空间差异较小。

从空间上分析黑龙江省耕地集约利用水平可知，黑龙江省耕地集约利用水平在空间上是不断变化的，且每年变化程度不同，经济发展情况、政府重视程度、农业生产环境等很多因素都会导致耕地集约利用水平的变化。

（三）小结

黑龙江省2011—2020年耕地集约利用时空变化情况表明：

（1）从时间上对黑龙江省耕地集约利用水平进行分析，2011—2020年黑龙江省耕地集约利用水平整体上升，且增长数值较大。其时间变化大体可以分为三个阶段：2011—2015年耕地集约利用水平增长稳定；2015—2018年耕地集约利用水平短暂下降；2018—2020年耕地集约利用程度快速增长。近十年黑龙江省耕地集约利用度从0.323 7增长到0.645 8，共增长0.322 1，约增长1.995 1倍，平均每年增长0.032 2。根据结果可知，近10年黑龙江省耕地集约利用水平提高较快，耕地集约利用效果改善较为明显，但是其耕地集约利用水平仍有升高的可能，仍需要政府的高度重视，加大对耕地的合理投入，运用科学的方法进行农业活动，加大黑龙江省耕地的产出效率。

（2）从空间上对黑龙江省耕地集约利用水平进行分析可知，黑龙江省各地级市耕地集约利用在空间上存在明显的差异。这种差异从2011—2016年逐年增大，造成这种现象的主要原因是黑龙江省各地区经济发展不均衡，政府在保护土地、提高耕地的利用程度等方面没有出台明确的规定，使得各地区对农业活动的重视程度各不相同。经济状况良好的城市机械化程度高，粮食产出效率高，因此这段时间耕地集约利用空间上的差异越来越大。2016 年政府开始对耕地集约利用水平进行干预，出台相关政策保护耕地。这对于各地区耕地集约利用均衡发展有十分重要的意义。因此，这一时期的耕地集约利用水平空间差异逐渐减小。

本 章 小 结

为了研究农村土地流转进程中的耕地利用变化问题，本章从耕地利用格局演变、耕地利用压力演变、耕地资产价值演变、耕地利用效益演变及耕地集约利用水平演变等五个方面，分析近年农村土地流转对耕地利用变化产生的影响，为制定耕地保护对策建议提纲参考和依据。

参 考 文 献

阿依妮尕尔·艾尔肯，2019. 喀什市耕地集约利用时空变化特征分析 [D]. 乌鲁木齐：新疆大学.

蔡玉玲，2022. 现代农业发展与耕地保护研究 [J]. 农业与技术，42（2）：96-98.

车裕斌，2004. 中国农地流转机制研究 [M]. 北京：中国农业出版社.

陈柏峰，2009. 土地流转对农民阶层分化的影响——基于湖北省京山县调研的分析 [J]. 中国农村观察（4）：57-64，97.

陈会广，单丁洁，2010. 农民职业分化、收入分化与农村土地制度选择——来自苏鲁辽津四省市的实地调查 [J]. 经济学家（4）：85-92.

陈婧怡，2020. 东北地区耕地集约利用时空格局及其影响机制研究 [D]. 长春：吉林农业大学.

陈静，2019. 四川省各市州耕地集约利用的时空差异及影响因子研究 [D]. 武汉：武汉大学.

陈藜藜，2018. 黑龙江省耕地系统安全预警及调控研究 [D]. 沈阳：东北大学.

陈水生，2011. 土地流转的政策绩效和影响因素分析——基于东中西部三地的比较研究 [J]. 社会科学（5）：48-56.

陈思，2016. 长春市耕地集约利用时间特征和空间差异研究 [D]. 长春：吉林大学.

程帆，2018. 黑龙江省耕地资源可持续利用评价研究 [D]. 哈尔滨：东北农业大学.

程兰花，杨德刚，张新焕，等，2018. 基于 PSR 模型的新疆县域耕地集约利用时空演化特征 [J]. 干旱区研究，35（2）：10.

邓大才，2002. 论农户承包土地流动的条件和模式 [J]. 南方农村，2：29-32.

范怀超，2017. 四川丘陵地区农地流转的问题与对策 [J]. 经济地理（27）：317-322.

丰凤，2016. 农村土地流转的影响因素 [J]. 分析长沙大学学报，23（6）：9-11.

黄丽萍，2005. 农村承包地使用权流转价格低廉的原因探讨［J］. 农业经济问题（8）：39-42.

姜麟昱，2021. 国家粮食安全背景下的黑龙江省耕地保有量预测研究［D］. 哈尔滨：东北农业大学.

姜勇，程千，李娜，等，2009. 从农业补贴新思路看农村土地整理模式前景［J］. 农村经济与科技，20（11）：44-45.

蒋和平，蒋辉，2014. 农业适度规模经营的实现路径研究［J］. 农业经济与管理（1）：5-11.

蒋文虹，黄萌萌，2021. 防止耕地"非粮化"背景下耕地保护与利用路径——以重庆市巴南区为例［J］. 农村经济与科技，32（15）：1-3.

蒋永穆，杨少垒，2010. 利益协调推进型：土地承包经营权流转的一种新模式［J］. 教学与研究，1：11-19.

瞿如一，2019. 2010—2015年云南省县域耕地集约利用水平的时空变化及其影响因素研究［D］. 昆明：云南财经大学.

乐容潮，雷国平，丁雪，等，2017. 哈尔滨市耕地集约利用水平预测及障碍因子诊断［J］. 中国农业资源与区划，38（1）：59-66.

李贝贝，2017. 村域尺度农户耕地集约利用模型构建与应用［D］. 西安：西安科技大学.

李丹，周嘉，战大庆，2021. 黑龙江省耕地时空变化及驱动因素分析［J］. 地理科学，41（7）：1266-1275.

李慧，2008. 农村土地流转的主要障碍分析［J］. 中国集体经济（27）：21-22.

李佳，雷国平，柳杨，等，2013. 河南省耕地利用效益评价研究［J］. 水土保持通报，33（3）：318-324.

李林潼，2016. 贵州省耕地集约利用时空演变规律研究［D］. 贵阳：贵州大学.

李然嫣，2017. 我国东北黑土区耕地利用与保护对策研究［D］. 北京：中国农业科学院.

李然嫣，陈印军，2017. 东北典型黑土区农户耕地保护利用行为研究——基于黑龙江省绥化市农户调查的实证分析［J］. 农业技术经济（11）：80-91.

刘克春，2009. 农户农地流转决策行为研究——以江西省为例［D］. 杭州：浙江大学.

刘小林，2017. 基于粮食安全视角下的四川省耕地保护问题研究［D］. 荆州：长江大学.

刘永康，刘学录，张一达，等，2019. 耕地集约利用的空间特征及影响因素研究——以甘肃省东部四市为例［J］. 农业现代化研究，40（4）：574-582.

马百通. 黑龙江省城市建设用地结构时空变化研究［D］. 哈尔滨：东北农业大学.

马聪，林坚，2021. 基于熵权TOPSIS模型的耕地利用效益评价及障碍因子识别——以东中西三地案例比较为例［J］. 中国农业大学学报，26（8）：196-210.

宁博奇，2019. 绥化市耕地利用效益评价研究［D］. 哈尔滨：东北农业大学.

牛海鹏，张安录，2009. 耕地利用效益体系重构及其外部性分析［J］. 中国土地科学，23（9）：25-29.

钱忠好，2002. 农村土地承包经营权产权残缺与市场流转困境：理论与政策分析 [J]. 管理世界 (6)：35 - 45，154 - 155.

钱忠好，2003. 农地承包经营权市场流转：理论与实证分析——基于农户层面的经济分析 [J]. 经济研究 (2)：83 - 91，94.

史敏，2019. 陕西省耕地集约利用与碳排放关系研究 [D]. 西安：长安大学.

史清华，贾生华，2002. 农户家庭农地要素流动趋势及其根源比较 [J]. 管理世界 (1)：71 - 77，92 - 153.

宋戈，梁海鸥，林佳，等，2010. 黑龙江省垦区耕地利用综合效益评价及驱动力分析 [J]. 经济地理，30 (5)：835 - 840.

孙宝民，2012. 基于粮食安全战略的耕地资源利用及保护研究——以黑龙江省为例 [J]. 人民论坛 (11)：174 - 175.

孙丽娜，石占胜，宫月，2018. 河北省耕地利用效益评价及其时空分异特征研究 [J]. 中国农学通报，34 (18)：92 - 98.

谈琰，2010. 基于粮食安全的耕地利用及保护问题研究——以河南为例 [J]. 经济经纬 (5)：111 - 114.

唐学文，王有斌，2010. 关于湖南农村土地流转几种模式的探讨 [J]. 湖南行政学院学报 (1)：62 - 65.

田传浩，贾生华，2014. 农地制度、地权稳定性与农地使用权市场发育：理论与来自苏浙鲁的经验 [J]. 经济研究 (1)：112 - 119.

仝永宽，2020. 乡村振兴背景下保障我国粮食安全的法律途径研究 [D]. 武汉：武汉轻工大学.

汪贵秀，2022. 简述耕地保护与利用面临的挑战 [J]. 农业开发与装备 (2)：82 - 84.

汪建红，曹建华，2006. 农村土地流转机制效应与绩效——以江西为例 [J]. 江西农业大学学报（社会科学版）(4)：32 - 35.

王春雷，2016. 2013 年黑龙江大洪水初步分析 [J]. 黑龙江水利科技，44 (4)：68 - 73.

王麒茗，2020. 辽宁省耕地集约利用时空差异研究 [D]. 沈阳：辽宁大学.

王祥军，2007. 土地承包经营权流转的模式及其法律评价 [J]. 安徽农业大学学报（社会科学版）(5)：53 - 55.

王学伟，2015. 哈尔滨市耕地集约利用时空变化特征分析 [D]. 哈尔滨：东北农业大学.

王英，2020. 农业人口转移对耕地利用效率影响的门槛及空间溢出效应 [D]. 南昌：江西财经大学.

韦云凤，2009. 基于特色农业产业化的农村土地流转模式——关于广西富川农村土地流转实践的调查 [J]. 农村经济 (8)：35 - 38.

吴力科，2009. 浅谈农民专业合作社与"土地流转"的互动作用 [J]. 作物研究，23：111 - 113.

吴涛，任平，2015. 基于综合评价的耕地利用效益时空特征分析：以四川省为例 [J]. 四川师范大学学报（自然科学版），38（5）：746-753.

武丽伟，张晶，2020. 吕梁市耕地集约利用评价 [J]. 现代农业科技（2）：155-158.

项骁野，王佑汉，李谦，等，2022. 中国耕地保护与粮食安全研究进展可视化分析 [J]. 中国农业资源与区划：1-12.

徐辉，2012. 河南省耕地利用效益评价研究 [D]. 哈尔滨：东北农业大学.

徐旭，蒋文华，应风其，2002. 我国农村土地流转的动因分析 [J]. 管理世界（9）：144-145.

徐志明，2009. 农村土地流转的障碍与市场化流转机制的建立 [J]. 南京财经大学报（5）：6-9.

许恒周，石淑芹，吴冠岑，2012. 农地流转市场发育、农民阶层分化与农民养老保障模式选择——基于我国东部地区农户问卷调查的实证研究 [J]. 资源科学（1）：136-142.

许经勇，2002. 家庭承包制所引发的土地产权制度的深刻变革 [J]. 经济问题（7）：28-29.

杨德才，2005. 论我国农村土地流转模式及其选择 [J]. 当代经济研究（12）：49-52.

杨钢桥，1998. 试论城市土地供需平衡 [J]. 中国土地科学（4）：22-24.

杨倩，2021. 基于层次分析法的毕节市耕地利用效益评价研究 [J]. 国土与自然资源研究（3）：5-7.

杨学城，罗伊·普罗斯特曼，徐孝白，2001. 关于农村土地承包30年不变政策实施过程的评估 [J]. 中国农村经济（1）：55-66.

姚洋，2000. 中国农地制度：一个分析框架 [J]. 中国社会科学（2）：54-65，206.

易军，梅昀，2010. 基于PSR框架的耕地集约利用及其驱动力研究——以江西省为例 [J]. 长江流域资源与环境，19（8）：895-900.

尹成杰，2022. 切实加大耕地保护建设力度 牢牢守住18亿亩红线 [J]. 中国农垦（4）：4-8.

于代松，朱穆超，2002. 物化土地使用权构建农村土地流动的市场机制 [J]. 国土资源科技管理（6）：14-16.

余鹏翼，李善民，2004. 中国发达地区农地使用权流转性问题研究 [J]. 中国软科学（6）：18-21.

俞海，黄季馄，Scott Rozelle，等，2003. 地权稳定性、土地流转与农地资源持续利用 [J]. 经济研究（9）：82-91，95.

张红宇，2002. 中国农地调整与使用权流转：几点评论 [J]. 管理世界（5）：76-87.

张克新，杨凤海，任大光，等，2012. 哈尔滨市县域耕地利用综合效益评价 [J]. 安徽农业科学，40（3）：1892-1893，1914.

张文琦，2017. 三江平原耕地利用效益评价研究 [D]. 哈尔滨：东北农业大学.

张文琦，姜博，罗冲，等，2017. 基于GIS的三江平原耕地利用效益研究 [J]. 江苏农业科学，45（23）：243-247.

张笑寒，2001. 关于构建我国农用地市场流转制度的思考 [J]. 中国土地科学 (5)：31-33.

张新光，2003. 论农地平分机制向市场机制的整体性转轨 [J]. 西北农林科技大学学报（社科版）(5)：1-8.

张玉华，2018. 海东市耕地集约利用评价研究 [D]. 兰州：西北师范大学.

张照新，2002. 中国农村土地流转市场发展及其方式 [J]. 中国农村经济 (2)：19-24，32.

张照新，赵海，2013. 新型农业经营主体的困境摆脱及其体制机制创新 [J]. 改革 (2)：78-87.

赵瑞东，牛志君，孙英彪，等，2017. 南和县域耕地集约利用评价及障碍因素分析研究 [J]. 河北农业大学学报，40 (4)：101-107.

周镕基，皮修平，王辉，2009. 当前农村土地流转的制约因素与化解路径——以湖南省为例 [J]. 经济研究导刊 (12)：38-39.

周天勇，2003. 土地制度的供求冲突与其改革的框架性安排 [J]. 管理世界 (10)：40-49，156.

朱高峰，2019. 基于耕地保护视角的耕地转型研究 [D]. 武汉：武汉大学.

朱明琦，2018. 庆阳市耕地利用效益评价研究 [D]. 兰州：甘肃农业大学.

祖海琴，赵翠薇，2021. 喀斯特槽谷区耕地利用集约度空间分异及影响因素——以贵州省朗溪槽谷为例 [J]. 山地学报，39 (3)：415-428.

C E Kongoli, W L Bland, 2012. Long-term Snow Depth simulations Using a Modified Atmosphere-land Exchange Mode [J]. Agricultural and Forset Mete orology, 1044.

Dennis T Y, 2007. From Village Land to Native Reserve：Changes in Property Rights in Sabah, Malaysia, 1950—1996 [J]. Human Ecology, 29：69-98.

Dwayne B J, Brandt L, 1997. Land, Factor Markets, and Inequality in Rural China：Historical Evidence [J]. Explorations in Economic History, 34：460-496.

Eddie Chi-man Hui, Barbara Yuk-ping Leung, Ka-hung Yu, 2014. The Impact of Different Land-supplying Channels on the Supply of Housing [J]. Land Use Policy.

Eric M White, Greg Latta, Ralph J Alig, et al., 2013. Biomass Production from the U. S. Forest and Agriculture Sectors in Support of a Renewable Electricity Standard [J]. Energy Policy, 58.

Griffith D W T, Leuning R, Denmead O T, et al., 2012. Air-land exchanges of CO_2, CH_4 and N_2O Measured by FTIR Spectrometry and Micrometeorological Techniques [J]. Atmospheric Environment, 3611.

James, Kung Kai-Sing, 2002. Off-Farm Labor Markets and the Emergence of Land Rental Markets in Rural China [J]. Journal of Comparative Economics, 30：395-414.

Macmillan D C, 2011. An Economic Case for Land Reform [J]. Land Use Policy (17)：

29 – 57.

Qu F T，Herrink N，Wang W M，1995. Land Administration Reform in China：Its Impact on Land Allocation and Economic Development ［J］. Land Use Policy，12：193 – 203.

Terry V D，2003. Scenariors of Central European Land Fragmentation ［J］. Land Use Policy （20）：149 – 158.

Zhang Wen – Fang，Makeham Jack，1992. Recent Developments in the Market for Rural Land Use in China ［J］. Land Economics，68 （2）：139 – 162.

第七章

农村土地流转进程中的耕地利用问题

农村土地流转在推行的过程中取得了较为显著的成果，通过农村土地流转推进了耕地的规模经营，实现了经济效益、社会效益及生态效益的提升，但也出现了一定的问题。本章通过对已有研究的总结及整理，概括得出我国在农村土地流转过程中存在的典型问题，为推进农村流转进程中的耕地合理利用提供参考和借鉴。

一、共性问题分析

（一）地权稳定性对耕地保护行为的影响

地权直接关系到农村的公共服务，进而对耕地造成一定的影响。若村社集体没有任何土地的权利，既不能从土地中收费、收租，又不能调整土地，也不能有机动地，还不能通过转移利益来均衡土地负担，则村社公共品供给就只能依赖于诸如"一事一议"和"农民用水户协会"一类的措施。但从当前全国的实践来看，通过"一事一议"来筹集公共品建设资金是不大现实的，而"农民用水户协会"一类组织也少有成功运作的实例。这样一来，农村公共品供给就不仅是严重不足，而且是严重不能反映农民对公共品需要的偏好。离开村社集体提供的公共品，农民在户均不足 10 亩的狭小耕地上独自应对生产生活所需的基础条件，就会格外困难。

丧失了对土地的权利，村集体就会成为一个空壳，村民自治就缺少了经济基础。因为当前农村基本经营制度是以家庭承包经营为基础、统分结合的双层经营体制，土地所有权主体是村社集体，承包经营权和使用权主体是农户家庭。村集体最主要的依据是其作为村社土地所有者的地位，以及在这一地位基础上产生出来的各种关系。村一级虽然是一个行政层级，但并非基层政权，而是一个社会性组织。离开了对土地的权利，村集体既无固定收入来源，又无行政权力，村一级就纯粹成为一个上传下达的层次，而难以再有发挥作用的余地，也难以为农民提供生产生活所需的各种公共服务。

农民一般几代人都依靠土地生活，以种植粮食为主要生活来源。尽管现在大多数农民与耕地失去了直接联系，但土生土长的农民对土地的情感仍旧是传统意义上的，认为土地是生存的根本，等没有工作之后还可以依靠土地存活，对土地经过流转后是否会失去土地总是存在担忧和怀疑，这种理念的存在影响并限制着土地流转工作的顺利开展。

农村从事农业的人文化水平相对较低，不能满足对当前信息化农业的完全掌握，这是导致在土地流转过程中不能有序的重要方面。自从实行"三权分置"以来，农民对土地流转相关政策理解不够准确，担心土地流转后会改变承包权和所有权的问题，因此不敢流转自己的土地来获得租金收入。许多农户更喜欢种植简单、不受管理、传统的农作物，不愿意放弃土地，也不迫切希望土地能给整个家庭创造多大的收入，而是宁愿让土地处于闲置的状态之中。另外，从国家现有政策来看，农户获得的文化、资金、技术等方面的支持非常有限。另一方面有些农户盲目解读相关的土地流转政策文件，认为会给每户实施粮食补贴，还有望获取国家政策"暴利"，导致农户"恋土地"观念更加强烈，要使耕地还要牢牢地掌握在自己手中，对于是否流转还没有心理准备。

（二）投资结构改变对耕地保护行为的影响

在农村种植经济作物产业化的推动下，土地流转后种植经济作物的需求较为旺盛，这就导致了种植经济作物和种植粮食作物之间收入差距明显的现象，土地种植"非粮化"现象尤为显著。根据邯郸市永年区农业农村局的最新数据，到 2018 年种植经济作物所流转的土地占总流转面积的比例达到 21％。从成本分析上看，大棚蔬菜＞露天蔬菜＞水果生产成本，粮食最低，亩平均价格为 841 元。而温室蔬菜每亩的生产成本平均达 4 370 元，远高于其他农产品生产成本。土地成本中，种植粮食土地流转价格每亩平均以 300 元流转；温室蔬菜每亩流转金达到 1 000 元。

从生产收益来看，温室蔬菜＞水果＞露天蔬菜＞粮食，这四个比例为 9：6：5：1。其中，每亩蔬菜收入为 5 040 元，露天蔬菜为 2 530 元，粮食为 850元。如果种植 1 亩大田蔬菜、1 亩水果，收入大约分别等于 6 亩粮食、4 亩粮食。综上分析可知，农民种植谷物的成本最低，水果、蔬菜等的种植成本虽然远高于谷物，但收入较高。

粮食是社会稳定的战略性产品，非粮食作物用地的供应过剩威胁着国家的粮食安全。由于永年区当前的低粮价，农民的收入下降了，导致农民改种水果和蔬菜等以赚取更高的收入，因此玉米、小麦和其他农作物的种植面积减少。

以桓台县为例，在实行家庭联产承包责任制的基础上，也存在一定的发展局限。桓台县在 20 世纪 90 年代中期，农户平均拥有土地为 6 亩左右，这 6 亩土地还被划分在 2~3 个不同的区域，如此细小分散的农田结构，使得耕作经营十分不便，农民无法进行大规模的投入，先进的农业机械也无法使用，农业技术进步的成果无法体现出来。且由于农户的农田分散，管理成本相对较高。在 20 世纪 90 年代的桓台县，每到秋收季节，会在农场上看到农民拿着镰刀收割的情景，他们顶着头顶上炎热的太阳，弯腰劳作，一对夫妻一天收割自己的四五亩地，劳动效率极其低下，而由科技革命带来的农业机械却无法在四五亩地上施展。除此之外，农民只有对土地的使用权而没有自由处置权，不能自由处置自己耕种的土地；而落后的生产技术加重了农民劳动的负担，农民被紧紧地束缚在土地上，自主择业受到限制。桓台县乡镇企业发展起来后，东岳、万鑫、儒铁集团吸引了大批农民，在这种情况下，有些农民选择去当地一些乡镇企业就业，农民离开了土地，村中开始出现了土地抛荒的现象。随着改革开放的深入，农村经济结构多元化发展，农业生产机械化水平的提高，小规模分散的生产经营方式已经不适应社会的发展，难以跟上社会发展的步伐。在这种状态下，大家开始探索一条新路子，改变现有的状况已是势在必行。

桓台县土地大面积流转后，对农民、农村甚至整个桓台县带来了巨大变化。一是土地流转改变了过去农户各自生产的分散不集中的耕作方式，转而向现代农业和规模农业发展。农业机械化的发展不仅减轻了农民在劳作上的负担，同时也实现了规模效益，增加了农民收入。且桓台县在解决土地流转矛盾的同时，也促进了当地县域种植业生产服务体系的建设，推动了桓台县种植业生产技术、农资监管和农业安全监管等工作的开展。以桓台县古城村为例，古城村通过土地流转，土地经营权向种粮大户、蔬菜种植大户集聚，改变了以前单一农作物种植方式，极大地促进了农业种植结构的改善，初步建成了一批具有一定规模的农产品基地，有技术、有经验、有能力的农民通过土地流转，初步实现了规模经营，带动全镇形成了一批农产品产业基地。目前，古城村建成了 200 亩蔬菜大棚，对农业的发展产生了强大的辐射带动作用，加快了农村产业结构调整步伐。除此之外，农户将土地出租给承包人，每年可以得到 500 元至 700 元的租金收入，使承包人和农户之间互利双赢。在农村土地流转的基础上，生产力得到了极大地解放，农民生产的积极性得到调动，共同推动农村经济的发展。

土地承包经营权的流转解放了农村劳动力，促进了农民的有效流动，使农民走上了致富之路。农村土地流转的实施使得大批劳动力有了更多的时间从事其他的劳动，让更多的人从事二、三产业，整体上提升了我国综合国力。农民通过土地的流转，还能够每年从承包方手中获得土地租金或产出效益。有研究表明，农村土地流转具有显著的收入效应，参与土地转出能够使农户的收入效应至少增加 21.14%，参与土地转入能够使农户的收入效应至少增加 10.79%，可见土地流转已经成为影响农村收入的重要因素。随着城镇化的发展，农村中进行耕作的多数是年老体弱的老人，土地流转后的规模化发展更能适合现代农业的发展。通过土地流转，承包人承包土地已经不仅仅用于耕种农作物，而是开始探索多种形式的致富发展道路。如桓台县全县耕地总面积约 53 万亩，农村土地流转面积 104 291 亩，占耕地总面积的 19.6%。其中，唐山镇种植反季节蔬菜基地 500 亩，优质果园 300 亩；起凤镇建立鱼塘基地 700 亩，既改变了原来单一的耕作模式，又带动了当地农村人口就业，增加了农民收入。据不完全统计，每个蔬菜大棚年均收入 2 万元，而鱼塘种植产出值以及观光效应均极大促进农村经济的发展。土地流转政策推行之后，大大提高了我国农业生产的效率，更大限度地保障我国粮食的安全。随即全国刮起了一阵专业大户、家庭农场的旋风，克服了农业用地分散、农民耕作不便的弊端，使大量的荒废地重新开发利用，实现并扩大了土地本身的价值。土地流转后，农民不再是农业生产的经营主体，而成了产权主体，农民的身份地位有了一定变化，提高了农民在土地流转过程中的主动权。

土地流转促进了农业产业结构的调整，推动了农村市场经济的繁荣。农村在土地变革过程中，生产经营更加规模化、机械化，这将引起农业生产经营效益的飞速发展，大面积的作物种植完全可以开拓出更广阔的市场，甚至可以直接与第二产业和第三产业合作，大批量地提供农产品，实现经济效益。而在我国的农户小规模经营背景下，农村土地流转也有利于农村发展多元化经营模式、培育新型农业经营主体、提高农业领域规模化经营水平，加速完成农业产业结构调整。土地流转还利于打破城乡二元结构，推动城乡一体化改革。"十三五"规划建议提出深化户籍制度改革，逐步取消户口限制，促进有能力在城镇稳定就业和生活的农业人口转移，举家进城落户。而在运作机制层面，农村土地"三权分置"等改革缩小了城乡要素市场的差异，土地流转也间接提升了农业资本的有机构成。这些都既缩小了城乡收入差距，又成为农业产业结构调整的触发点，为一些想进城打工又想守护一亩三分地的农民提供了较好的生产资料转让条件，有利于广大农民在广阔天地中创造更大的价值，推动整个农村社会经济的发展。

随着农村社会经济的发展，人地村关系的粘度和农业发展方式发生重大变化，原先的家庭联产承包责任制已经越来越不适应农村发展实际，既阻碍农业规模化、集约化、现代化的进程，又束缚农民自主择业。土地流转将集体分得的土地承包经营权转包、转让给种植大户，实现了农民对土地使用权的自主支配，在稳定了农民承包权的同时，搞活了土地的经营权，促进了生产力的大解放，原本分散、手工劳作的生产方式也向着简约化、专业化、大规模机械化前进。根据我国人多地少的国情，我们必须利用有限的土地，使其发挥最大的效用。在保障粮食安全的前提下，推行高效、高产的农业发展模式，进一步发展绿色化、机械化农业，这也是现代农业发挥土地效用的最有效的办法。

（三）政府引导对耕地保护行为的影响

国家对于农村土地流转经历了由明令禁止到逐步规范发展的过程。1982 年中央 1 号文件在政策上直接否定了农村土地的流转。文件中明确指出农村农户所承包的土地，不准买卖，不准出租，不准转让，不准荒废，如若违反此规定，中央则有权收回发放给农民的土地。除此之外，在 1982 年的《宪法》中也严格规定了任何组织和个人不得以任何方式侵占、买卖或者以其他形式非法转让土地。在国家严格控制农村土地流转的情况下，全国各地还是有部分地区私自进行土地流转，这种流转形式是自发进行的小规模的流转。

20 世纪 80 年代末，国家认识到土地流转这一发展潮流不可逆转，随即开始解除限制政策，允许农村土地进行流转，并出台相应政策予以支持。1988 年《中华人民共和国土地管理法》也做了一定的修改，将原来土地使用权不得转让的规定予以废除，并且明确规定农村土地流转使用权可以在符合法律规定的前提下自行转让。

从 21 世纪初开始，土地经营权流转政策逐步规范。国家出台一系列关于土地流转的政策和法律，明确指出农村土地承包期为30年，并且30年以后也没有必要再改变，在这一基础上对土地流转也做出明确规定。2002年8月全国人大常委会通过《中华人民共和国农村土地承包法》，这是我国第一部关于农村土地承包经营流转方面的法律，该法总则的第十条明确规定农村土地承包经营权可以进行流转。而之所以会出现这样的制度改变，很大部分是为了解决农民家庭经营格局与现代规模化经营之间的矛盾。从中华人民共和国成立后的土地政策变迁来看，土地在城镇化建设中承担了关键地位和角色，我国目前正处于新型城镇化时期，而农村土地流转的制度目标正是提升农业生产效率和农业现代化，"三权分置"等各项政策的出台也是为了在促进土地流转的情况下保护农民权益。党的十七届三中全会提出，加强土地承包经营权流转的管理和服务，建立健全土地承包经营权流转市场，按照自愿、有偿原则，允许农民以转包、出租、互换、合作等形式流转土地承包经营权，开展多种形式的适度规模经营。农村土地流转政策的实施，促进了农业适度的规模经营，对于稳定农村土地承包经营制度、发展农村经济、增加农民收入具有重要作用。

但是，在推行土地流转的过程中，土地财政收入成为许多地方政府在面临财政危机时快速获取财政收入的一种短期行为。目前，部分地方政府采用"征地制＋批租制"的形式将农村土地农转非，从而获得丰盛土地转换收益。地方政府以土为载体，获取当地经济快速发展的资金。与此同时，部分政府为获取大量的土地所做出的失范行为和土地效应引发的寻租现象数见不鲜，主要有：地方政府以行政手段，搞"强制流转"；以推行土地规模化经营为借口，实行"反租倒包"；在农民非自愿情况下，实行征地，将土地廉价出售或承包出去，以获得引资；部分村集体或地方政府在土地承包经营过程中挪用、截用承包经营权流转收益。在个别地方，村集体、地方政府在土地的流转过程中扮演着强势者的角色，上报信息存在着不对称的情况，中央政府很难扮演仲裁角色，调控失灵，从而使村集体、地方政府、用地单位形成一个共同的利益集团，农民只有被动接受土地流转。

二、个性问题分析

（一）土地流转后耕地利用经济效益提高不显著

吉林省、山东省、广东省等地的研究结果均表明，土地流转后的经济效益尤其是农民增收的效果不明显。以吉林省的抽样调研为例，调查问卷围绕农户个人特征、土地流转情况、土地流转前后的收入等三方面设计 10 个指标。238 份有效问卷中，有土地流出的农户为 68 户，占调查样本数的 28.6％；有土地流入的农户为 47 户，占调查样本数的 19.8％；选择不流转土地的农户为 123 户，占调查样本总数的 51.7％。

　　土地流出主体的具体情况如表 7-1 所示。从受访主体的个人特征看，流出土地农户的平均年龄为 47.5 岁。有 43 人的文化程度为初中专，占流出农户数的 63.2％；有 17 人的文化程度为高中及以上，占流出农户数的 25％；小学及以下文化程度的有 8 人，占流出农户数的 11.8％。样本中平均每户参加社会保险的人数为 2.31 人。

表 7-1　农村土地流转个体特征

		样本数	其中：土地流出	平均年龄（岁）	受教育程度（％）			户均参加社会保险人数（人）
					小学及以下	初中专	高中及以上	
榆树	龚家村	10	1	50		100		
	正义村	10	7	44.5		100		3.83
农安	优胜村	10	5	42.2		80	20	2.09
	十八家子村	10	2	52		100		2
公主岭	孔家村	10	1	48		100		2
	大房身村	10	1	45			100	2
梨树	友谊村	10	3	45.5		66.7	33.3	2.67
	东白山村	10	3	46	33.3	66.7		2
东丰	青龙村	10	2	53	50	50		2
	东青村	10	0					
东辽	忠实村	10	1	55		100		2
	力耕村	10	1	62		100		2
通榆	永和林村	10	5	49.6		20	80	3.2
	和平村	10	0					
大安	头段村	10	2	56		100		2.5
	来宝村	10	0					
前郭	王府站村	10	7	42.5	28.6	57.1	14.3	2.43
	傲都村	10	7	44.6		28.6	71.4	2.7

（续）

		样本数	其中：土地流出	平均年龄（岁）	受教育程度（%）			户均参加社会保险人数（人）
					小学及以下	初中专	高中及以上	
乾安	赞字村	8	8	41.7	50	37.5	12.5	3
	后寸村	10	2	52		50	50	2.1
敦化	太平山村	10	2	38		100		3.5
	城山子村	10	0					
珲春	中心村	10	5	41.5		80	20	2.2
	平安村	10	3	41		66.7	33.3	2

从土地流转情况看（表 7-2），24 个村级样本中，有 4 个村的农户没有流出土地，其余 20 个村的 68 户农户共承包土地 1 371.05 亩，流出土地 952.85 亩。其中，户均承包土地面积在 5 亩以下的有 2 个村，介于 5 亩和 10 亩之间的有 3 个村，介于 10 亩和 20 亩之间的有 11 个村，在 20 亩以上的有 4 个村；承包 20 亩以下土地面积的农户基本上选择全部流出土地，承包 20 亩以上土地的农户均选择部分流出土地，且流出土地面积占承包地面积的比例约为 50%左右。在土地流转年限上，签订 1～2 年合同期限的农户有 29 户，占全部样本数的 42.6%，包括承包土地面积在 20 亩以上的农户 24 户；签订 3～5 年合同期限的有 7 户，占 10.3%；签订 6～10 年合同期限的农户有 8 户，占 11.8%；签订 10 年以上合同期限的有 24 户，占 35.3%。

表 7-2　农村土地流转情况

		户均承包土地面积（亩）	户均流出土地面积（亩）	土地流转年限（%）			
				1～2 年	3～5 年	6～10 年	10 年以上
榆树	龚家村	4.4	4.4	100			
	正义村	18.6	18.6			57.1	42.9
农安	优胜村	15	15	100			
	十八家子村	15	15	50	50		
公主岭	孔家村	15.4	15.4			100	
	大房身村	18.6	18.6				100
梨树	友谊村	18.2	18.2				100
	东白山村	12	6.3				100

（续）

		户均承包土地面积（亩）	户均流出土地面积（亩）	土地流转年限（%）			
				1～2 年	3～5 年	6～10 年	10 年以上
东丰	青龙村	11	11				100
	东青村					100	
东辽	忠实村	13	13				100
	力耕村	15	15			40	60
通榆	永和林村	7.05	7.05				
	和平村						
大安	头段村	10.5	10.5	100			
	来宝村						
前郭	王府站村	30.4	13.9	85.7	14.3		
	傲都村	41.3	22.9	28.6	14.3		57.1
乾安	赞字村	32.1	16.25	100			
	后寸村	37.5	22.5	100			
敦化	太平山村	4	4	100			
	城山子村						
珲春	中心村	8.6	8.6			20	80
	平安村	5.3	5.3				100

　　从农户流出土地前后的收入变化看（表 7-3），样本区域 20 个村庄的土地流出前户均年收入为 11 411.6 元，高于平均值的村庄有 9 个；土地流出后户均年收入为 23 197.2 元，高于平均值的村庄有 12 个。流出部分土地的农户收入增幅平均为 87.22%，而流出全部土地农户的收入增幅平均为 185.64%，高于前者 102 个百分点。

表 7-3　农村土地流转前后农户收入情况

		土地流转前户均年收入（元）	土地流转后户均年收入（元）	增幅（%）
榆树	龚家村	3 000	30 000	900
	正义村	13 200	35 800	171
农安	优胜村	15 000	28 000	86.7
	十八家子村	15 000	30 000	100

（续）

		土地流转前户 均年收入（元）	土地流转后户 均年收入（元）	增幅 （%）
公主岭	孔家村	5 100	11 000	115
	大房身村	10 600	25 000	136
梨树	友谊村	19 000	32 000	68.4
	东白山村	5 666	8 000	41.2
东丰	青龙村	10 000	15 000	50
	东青村			
东辽	忠实村	15 000	22 000	46.7
	力耕村	6000	20 000	233
通榆	永和林村	12 000	18 000	50
	和平村			
大安	头段村	9 500	11 000	15.8
	来宝村			
前郭	王府站村	23 666	32 500	37.3
	傲都村	25 000	31 143	24.6
乾安	赞字村	7 500	29 500	293
	后寸村	12 500	17 500	40
敦化	太平山村	2 500	12 500	400
	城山子村			
珲春	中心村	10 000	30 000	200
	平安村	8 000	25 000	212

农户在土地流出前的收入与土地承包面积成正比，即家庭收入取决于承包土地面积（图7-1）。而流出土地后的农户收入与土地流出面积却不存在相关关系，尤其在选择土地全部流出的农户中，流出后的收入差异较大，说明该类农户的收入取决于其获取非农收入的能力。在选择流出一部分土地的农户中，其土地流出后的收入平均增幅低于土地全部流出的农户的收入增幅，表明在土地租金差异不大的情况下，该类农户获取非农收入的能力相对较差，或者不具备获取非农收入的条件。以前郭、乾安四个村的40户农户为例，该区域农户劳均耕地面积约为23.4亩，流出土地占承包土地的比例平均为53.4%，流出部分土地后的收入增幅平均为98.7%，低于其他村土地全部流出的农户的收入增幅86.9个百分点。实地调研中也发现，前郭、乾安样本农户的主要特点

是家中人口基本为老人和儿童，家庭收入主要是流出土地的租金、剩余土地的经营收入及国家拨付的种粮补贴、转出的部分劳动力的非农收入。若流出土地面积相对较多，则剩余土地的收益包括补贴相对减少；若流出土地面积相对较少，该土地上的租金收益必然减少，剩余土地请人代耕的费用会相应增加。同时该类农户转移出的劳动力数相对少，一般为家庭中的男青壮劳动力或者夫妻，这样一来，流转土地的租金与土地收益之间此消彼长的关系及转移劳动力数量较少，成为此类农户增收幅度相对小的主要原因。

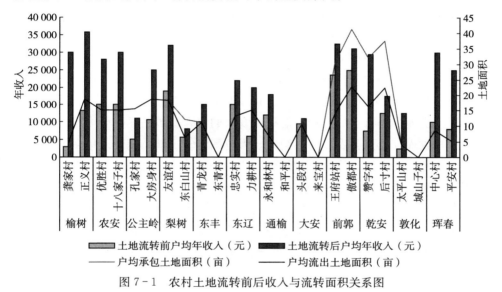

图 7-1　农村土地流转前后收入与流转面积关系图

　　劳均耕地面积在 10 亩以上的农户收益变化。前郭县乌兰傲都乡傲都村一农户，有两个农业劳动力，平均年龄为 59 岁，文化程度为初中以下。该农户承包土地 30 亩，由于年龄身体等条件约束，他们均已无力耕种人均 15 亩的土地，于是以每亩 600 元的价格流出土地 10 亩，自己耕种 20 亩，流转期限为 1年。该农户土地流出前的收益为土地收益与各种补贴之和（表 7-4）。

表 7-4　农村土地流转前后收益及补贴

| | 土地经营收入 | | | 补贴（元/亩） | | | 租金（元/亩） | 成本（元/亩） |
	土地面积（亩）	产量（千克）	单价（元/千克）	粮农直补	农资综合补贴	良种补贴		
流转前	30	550	1.56	65	81.5	10		300
流转后	20	620	1.87	65	81.5	10	600	350

农户贴现率以银行一年期存款利率为参考，取 2.52%，则该农户流转前的总收益为去掉种地成本的土地收入与补贴之和，计算结果为 23 084 元。流出 10 亩土地后农户的土地收益为剩余 20 亩的土地经营收入及补贴与流出 10 亩的租金之和去掉成本之后的收益，计算结果为 24 748 元，增幅为 7.21%。由此可见在土地流转后农户的耕地经济收益的涨幅并不明显。

劳均土地量在 3 亩以下的农户收益变化。榆树市五棵树镇袭家村一农户，有三口人，家庭结构为一对父母和一个女儿，平均年龄 37 岁，健康状况良好，三口人文化程度均为高中。该农户劳均土地只有 1.47 亩，年收入仅为 3 000 元。由于收入微薄，女孩不愿意从事农业生产，为增加收入，该家庭以每亩 650 元价格流出 4.4 亩的全部承包土地，在城里亲戚介绍下全家三口进城分别从事家政、建筑和药品销售的行业，去掉转移成本每年非农收入为 27 000 元，加上土地租金每年 2 860 元，收入增量基本与非农收入持平。

以人少地多为特点的劳动力短缺型农户的收入基数明显高于人均土地量过小的农户收入，且该类农户并不倾向于大范围流转土地，流转土地多为细碎的小规模农地，一方面说明国家对种粮大户的补贴政策初见成效，土地流转有可能正在向种田能手集中；另一方面则进一步验证了工农收入差异对劳动力的吸引，劳动力向城镇转移是大势所趋。同时可以看出，两类农户在土地流出后的收入主要来源于非农经营，即将土地全部流转后进城打工获得的收入远高于土地流转后的耕地租金。综上，农村土地流转后耕地利用的经济效益提高不显著。

（二）部分农民被迫流转土地后耕地利用社会效益降低

已有研究表明，农民土地确权可能导致土地的细碎化，应谨慎实施。当农民土地权利变大时，会极大地影响农民生产的积极性，集体行动也越难。在民意基础不坚定的情况下，忽略农民对土地的认知心理和价值偏好，政策主体不能与时俱进的明确实施方案，过度强调"公平"，可能会导致"被产权"实践逻辑。通过实地调查发现土地确权会增加土地流转和农业经营成本，虚化村集体组织作用，引起乡村治理危机。更多学者认为中国土地流转的核心问题在于是否能通过合理的土地配置，提高劳动生产率，减少农民的权益损失。

新农村建设伊始，各地的农村土地流转主要以农民的自发流转为主，流转面积不大，比例不高。但近年来，大部分的土地流转主要是由县乡政府和村委会主导的农村承包地流转，出现了政府和村委会主导的土地流转往往强制农民流转承包地、操纵土地流转价格、截留流转费用。2011 年 8 月在某县某村的调研表明，村民承包地由公司经营，每年给租金每亩 800 元。土地是村委会租出去的，没有与村民协商、没有订合同，村民回答不同意也没有办法。此外，西南大学学生以四川省邛崃市、重庆市荣昌县、北碚区为调研样地，于2007 年 7 月至 2008 年 1 月对三个研究区共 1 072 户农户进行问卷调查，收回有效问卷 970 份，其中参与土地流转的问卷 865 份。通过调查得出的结论之一是在政府干预成为土地流转的最大促成因素时，参与流转的农户的土地收益偏低，缺乏劳动力、家庭年龄老化、受教育程度低的农户在土地流转利益分配中是受益劣势群体。

《农村土地承包法》第三十三条明确规定，土地承包经营权的转让必须遵循平等协商、自愿、有偿的原则，任何组织和个人不得强迫或者阻碍承包方进行承包经营权的流转，第三十四条规定，土地承包经营权流转的主体是承包方，承包方有权依法自主决定土地承包经营权是否流转及流转的方式。农村土地的所有权虽然属于集体所有，但农户土地的承包经营权起着限制集体所有权的作用，集体组织不得流转土地承包经营权，农户对非法干涉有权对抗。政府和村委会主导的土地承包经营权流转显然是违反法律规定的。政府和村委会主导以至代替权利人转让土地承包经营权是违法的，但是在尊重农户意愿的前提下，政府和村委会帮助农户进行土地流转，提高土地流转效益则是合法的，是农民所需要的。

土地承包经营权作为设定于农民集体土地所有权上的用益物权是一种他物权，土地承包经营权人只能在特定目的范围内直接支配土地，也就是在农业用地和经营农业的目的范围内支配土地，超越法定目的范围就没有支配权利，其支配不仅是无权支配，而且违反土地用途管制制度的强制性规定，因此，土地承包经营权的流转不得改变土地的农业用途。政府和村委会在主导承包地流转时，往往以经济利益和利润为目的实施改变土地农业用途的违法行为。例如，河北省鸡泽县农民这样的投诉：鸡泽镇政府以创办工业园区为名，以租代征强占耕地 3 000 余亩交给私人建厂，并且一些所谓的引进外资项目被怀疑存在欺骗行为。经调查核实，村民的上述反映基本属实。当地地方干部也不否认，他们表示："我们知道这样做是错的，违反国家有关土地的法律，但安徽小岗村没有当年 18 位农民冒着风险承包到户的壮举，就没有现在的富裕繁荣，为了县域经济发展，我们就是要学习这种'小岗精神'。"鸡泽镇龙泉村村民对记者说："政府要强行租用我们的耕地给私人建厂，我们不想出租。这是口粮田，实在扛不住了，果树可以多获赔偿。"村民说，这块耕地已划入建厂区，只要签订了租地协议，马上就要被圈进围墙。一亩青苗补偿费只有 500 元，果树苗每棵补偿 3 元至 10 元。每亩地可栽下 1 000 多棵果树苗，这样做的目的不仅是为了多得补偿，更是为了保护耕地。合同甲方为龙泉村委会和鸡泽镇经委两枚印章（承租方），乙方为村民（出租方），土地租赁期限 30 年，年租金每亩 1 300 元，租金根据小麦价格 5 年调整一次。协议规定，甲方如期交付租赁费后，即可在土地上搞建筑，乙方不得干涉；如甲方未按时支付租赁费，乙方有权收回土地，"公、检、法、司不得以破坏生产经营或扰乱社会秩序论处。"合同到期后，甲方如继续租用土地，乙方在同样条件下（根据市场地租价）不能阻碍其继续租赁。这明显是强制流转农户的土地承包经营权，违法改变土地用途的行为。这种土地流转非农化的情况在全国普遍存在。强迫农民流转土地，改变土地用途，不仅违背了农民的意愿，也违反了法律法规，且流转后改变耕地的用途，降低了耕地的社会效益。耕地关系着我国的粮食安全，因此必须守住我国 18 亿亩耕地红线，禁止违法改变耕地用途。

陈柏峰教授在分析枣庄模式的土地流转时指出："农民将土地加入合作社，要获取高额租金和分红，这些土地规模经营要获取利润，就必须从事高效农业，而高效农业又不可能非常广泛，因此通过将土地资本化后转让给从事高效农业的公司或种田大户，从而致富的合作社就不可能很多。一旦土地合作社无法按期履约还款，土地就将易主，土地合作社可能无法继续维系，被抵押土地的农民的权益甚至生计等都存在问题，这会导致农民失地隐患，引发不安定因素。"陈柏峰还以他在安徽的调研为例指出土地合作社资本化倒逼中农破产的严重社会后果，他指出："可以说，中农破产，意味着党和国家在农村的稳定基础被抽空。在农村社会高度流动、农民群体及其利益高度分化的情况下，没有了中农，农村社会缺乏主导阶层，基层政府与农民就缺乏连接点，党和国家在农村最稳定的基础就会瓦解。"因此，土地流转如果资本主义化，是与农民集体土地公有制和农民集体享有土地所有权的性质相违背的。我们并不一概地反对土地资本化，但是土地资本化应当符合集体所有制的性质，应当将利润为土地权利人公平享有，应当在集体成员身份没有实质改变的情况下，不使集体成员失去集体土地的基本保障。

耕地是国家粮食安全的保证，土地流转不得改变土地的农业用途，不得危害国家的粮食安全。但是，在新农村建设中土地流转的"非粮化"情况严重，所谓的规模经营，大部分变成了比较效益更高的蔬菜、水果、药材等经济作物或者发展旅游、观光农业，粮食种植面积大幅下滑。有研究指出："在有些地区，耕地流转给业主后，有15%的耕地用于发展观光农业和乡村旅游，真正用于种粮的耕地只占6%左右。"据统计，从1980年到2005年，水果的种植面积从0.41亿亩上升1.5亿亩，蔬菜的种植面积则从0.71亿亩扩大到2.66亿亩。与此对应的是，粮食种植面积从17.6亿亩下降到了15.6亿亩。从各地关于土地流转的报道看，土地流转后用于种植经济作物和发展观光旅游的趋势还在扩大，这不仅潜藏着巨大的市场风险，而且威胁着国家的粮食安全。

（三）土地流转配套保障体系不健全进而影响耕地生态效益

由于土地流转的配套体系尚不健全，导致耕地利用的生态效益遭到破坏。具体表现在社会保障体系不健全、土地流转服务体系不完备、农业保险体系不完备、风险保障体系不完善等问题，导致耕地利用的生态效益无法提高。

当前，农村尚未形成完善的社会保障制度，现有制度不能充分保护农户的根本利益，因此，农户普遍以十分谨慎的态度对待土地流转的问题。由于农户通常对土地的经济利益有着一定的预期，担心土地流转后的生活保障出现问题，并且对土地经营权转让合同不是十分了解，担心自身利益受损，因而很多农户会拒绝转让土地。现实中还存在以下情况：①部分乡镇以行政手段强制要求农户转出土地，农村干部从中获得利益。在此种情况下转出土地，其价格一般低于市场价格，农户仅能得到最低价格的补偿。②在农户签订土地转出合同的基础上，签订收益提成的租金机制进行土地出让，其本质上不能以市场价格变动调整土地租金，不能充分发挥绩效租金机制的作用，导致农户的利益受损。③评估农村土地的价格属于抵押融资的范畴，目前大部分地区财政部门不认可部分金融机构的评估机制和标准，其标准尚不能做到适当、有效评估农村土地价值，不能确定抵押贷款利率，农户权益无法得到保障。④产权综合交易中心缺失也是一个主要问题，农村产权交易市场不完善，更未形成相应的服务机制。一旦发生违约，农村土地流转的经营权将不再通过公共交易中心去实现，此种情况下不利于金融机构充分参与其中，农户无法用农村土地承包经营权获取抵押融资。总之，当前尚未形成统一的定价系统或基准，缺乏统一的定价机制，仅能够采取主观评估的方式进行价格评估，具有很强的主观性和不确定性，此种情况会直接影响土地流转的价格。

已有研究以甘肃省庆阳市为例展开研究。庆阳市地处黄土高原沟壑区，东西相距208千米，南北跨度207千米，总面积27 119平方千米。其地形复杂多样，耕地大多分布于山地丘陵之间，土地资源禀赋差，坡地多，具有土质松软易流失、土壤贫瘠、土地细碎化等特点。截至 2020 年底，全市各类土地共271 万公顷，其中耕地面积 69.25 万公顷、园地 2.11 万公顷、林地 76.79 万公顷、草地 102.44 万公顷（表 7-5）。

表 7-5　土地利用类型及面积

	耕地	园地	林地	草地	城镇村及工矿用地	交通运输用地	水域及水利设施用地	其他用地
面积（万公顷）	69.25	2.11	76.79	102.44	10.7	2.17	1.07	6.64
比例（%）	25.54	0.79	28.3	37.78	3.95	0.80	0.40	2.45

截至 2015 年底，庆阳市农村土地流转面积达到 8.91 万公顷，占耕地总面积的 19.61%，涉及农户 15.6 万户，占总农户的 30.6%。截至 2020 年 6 月底，全市家庭承包耕地经营权流转总面积 10.63 万公顷，占家庭承包耕地面积的 16.2%；流转出承包地的农户 13.84 万户，占家庭承包经营农户数的27.5%。新型农业经营主体数量逐渐增加。截至 2021 年 6 月，全市现有规模以上农业产业化重点龙头企业 144 家，其中市级以上重点企业 101 家；现有农民专业合作社 7 903 家，社员 18.9 万人，辐射带动非成员农户 11.1 万户；累计组建联合社 97 个、联合成员社 1 555 个；全市新组建家庭农场 168 家，累计达到 1 198 家。土地流转形式日趋多样。庆阳市土地流转形式日益趋于多元化，先前的土地流转方式主要为出租和互换，随着新型农业经营主体壮大，逐步转变为出租、转让、互换和股份合作等多种形式共存。

但土地流转服务体系尚不健全，土地流转服务体系是新型农业经营体系的重要组成部分，是农村土地流转规范、有序、高效进行的基本保障。当前庆阳市土地流转服务体系不完善。一是土地流转的信息交流机制不完善。农民和承包商获取土地流转交易信息的渠道不畅，双方没有稳定的信息交换渠道。二是公平谈判机制不完善。公平谈判是双方自愿流转土地的前提，有些基层村庄的土地流转公平谈判机制落实不到位，谈判成了双方实力博弈的结果，实力较优的一方往往能够在谈判中获得更多的利益。三是尚未形成合理的土地定价机制。土地价格参差不齐，尚未形成依据资源禀赋、气候环境、交通运输等因素进行综合评估，将土地划分为不同等级、按优劣进行定价的机制。

此外，农业保险体系不完备。庆阳市属于自然灾害多发地区，其中以干旱、冰雹、大风最为常见。仅在 2017 年上半年，庆阳市就多次遭受冰雹、大风、干旱等自然灾害。农作物受灾 8.52 万公顷，造成农业经济损失 10 015.34 万元。据陇东报相关数据，2021 年 10 月的强降雨，一周内造成全市 2.59 万户共 10.32 万人受灾，灾害造成直接经济损失 49 034 万元。农业保险是农户在受到自然灾害或意外事件侵袭时，防灾减灾、保障农业健康发展的基础支撑。自 2007 年开始，庆阳市政府在西峰区等地开展政策性农业保险试点，随后范围逐渐扩大至覆盖全市，保险产品的种类在不断增加，基本覆盖农民种植的主要农产品。但从整个农业保险体系来看，依然存在一些问题。一是社会公众责任意识薄弱。由于专业性的防灾减灾知识宣传不到位，群众缺乏主动参与防灾减灾的意识和应对灾害的自救能力，应急处置社会动员机制难以有效运作。二是农业保险政策宣传不到位，存在投保不平衡的情况。虽说农民种植的农作物都可自愿参保，但是很多农民属于选择性参保，对果树、蔬菜等易形成损失的品种投保积极性高，对小麦、玉米等产出效益较低的作物投保积极性较低。

最后，风险保障体系尚不完善。农村土地流转在面临诸多现实困境的同时，供求双方也面临风险保障问题。对于土地供给方来说，土地流转后能否按时收到相应的土地转让金，在土地流转合约到期后，土地的使用价值是否依然存在，再次流转时是否具有竞争性等问题成为土地流转过程中需要解决的问题。对于土地需求方来说，土地流转到手后会不会出现流转合同还未到期的情况下被土地供给方单方面毁约，造成资金投入亏损，促使自身利益无法得到有效保障是他们所担心的。正因为农业生产具有较强的风险性和不确定性，导致土地流转供求双方缺少土地流转的积极性，最终未能较好地达成共识完成交易。究其根本，主要是在土地流转过程中缺少一套完备的风险保障体系，不能更好地为乡村土地流转工作的买方与卖方在落实土地流转交易上提供坚实保障，直接阻碍农村土地流转交易的顺利进行。

土地流转配套保障体系不健全会直接影响耕地的持续发展。干旱、冰雹和大风等自然灾害会摧毁农作物，使农作物产量大大降低，而农业保险会在农户受到自然灾害或意外事件侵袭，利益受损时，为农户提供一定的补偿，从而保障农业健康发展。而且土地流转也会有很多风险保障问题，如土地流转后使用价值降低，会直接影响到耕地的生态效益，可设置相关险种为农户提供保障。

本 章 小 结

基于已有研究，本书从共性问题和个性问题两个方面分析农村土地流转进程中的耕地利用问题，其中，共性问题主要包括地权稳定性对耕地保护行为的影响、投资结构改变对耕地保护行为的影响、政府引导对耕地保护行为的影响，个性问题主要包括土地流转后耕地利用经济效益提高不显著、部分农民被迫流转土地后耕地利用社会效益降低、土地流转配套保障体系不健全进而影响耕地可持续发展等。可见，农村土地流转与耕地保护关系密切，应切实解决土地流转进程中的耕地利用及保护问题，进而实现耕地资源的可持续利用。

参 考 文 献

查旺斯基，2014. 非自愿性失地农民异地土地安置问题研究 [J]. 农业经济（7）：24 - 25.

陈锦明，刘丽辉，2015. 广东农村土地流转前后农民收入的对比分析——以台山市为例 [J]. 价值工程，34（34）：33 - 36.

崔杰，2020. 农村承包地三权分置背景下土地流转问题的研究——以山东省 A 县为例 [D]. 上海：上海海洋大学.

邓思宇，向小倩，郭若男，等，2021. 基于复合生态系统视角的农地经营权流转风险分析 [J]. 湖北农业科学，60（20）：179 - 183.

盖庆恩，朱喜，程名望，等，2017. 土地资源配置不当与劳动生产率 [J]. 经济研究，52（5）：117 - 130.

贺雪峰，2015. 农地承包经营权确权的由来、逻辑与出路 [J]. 思想战线，41（5）：75 - 80.

黄季焜，冀县卿，2012. 农地使用权确权与农户对农地的长期投资 [J]. 管理世界（9）：76 - 81，99，187 - 188.

姜晓萍，衡霞，2011. 农村土地使用权流转中农民权利保障机制研究 [J]. 政治学研究（6）：65 - 73.

郎秀云，2015. 确权确地之下的新人地矛盾——兼与于建嵘、贺雪峰教授商榷 [J]. 探索与争鸣（9）：44 - 48.

李博伟，2019. 土地流转契约稳定性对转入土地农户化肥施用强度和环境效率的影响 [J]. 自然资源学报，34（11）：2317 - 2332.

李力东，2017. 调整或确权：农村土地制度的公平与效率如何实现？——基于山东省 L 村的调查研究 [J]. 公共管理学报，14（1）：117 - 127，159.

李新安，2005. 城市化、土地"农转非"与失地农民的保障问题 [J]. 宁夏社会科学（5）：67 - 72.

梁发超，林彩云，2021. 不同模式下农村宅基地退出的农户福利效应研究——以福建省晋江市为例 [J]. 中国农业资源与区划，42（3）：240 - 248.

冒佩华，徐骥，2015. 农地制度、土地经营权流转与农民收入增长 [J]. 管理世界（5）：63 - 88.

缪艳丽，2015. 农村土地流转问题探析——以辽宁本溪地区为例 [J]. 农业经济（2）：112 - 113.

荣佑丽，2018. 沭阳县农村土地流转的问题与对策研究 [D]. 扬州：扬州大学.

孙杰英，2020. 农村土地流转现状与存在问题剖析——以邯郸市永年区为例 [D]. 邯郸：河北工程大学.

汪李婷，2021. 农地经营权流转中土地资源保护问题研究 [J]. 农村经济与科技，32 (13)：18 - 20.

王宏娟，石敏俊，谌丽，2014. 基于利益主体视角的农村集体建设用地流转研究——以北京市为例 [J]. 资源科学 (11)：2263 - 2272.

王军，李萍，詹韵秋，等，2019. 中国耕地质量保护与提升问题研究 [J]. 中国人口·资源与环境 (4)：87 - 93.

王俊龙，张艳梅，郭贯成，2022. 国内农村土地流转问题研究的演化路径与追踪——基于 CSSCI 期刊相关论文的知识图谱分析 [J]. 中国农业资源与区划：1 - 15.

吴强，2016. 城市化背景下农村土地流转的问题与对策 [J]. 农业经济 (12)：140 - 141.

俞海，黄季焜，Scott Rozelle，等，2003. 地权稳定性、土地流转与农地资源持续利用 [J]. 经济研究 (9)：82 - 91，95.

赵丹丹，周宏，2017. 农村土地流转对农户耕地质量保护选择行为的影响研究 [J]. 价格理论与实践 (11)：54 - 57.

赵金龙，许月明，胡建，2014. 行政力量介入土地承包经营权流转的原因分析 [J]. 农村经济 (6)：50 - 54.

赵晓颖，郑军，张明月，2022. 流转地经营权稳定性对家庭农场耕地保护行为的影响：以增施有机肥及测土配方施肥为例 [J]. 中国农业资源与区划，43 (8)：31 - 42.

Adimassu Z，Langan S J，Johnston R M，et al.，2016. Understanding Determinants of Farmers' Investments in Sustainable Land Management Practices in Ethiopia：Review and Synthesis. Environment，Development and Sustainability，18 (4)：1005 - 1023.

Ghebru H，Holden S T，2015. Technical Efficiency and Productivity Differential Effects of Land Right Certification：A Quasi—experimental Evidence [J]. Quarterly Journal of International Agriculture，54 (1)：1 - 31.

Lawin，Tamini，2019. Land Tenure Differences and Adoption of Agri - Environmental Practices：Evidence from Benin [J]. Journal of Development Studies，55 (2)：177 - 190.

Paltasingh，2018. Land tenure security and adoption of modern rice technology in Odisha，Eastern India：Revisiting Besley's hypothesis [J]. Land Use Policy，78：236 - 244.

Zhou Y，Shi X，Heerink N，et al.，2019. The Effect of Land Tenure Governance on Technical Efficiency：Evidence from Three Provinces in Eastern China [J]. Applied Economics，51 (22)：2337 - 2354.

第 八 章

土地流转进程中的耕地保护
对策建议及保障措施

一、土地流转进程中的耕地保护对策建议

（一）规范土地流转行为

选择适当的土地流转形式，实现土地流转的多样性与规范性。不同阶层的农户家庭所选择的土地流转形式是不同的，按照土地流转参与层次划分，形式大体分为两大类：一是一般农户之间的自愿流转，如转让、转包、交换等；二是由村集体组织进行的流转，如反租倒包、入股和托管经营等。若按阶层生产特点来说，因对土地流转需求方式不同，可划分为两类：一般农业生产者和农业大户者，前者可以采用转让、转包、租赁等形式，而后者则更适宜采取股份合作制等方式。因此，要掌握各阶层特点，积极引导各个阶层根据其生产方式的不同选择有效、合理的土地流转方式。

明确土地流转的参与主体，实现流转土地的高效性。目前我国农村土地流转步伐正在不断加快，绝大部分的农户都已加入土地流转行列之中。然而土地流转速度并非越快越好，重要的是要符合农业农村发展的具体情况。土地流转的最终目的并不是一味追求高速与大规模，它的根本目的在于提高土地的利用效率和效益。因此，土地流转在一般农户之间进行最为适宜，不但可以集中分散的土地，还能够减少土地的闲置浪费。对于不同阶层间的土地流转应采取扬长避短、因地制宜的方式，结合当地农村的具体情况综合分析利弊后做出决定。首先，要加大对土地流转相关知识的宣传，有针对性地开展相关法规政策的宣传活动，采取农民易于接受、易于理解的方式，提高农民对土地流转的认识，引导农户遵规守法，选择正确的渠道和方式进行流转。基层政府要重视对

土地流转程序的推广宣传，选取不规范流转行为作为案例，让农民了解其不良影响。其次，要加强对农民私自进行不规范流转的监管，每村域设置两至三名村干部进行监管，若发现不规范土地流转行为要先进行劝阻，引导农户进行规范流转，若农户不听从则上报上级。同时完善对不规范流转行为的处罚政策，在不使农户寒心又对农户起到警示作用的前提下，对不规范流转行为进行整治。

在现有的土地流转制度中，需要加强行政方面的管理，对土地流转程序的统一、交易的范围、实施和争议的解决进行相应的界定和规范。同时，需要不断优化土地流转程序，比如让第三方（农民代表、大型生产企业等）参与流转土地的认证和管理。此外，为了创造一个健康的土地流转环境，应严格处罚胁迫和欺骗农民流转土地等非法行为。

农民分化对土地流转的影响日渐显著，为了提高土地利用效益，加快农村建设步伐，政府要大力支持非农产业的发展，鼓励农村劳动力向城镇转移，出台相关政策提供给农户更多就业机会，拓宽农民的收入来源途径。同时，对于农业劳动者要切实考虑其利益，以提高农民收入为目的，保障农民权益，从而提高农户对土地流转的积极性。另外，要逐步完善农村社会保障制度。健全的农村社会保障体系是实现土地有效流转的基础条件。只有通过农村社会保障相关法律法规的出台和完善，进一步健全农民社会保障体系，才能解决农民土地流转后的后顾之忧，助推农村土地有序流转。

遵从不同阶层农户的土地流转意愿，实现土地流转的"依法、规范、自愿、有偿"，维护各阶级农户的合法权益。现今以土地流转的名义任意改变土地用途，或凭借行政命令迫使农民进行土地流转，并将土地大量转让给企业、私营户的现象时有发生，农民的生产生活得不到应有保障，严重削弱了农户土地流转的积极性和安全感。因而国家法律和政策的支持事关重要，国家应出台相关法规来规范村级管理者阶层的土地流转行为，使强制进行土地流转、随意进行土地流转的行为及时得到打击和遏制。

土地流转监管机制缺失大大降低了转入户的违约成本，部分工商资本介入土地流转后，源于资本逐利性的本质特征和较低的违约成本，大量转入户为了获得更高的级差收益，不再种植粮食作物，转而种植经济作物，导致农地"非粮化"，有的甚至擅自改变土地用途，直接"非农化"；有的为了追求短期利益，不顾地力，过度消耗转入的承包地；又或是投资失败时直接"毁约弃耕"以减少资金损失，最后遗留给农户的是大量废弃、硬化的耕地和被毁坏的农田水利设施，这是导致土地流转风险最主要的原因。因此，相关部门应该加强土地流转后续监管，重点对流转后的土地利用状况定期开展监督检查，探索运用遥感影像等现代科技手段对其实施动态跟踪、监管，一旦发现不合理的土地利用行为要及时制止，情节严重者直接收回其流转的承包地。同时，要指导转入户根据地力情况，合理使用化肥、农药，严防不顾地力过度消耗耕地的现象，确保土地流转期间土地质量不下降。此外，在监管方式上不能局限于政府部门的外部监管，也要号召村委会和农户切实履行监督权力，积极参与土地流转内部监管，双管齐下严防"非粮化""非农化""过度利用""撂荒"等现象。

随着社会经济的高速发展，人口的大规模增长，对粮食的需求量越来越多，而耕地资源是非可再生的，要在有限的面积里满足人口对粮食需求量的增长，这就导致了耕地资源利用存在很大的压力。因此，我们需要在耕地资源稀缺情况下，保证耕地所产生的粮食总量大于实际人口的需求，政府部门应在此条件下，加大对耕地资源的保护，积极向群众宣传耕地资源保护的知识，让群众了解耕地资源保护的意义，规范和引导群众对耕地资源的保护行为，让群众自觉做到对耕地资源的保护。

（二）推进确权颁证促进土地流转

农户对耕地的保护行为或破坏行为，主要取决于农户对农地调整的预期，土地承包期过短或承包经营权调整太过频繁会加剧农户对土地的短期利用行为。在耕地数量保护上，土地流转有积极的作用，而对于耕地质量保护，很难用具体的概念来度量。因此，稳定的土地承包经营权对农户实施耕地保护行为十分重要。稳定的土地承包经营权意味着土地的承包期较长，农户对土地的预期稳定，只有当农户对土地有稳定的预期时，农户才愿意对土地进行短期或长期投资，才会考虑如何延长土地的使用期而不破坏土地，才会将掠夺式的利用耕地转变为自觉地、积极地、主动地保护耕地。党的十九大报告指出，第二轮土地承包到期后再延长三十年。在土地承包经营权逐步长期化的这一过程中，并不是将土地承包经营权固化在农户的手中，而是要根据实际情况做出调整，允许在不同的地区，根据不同的基础条件和农户的不同意愿做出调整，实现在稳定整体土地承包经营权的基础上进行个性化的调整。同时，积极贯彻落实中央提出的"大稳定、小调整"，我国幅员辽阔，人口基数大，在土地承包期内，人口的数量和耕地的数量都在发生变化，这就要求土地流转不能局限在保证稳定土地承包经营权而忽略了其中的变化，要在保证大稳定不变的基础上，在一定时间一定范围内做出恰当的、人性化的调整，满足农民的切实需求。

农村土地确权将土地的经营权以合同的形式确定下来，是影响农户耕地保护行为的重要因素。调研区域农户同时拥有土地承包经营权合同和证书的比例仍然不高。进一步推进土地承包经营权确权颁证，用法律的形式明确农业用地权属，确保承包人权益，不仅是切实保护耕地的现实需要，也是完善我国现有家庭承包责任制的需要。把农户承包经营权落实到地块，使农户承包地权属更加明晰，农民流转承包地就能更踏实，利益预期就能更明确，农户才能放心流转，稳定流转。在调查研究中发现土地承包经营权抵押的试点工作还没有全面铺开，后续应扩大土地承包经营权抵押权试点范围，农地抵押权的赋予能够显著促进农户耕地保护行为的实施，农户可以由此获得长期从事农业生产和扩大农业生产规模所需的资金，激发、巩固农户的长期投资行为。

引导农村土地经营权有序流转是发展农业适度规模经营一项前提性内容，要切实提高农村耕地生产力水平，有效发挥耕地的生产潜力。新型农业经营主体以专业大户、农业合作社、家庭农场、农业企业等为主，在土地流转发生阶段具有显著的促进作用。加大对新型农业经营主体培育的力度，有利于引导更多的农户参与土地流转。政策的红利提供了新型农业经营主体发育的基础，目前国家层面已经形成了完善的农业补贴政策，如粮食补贴等。近年来，为了引导和支持地方农业专业化生产，许多省份和地方都出台了如种粮大户补贴等政策。除了直接的补贴外，政府应当逐步建立并完善土地流转的渠道和平台，帮助新型农业经营主体提高生产规模。随着城市化的发展，劳动力、机械等农业成本不断提高，农业在经济产出上的劣势已经越来越明显（马晓河，2011）。尽管地方目前发展了许多种粮大户、家庭农场等，但现实问题是农业投入与产出之间差距较大，为了解决这一问题，切实提高新型农业主体的农业收入，地方政府和农业部门应当积极提供技术支持和指导，通过优化种植作物和种植模式、引进先进种植技术等方式，降低耕地的成本消耗率，提高耕地的产出率。

（三）财政鼓励合作增加经济效益

激励机制是指组织机构中，激励主体采用一些激励因素或手段作用于激励客体，从而形成的一系列关系的总和。从土地市场供需角度来看，农村土地流转市场可以分为供给市场（转出户）和需求市场（转入户），不切实际的土地流转目标严重干扰了土地流转供给市场，而需求市场同样受到不合理的激励机制的影响。土地流转激励机制主要是指针对转入户设置的激励手段，为了吸引转入户从事利润相对薄弱的农业生产经营活动，相关政策一般以"经营规模"为标准，对达到一定经营规模的转入户提供大量政策补贴，导致大量转入户为了套取政策补贴盲目扩大经营规模，引发"撂荒"现象。因此，应该设置科学合理的激励机制，将农业政策补贴标准由"经营规模"向"农业经营综合效益"转变，加大对经济效益高、社会效益好、耕地质量不降低的转入户的补贴力度，严防大规模囤地、撂荒等现象的发生。

除此之外，还需建立土地流转风险保障金制度。土地承包经营权是农民重要的财产权之一，流转租金是农户在土地流转中获得的最大经济收益。为应对转入户因经营不善而履约不畅，从而导致农民土地权益受损的现象，应该建立土地流转风险保障金制度，专门用于补偿因转入户无法履行合同或毁约弃耕时给农户带来的经济损失。农地流转风险保障金一般包括风险补助金、风险准备金和流转保证金三部分，其中风险补助金由县、镇两级财政承担，风险准备金由集体经济组织承担，流转保证金由转入户承担，并规定必须在签订土地流转合同前缴纳到位。当转入户无法履约时，首先使用转入户缴纳份额，再由县、镇、村集体按一定比例承担；当流转合同到期时并未出现履约不畅的现象，则风险保证金全部返还给转入户。

农户对政府耕地补贴的满意度影响农户实施耕地保护行为。政府对农户的耕地质量保护行为应该给予补贴或奖励，激励农户增加在耕地质量保护方面的投资。农业生产本身的利润相较于非农生产来说是较低的，加上农业生产受到自然环境的影响较大，因此风险也是较高的，这些导致农户长期从事农业生产活动的意愿不高，很多农户在有其他更好的选择时便会放弃从事农业生产活动，因此对转入地农户来说，其所耕种的耕地规模越大，在质量保护上需要投入的成本也就相应越多，政府给予这些农户一定的耕地补贴和奖励，对自家地农户和转入地农户都有显著的正面促进作用。

在耕地数量保护方面，对流转前为小型、分散的农户，鼓励农户转出土地以获得稳定的农地流转资金；对流转前为集体型的农户，给予规模补贴，鼓励其转入土地进行规模生产；对以农业生产为主的流转农户，给予种植补贴，鼓励其成为种植大户；对以非农业为主的农户给予就业补贴，鼓励其转出土地，外出就业获得非农业收入。

首先，要完善农业补贴的法律和监管体系，明确农业补贴制度的责任主体和责任部门，避免分头管理带来的效率低下和资金使用低效浪费。其次，要加强农业基础设施建设和农业技术推广补贴。农业基础设施不完善在一定程度上造成了农户弃耕或不实施耕地保护的行为。随着科技的发展，生物肥力、低毒无毒农药等对改善土壤环境有重要的作用，对使用绿色、有机、无害的化肥农药的农户给予更大力度的补贴，能有效刺激农户，鼓励其积极实施耕地保护行为。再次，应该改善农业补贴的方式和标准。改变按照农户实际耕种面积补贴的传统方式，采用更为灵活的补贴方式，如按作物进行补贴，引导农户种植优势作物，或将补贴与产量挂钩，逐步提高农业补贴的标准。美国等发达国家的农业补贴占到农业产值的 20％左右，每亩补贴金额基本是我国的 5 倍。我国要在财力允许的情况下，逐步提高补贴金额到足以激励农户坚持农业生产、加强耕地生态环境保护的水平。最后，可以引入土地流转补贴，不仅可以避免出现耕地撂荒等现象，而且可以让农户在生产效率提升中获得收益。

从耕地利用经济效益评价结果来看，近年来对经济效益影响较大的因素为农业机械总动力以及第一产业固定投资额。在农业生产方面颁布实施的财政政策可以说直接关系着粮食生产的命脉，农业机械总动力的提高也与政府的购机补贴有很大关系。无论是在种子、化肥农药的购买上，还是农机购置上，政府永远是农民的"底气"。但是，政府的财政补贴也要花在必要的地方。目前政府的补贴种类大多在于良种补贴、惠农补贴和粮食保护价收购等，这些补贴大多直接打入农民账户。这种方式虽然是农民直接获利，但资金使用较为分散。要想推动粮食生产可持续发展，就要进行规模化建设，政策补贴向农业生产合作社倾斜，积极鼓励农民成立合作社，联合商业银行对农村合作社提供贷款优惠政策，便于购进大型机械，提高农业机械化水平，进一步推动耕地资源整合，实现规模化经营，提高耕地利用经济效益。

（四）多因素综合协同保障粮食安全

耕地是有限的，随着社会经济的发展，耕地资源也会有相应的转入和转出。虽然后备土地资源可以提供一定数量的耕地资源，但也是有限的。因此，确保国家粮食安全不能仅依靠耕地资源的增加，更需要对有限的耕地资源进行高质量的开发，运用科技的方式给予耕地资源活力，让有限的耕地资源生产出更多的粮食。如前文案例中，黑龙江省耕地资源的高效开发与利用还不够完全，还需要引进科学技术等手段，在保证耕地质量的同时对耕地资源进行最大限度地开发利用。完善农业基础设施的建设，加大科技的投入，在单位面积内提升粮食的产量，保证粮食的高质量、高产量的供给。黑龙江省各个城市和地区的耕地资源的开发与利用都需要科学技术的支持，实现科学化、机械化的种植对于提升粮食的产量与质量大有裨益。

要做好土地资源整理工作，确保耕地资源在我国的重要地位，确保推进耕地资源占补平衡的顺利实施。做到耕地占用有依据，补偿资源有登记。严格保障耕地资源的质量，确保耕地资源在保证质量的同时进行开发。加大对耕地资源的开发与整理工作，全面、细致做好耕地资源开发利用的登记工作，严格保证耕地资源占补平衡，禁止占优补差现象的出现。耕地占补平衡政策的推进，让耕地资源的数量与质量得到了全方位的保证。

从已有耕地利用综合效益评价来看，要想提高耕地利用综合效益，就需要政治、经济、社会各方面因素的协同，共同推动粮食生产，保障粮食安全。例如，农民每年都会进行"烧荒"，将上一年的庄稼秸秆和垃圾通过燃烧的方式进行处理，省去了人工的装卸运输，降低了粮食生产成本。然而这种生产方式不但给生态环境带来危害，还可能引发火灾，造成较大经济损失。采用机器直接对庄稼秸秆进行粉碎处理是解决此类问题的良方，但是这种机器并不普及，使用成本较高，让很多农民望而却步，这种情况下就需要各方面支持。政府提供购置补贴，工厂革新生产技术，在保证质量的前提下，尽量压缩农机具生产成本，使农民从事粮食生产的投入降低，同时，媒体提高宣传力度，让农民了解并愿意使用机器，全社会共同合作，科技助农，保障粮食安全。

保证粮食的优质高产关系到全国人民吃饭的大局，因此，合理配置耕地资源、确保耕地面积、保障粮食产量尤为重要。要尽量做到"地尽其用""因地制宜"，不浪费每一寸耕地。可以通过现代科技的运用加强对耕地利用的动态监管，从而达到合理利用耕地资源的目的。耕地利用演变情况是处于动态变化的，在不同时期，耕地利用特点是不同的。因此，对于耕地资源的合理利用要在动态研究的基础上，通过 RS、GIS 等技术，对耕地资源的合理利用进行动态监测，从而达到"地尽其用"的效果。在合理配置耕地资源的同时，也要尽力做到生态与效益二者"兼得"，助力社会发展。由于耕地的生态效益特性，我们可以零成本从中获益。因此，可以通过对耕地资源中提供生态效益的部分进行"补偿"的方式来缓解地区生态与效益的关系。

耕地是承载人们生产的主要场地，保障耕地的合理使用，是土地利用的重要任务之一。如黑龙江省特有的黑土，优先保障黑土地的使用，结合人口及居住空间布局，减少过多的建设及工业有地。耕地规划要按照循序渐进、节约用地、集约发展、合理布局的原则，科学确定耕地定位、功能目标和发展规模，增强耕地综合承载能力。要按照节约耕地的要求,加快耕地规划相关技术标准的制定和修订,尽快出台新修订的人均用地、用地结构等耕地规划控制标准,严格按照国家标准进行耕地建设,确保实现协调发展。在实际的应用过程中,可以通过多种宣传渠道,采取线上与线下相结合的方式来对耕地保护进行宣传,也可以拓宽监督举报的渠道,一旦发现不合理的利用,举报加大惩处力度。加强耕地保护教育,让年轻一代了解到目前耕地资源保护方面的严峻形势。

我们应该重视对耕地的全方位保护,重点解决土壤的沙化现象及水土流失现象,通过建立生态防护林及防沙林等有效提高土壤的生态水平。耕地生态防护林能够有效防止水土流失,也是防风固沙的一项系统工程。通过建设生态防护林,能够从根本上解决沙化现象及水土流失等各种问题,还能提高生态环境的质量。通过对耕地质量的不断改良,改善耕地环境及生态环境,积极减少有害物质的残留,不断提高耕地生产力。同时利用现有高新技术,对于已受到污染并且不能够进行耕种的耕地采取有效措施进行修复。目前来看,如何提高现有耕地潜力是我们必须面对的问题,严格遵循土地生产规律,合理安排耕地,是提高现有耕地潜力的必经之路。

从耕地利用生态效益评价结果来看,近年来对生态效益影响较大的因素为农用化肥施用量以及农药施用量,过量施用农药化肥引起的土壤板结降低了耕地质量,虽然从数据来看,近几年化肥农药使用量呈下降趋势,但在对黑龙江土壤状况进行调查时发现,其黑土层在逐渐变薄,也就是说土壤潜力在降低,生态退化问题明显,因此在粮食生产过程中要更加注意耕地的生态保护问题。降低化肥和农药用量,农家肥与化肥混用代替化肥,进行绿色堆肥,将秸秆直接打碎留在田中,可以增加土壤有机质的含量;提倡采用水培、无土栽培等其他种植方式,合理利用黑土资源;运用高科技手段,根据每块地的土壤状况不用,选择施用不同种类不同比例的肥料,合理施肥改造土壤,提高耕地生产潜力。

此外,应该结合耕地资源的特点,提高土地的使用效率,不能一味地进行耕地开发,应该在土地能够自然生产的情况下,通过科学技术手段提高土地生产力,减少对耕地资源的破坏和浪费。在优化土地利用的过程中,也应该重视对耕地的严格管理,对于不同的耕地采取不同的保护措施,有关部门要加强监督,避免在农业结构调整过程中出现不法分子以结构调整为幌子非法占用耕地的情况,从而导致耕地资源浪费。在耕地的经营管理过程中,要更加重视有机农业的发展，通过增加各方面的收入及利民政策，调动农民耕地保护利用的积极性。比如说，可以采取租赁的方式，将耕地暂时租借，给耕地一个休整的时间。不断提高水肥条件，有效提高土地生产力，同时及时调整耕地结构，严格保护耕地，确保耕地面积不减少。针对目前建设用地过多，人口流失严重情况，适当地减少建设用地，将建设用地退回成耕地，有效增加耕地面积和使用率，对土地资源保护持续监管，保证能够合理地应用耕地资源。

二、土地流转进程中的耕地保护保障措施

（一）创建农村土地流转服务平台

目前，包括黑龙江省在内的许多省份都在大规模开展土地流转，其根本立足点是让群众受益，根本方法在于加强对农村土地流转的指导和监管。建议进一步完善县、镇（街）、村三级土地流转服务体系，在土地流转的进行前介入，进程中跟踪组织和个人进行服务，在流转完成后依法履行土地流转的监管职责，在服务的同时加强指导监督。对已流转的土地要强化动态管控，基层政府对流转土地的转入者、使用土地的经营者及时登记、更新信息，加强管理和服务，充分掌握生产情况，有针对性地提出建议。

建立诚信公示制度。明确声明土地转入方在履行流转合同时要遵守合同约定的各项义务，做到诚实守信、合法经营。政府部门要及时将未经审批而擅自改变耕地原有用途、未按约定及时缴纳流转费用且恶意拖欠、未经过审批而随意搭建设施农房或其他违章建筑以及违反农产品质量安全相关法律法规等情况的违规无诚信经营者名单、注册地址、法人代表及违规情况等信息通过政府公开网站向社会公示，同时规定不诚信的经营者不得享受政府的扶持政策。经营者违法违规的除纳入失信名单外还将依法依规追究其相关责任；对于不诚信的农民，要加强教育引导并及时纠正，确保土地流转健康规范有序。

建立本地区的企业失信名单库，将未按约定及时缴交流转费用且恶意拖欠、未经审批而擅自改变耕地原有用途、未经过审批而随意搭建设施农房或其他违章建筑以及违反农产品质量安全相关法律法规等情况的违规无诚信经营者列入失信名单，并规定在本区域内有不良记录的经营者及与其有参股、控股、投资关系的法人及其他组织不得参与本地区的土地流转活动。

引导市场形成有资质的中介机构。当前，市场上并未形成中介机构，更没有具有专业资质的中介机构。经过调查发现，村民希望采取的耕地流转方式主

要为由村委组织流转，这主要也是出于村民的排外心理。没有中介机构，容易让村民信息不畅，不利于保障村民们的利益。因此建议政府在政策实施以后，应当引导市场形成有资质的中介机构去帮助村委与受让方之间搭建合作的桥梁。

引导承包方寻求有资质的地价评估机构评估土地的价格。目前村内的土地流转价格主要以双方协商为主，较为随意，也为耕地流转市场的建立带来一定的阻碍。建议参考用地公开出让的做法，政府部门可形成一个地价评估公司库，中介机构在耕地流转前，采取摇珠的方式，从评估库中抽取评估单位，为拟流转的耕地进行地价评估工作，更加科学合理地制定耕地流转价格。建立耕地的标定地价公示制度。目前部分地区已基本制定工业用地、商业用地、商住用地、公共服务用地的标定地价公示制度，这为更加科学地进行用地出让价格评估提供了有效的参考。而针对农用地的标定地价公示制度尚未建立，为了更有效地为地价评估机构服务，建议政府针对农用地建立标定地价公示制度。

实施统一流转。以村委为单位，农民以耕地入股的方式统一流转。例如，村委可以将本村的耕地情况做一个整理，鼓励村民们将自身的耕地入股，再由村委将耕地打包统一流转。甚至可以打破行政村之间的界线，若干个有条件的行政村联合起来，将耕地一起打包实施流转。这样既能将零散的耕地集中起来，又能实现大面积的流转，从而达到规模化经营机械化耕种的目的。

目前的政策和文件中已经提到了土地流转中介服务建设，如 2014 年《关于引导农村土地经营权有序流转发展农业适度规模经营的意见》指出，鼓励农村流转服务组织建设，为土地流转提供政策咨询、流转信息、价格评估、合同签署、纠纷调处等服务。加快流转中介服务体系的建设，对于进一步开展农村土地流转具有促进作用。首先，应当明确中介服务机构的职能。作为土地流转市场的中立方，中介机构既要监督政府行为，避免强迫农民参与流转和损害农民利益的现象发生，也要监督农民是否存在违规、无序流转土地的行为。其次，政府应当加大对中介服务建设的支持和投入。引导法律、土地管理等方面的专业人才加入，保证人才的专业性和对农村土地流转实践的认知，建立健全中介服务机构的管理制度和社会监督渠道，从而保证土地流转市场的正常运转。

土地流转参与主体间的信息不对称是导致农户流转决策行为有限理性的根本原因，同时也为基层组织和下乡资本走向"合谋"提供了"行为空间"，进而导致农民长远利益受损。土地流转中的信息不对称主要表现在信息共享平台缺乏和中介服务组织缺乏两方面，因此，应该搭建土地流转信息服务平台，解决农民信息获取困难的问题。首先，可以借助现代网络媒体技术，建立包括县（市、区）、镇（乡）、村（社区）三级的土地流转信息共享平台，并配备专职信息员，收集并发布土地流转市场相关信息；同时，普及最新的流转方式、流转价格，公开土地交易过程，提高政策执行透明度，减少参与主体间的信息不对称。其次，积极培育专业化的土地流转中介服务组织，专门指导土地流转信息搜集、交易谈判、合同签订以及产生纠纷后的维权，降低土地流转交易成本，避免农户流转决策行为的有限理性。

完善和规范的土地流转市场对农户实施耕地保护行为有显著促进作用，规范的土地流转市场主要表现在规范的流转方式、签订书面合同、稳定的流转价格和延长流转年限上。通过搭建完善的土地流转交易平台，规范土地流转的交易方式，建立良好的市场秩序，保证土地流转顺利进行。搭建土地供需信息平台，通过建立农村土地交易中心和线上开发信息平台，促进上下联动，及时发布各个县域、各个村镇土地承包经营权流转的信息，不仅可以解决农村土地承包经营权市场化信息不对称的问题，促进土地合理流转，而且可以通过平台规范和制约农户行为，减少农户破坏耕地质量的行为，继续优化土地结构，完善土地流转保障机制，推进农业供给侧结构性改革，建立土地流转的长效机制。

（二）健全农村土地流转监督机制

加强对土地流转程序的监管。第一，各级相关部门要掌握管理地区内的土地流转信息，为合法合规的土地流转提供便利，确定农户依照程序签订合同，并向有关部门登记，及时录入信息。第二，要完善农业补贴的监督机制。各级政府要成立监督小组，指派专家，开设专门服务窗口，实现资金的正常监管，保障资金准时准确发往需要帮助的农户手中。

完善农村土地改革制度。推进耕地资源规模化、标准化、集约化利用，健全耕地资源流转的机制，保证耕地资源向农村合作社等新型农业经营主体流转。对农业基础设施建设和农机购置给予支持，推动农业向大规模机械化、集约化发展，提升粮食单产。对耕地的用途加以明确，保证耕地资源数量与质量，保障国家粮食安全。

完善耕地保护补偿机制。为激励农民流转耕地，政府可在政策实施初期，就受让方和承包方每年的转出和转入情况给予一定的财政补贴，对于能形成规模化经营的承包方加大补贴力度，对于违反相应政策的情况则给予处罚。税收优惠方面，为扶持承包方的经营，可在税收方面给予承包方一定的减免，建议建立年度考核机制，对承包方耕地的经营状况给予年度评估考核，考核的分值与税收减免的比例挂钩，从而激发承包方耕种的积极性。给予承包方流转资金的优惠，可以拟定一个合理的规模化耕种面积，例如200亩以上，若承包方经营的连片耕地能够达到该面积以上，且所经营的耕地项目能够达到生态补偿的目的，可参考产业用地出让的做法，给予不低于该地区基准地价且不低于评估价70％的耕地流转价格优惠，该部分优惠的金额由政府部门在耕地保护资金与生态保护中支出。

农村可支配收入在不同阶段对土地流转的影响是不同的，在土地流转发生阶段体现为正效应，在土地流转推广阶段体现为负效应。整体来说，随着农民非农就业的比例越来越高，农村整体的收入结构已经发生了变化。合理分流农民就业对进一步提高土地流转的效率是具有一定现实意义的。一方面，土地流转后可能形成失地农民，政策应充分考虑失地农民的非农就业和社会保障问题。目前政策安排中，失地农民的补偿主要以一次性经济或物质补偿为主，且各地补偿标准差别较大。非农就业方面，应加快建立面向农民的就业咨询、技能培训、职业教育等就业服务平台，鼓励和倡导农民自主创新；社会保障方面，应加快推进城乡一体化的社会保障体系，在当前社会救助体系的基础上，提高困难群众的补助标准，全面提高农村的社会保障水平。另一方面，土地流转后仍然有一部分农民继续从事农业生产，政府应加快建立农业技能培训与教育体系，引入农业专家参与农业生产过程，搭建结对定期指导和长期咨询的渠道，从而提高农民的农业技能水平。

在对我国土地流转现状进行总结时，发现经历土地流转后，继续用于粮食生产的耕地比例长期处于55％左右的水平，且由于当前部分地区已经构建了规模生产的补偿方案，为部分转入耕地的主体提供了寻租可能。为了进一步规范流转耕地的用途，实现耕地保护和粮食安全的目标，并促进规模化经营的经济效益提升，应当加快建立和落实土地流转后的用途监督机制。具体来说，包括两方面内容：一是加强耕地资源保护的社会宣传工作，使转入的农村主体切实有效利用耕地，避免流转耕地的闲置或粗放利用；二是在确保流转主体经济收入可观的前提下，因地制宜对流转耕地的经营作物进行规定。由于耕地区位和生产条件不同，并非所有耕地的最合理用途均为粮食种植，尤其是在经济利益引导下，应当允许流转主体根据耕地的属性条件改变种植作物类型，但应禁止耕地流转后用于建设等完全脱离农业生产的利用方式。

（三）完善耕地保护法律法规

目前来说，我国法律只对基本农田的保护进行了规定，对其他类型的土地保护力度不够，这就导致某些地方政府或组织利用变更土地类型的方法，非法占用或者转卖耕地，造成了耕地的严重浪费。基于这种情况，一方面可以拓宽耕地的保护范围，如拓宽到养殖地、园地等土地类型，这就相当于扩大了法律中对耕地规定的保护范围，由此耕地浪费行为也就得到了极大的制约。另一方面还可以通过完善农村集体土地的权属，从而限制耕地的转用。除此之外，还要完善土地利用规划法。因为在耕地利用方面，主要依赖于土地利用总体规划。然而，当前的土地利用规划法律规范性不强，往往被随意改变。因此，要完善相关法律法规，切实保护耕地。

对于降低保护基本农田面积指标等违法用地的行为，一定要严查，增强处罚力度，让违法用地的人不敢做、不敢想。严格限制"以租代征"的范围，这直接关系到农民的农业生产，应视为占用耕地，必须划拨土地复垦资金，以提高耕地转移到非农业用地的成本。对于土地违法案件的查处力度仍需进一步加大，对于任何单位和个人非法占用土地、浪费耕地的，处罚绝不能手软。严查的同时，也要注重土地法律知识的宣传，提高公民对于耕地保护的意识。第一，要重点宣传耕地基本使用情况以及浪费情况，增强人民对耕地严重浪费所产生的后果的认识。第二，要加强政府工作人员的耕地保护意识，通过开展以耕地保护为主题的讲座活动等，加强其耕地保护观念。第三，增加耕地保护责任制的考核机制，强化各级领导干部的耕地保护责任，严厉处罚严重浪费耕地的地方政府，并对相关责任人进行相应的处分甚至降职或开除。

相关部门加强法制宣传，提升公民对于耕地保护问题的认识，加强对耕地保护的理解，增强对耕地资源保护的意识。对于非法建筑应给予拆除措施，保护耕地面积不受到损害。禁止未经工作部门许可非法占用耕地，或擅自改变耕地性质的行为，禁止因扩大工业设施的规模而对耕地资源进行占用的行为。相关部门要严格执法，切实做好耕地资源保护，在不超出耕地资源压力的前提下最大程度实现耕地资源的开发与利用。

（四）促进政府管理政策落实

制定农村土地流转管理办法。我国最新修订的《农村土地经营权流转管理办法》于 2020 年 1 月起实施，新修订的管理办法进一步巩固和完善了农村基本经营制度，深化了农村土地制度改革，落实"三权分置"制度。地区政府应当根据本地区实际情况，制定本地区的土地流转管理办法。明确土地流转的区域。职能部门可根据当地的区域发展规划、土地利用总体规划、城乡区域规划、农业产业布局规划，并结合本地区实际，划定集中连片流转农村土地经营权区域，用于发展现代农业。明晰流转管理责任，属地政府承担土地流转管理主体责任，主要负责农村土地经营权流转的审查、监督管理和指导服务等工作，区政府有关部门按职能职责承担相应管理责任，形成齐抓共管的工作机制。

强化土地流转审查。实行分级审查制度，探索建立三级土地流转审查监督机制。一是由属地街镇乡牵头，建立农村集体经济组织代表、农业专家、街镇乡负责同志等多方参与的镇一级审查小组制度，按职责履行审查职能；二是由区政府分管负责同志牵头，建立区土地流转联席会议制度，按职责履行审查职能；三是由区土地管理委员会对较大规模土地流转事宜进行审查。在审查方式方面，主要采取书面报告和现场查看等方式，对租赁农民承包地的各类经营主体进行审查备案；关于审核的内容，重点是审核转入方的主体资质、信用信息、农业经营的能力，是否符合空间规划以及是否符合当地的产业布局的和现代农业发展的需要等，同时要重点做好风险防范。严格土地监督管理。地方政府需要秉持着最严格的耕地保护标准，有效地保护基本农田。当地农业农村部门、自然资源部门、生态环境部门等要按照职能职责依法履行土地管理与保护责任。可采取遥感等技术，定期对监管区域的土地情况进行监管，并采取不定期的方式，进行执法巡查，若发现违法破坏耕地的行为，及时查处并处罚到责任人。

土地流转政策的制定要区别宏观农户和微观农户的层次差异。宏观农户是指某一时点全国拥有耕地的农户构成的整体，是可能参与土地流转的农户集合，整体概念下农户的土地流转决策和土地流转总量反映了土地流转政策在该时点的效果水平；微观农户更为具体，通过对微观农户的跟踪调查可以判断农户在不同时点的流转决策变化和流转效率变化。实证表明，宏观农户和微观农户土地流转决策和土地流转效率的影响因素是不同的，相同因素在宏观与微观两个层次中的影响方式和水平也可能完全相反。因此，土地流转政策制定时，应当充分考虑宏观农户与微观农户的层次差异，既要提高宏观农户的土地流转参与度，也要促进微观农户土地流转决策的改变和效率的提高。

土地流转政策应充分结合短期需求和长期发展。根据实证结果，单一时点的农户流转行为和连续时点下农户流转行为，不论是决策还是流转效率，其影响因素完全相同。短期来看，土地流转主要依靠参与农户的数量增加来提高土地流转的总面积。但长期来看，既要引导未参与土地流转的农户改变流转决策，积极参与土地流转，从参与流转的数量上提高流转效率；也要促进已经参与流转的农户将更多有条件开展规模化、机械化经营的耕地流转出来，从而通过个体流转效率的改变实现整体流转效率的提高。因此，土地流转政策制定时，需要充分考虑短期需求和长期发展。通过短期政策支持、引导和宣传，扩大土地流转的"源头农户"数量；通过长期土地流转政策和流转实践，让已经参与流转的农户体会土地流转的政策红利和实际收益，从而带动农户自发提高流转效率。

依托农村土地整治项目，可以有效改良耕地景观格局的细碎化。政府应当通过农村土地整治机制的完善与创新，积极推进村级以上尺度的土地整治，扩大整治的规模和范围，对耕地空间格局、自然属性进行改良，为权属调整与优化提供基础。建立以政府为主导、社会资本积极参与的多元化整治投资模式，对农村土地整治项目的开展具有积极意义。当前农村土地整治项目的资金来源主要以财政投入为主，社会经济条件较好的地区，土地流转项目开展比较顺利，但经济发展落后、地区财政压力较大的地区，资金缺口往往会造成整治项目开展困难。因此，应以政府为主导，畅通金融机构、企业等社会资金的投入和参与渠道，建立多元化的整治投资模式，有效促进农村地区开展土地整治。

通过农村土地整治，对土地权属进行优化和调整，是实现农村土地规模化经营的重要条件。目前农村土地整治以行政组织为主，农民参与意愿的差异产生的交易成本会影响整治项目的综合成本，且由于涉及耕地权属的调整，整治后的耕地能否改善小规模经营的现状难以把握。因此，以政府为主导，村委会积极响应和宣传，鼓励农户积极参与和配合农村土地整治项目，引导有条件的农户退出耕地经营，从而实现耕地权属的集中。土地权属调整与优化可以从两个方面开展。第一是引导农民有序退出耕地。土地整治是通过对耕地进行整理和改造，提高土地的利用率和利用效果。土地整治的过程中耕地承包经营权的主体并未发生变化，通过鼓励农户有序退出耕地，可以减少土地整治后的权属分配主体数量，从而改善农村土地权属零散分配在农户手中的现象。因此，既要深化农村土地确权登记发证工作，切实保障农民权益，也要完善耕地自愿退出的补偿机制，确保农民在退出耕地承包经营权后的长远生计有切实保障。第二是引导农民有序退出农业生产。通过完善"以地入股""合作社"等土地流转形式，鼓励农民有序放弃小规模农业生产，将耕地经营权流转至能有效开展规模化、集约化农业生产的经营主体手中，保障耕地资源能够得到有效的利用与保护，真正实现耕地资源的可持续利用，保障国家的粮食安全。

本 章 小 结

根据土地流转过程中出现的主要问题，结合本研究及已有研究的结果，提出土地流转进程中的对策建议与保障措施。具体对策建议为：①规范土地流转行为；②稳定土地产权，推进确权登记；③财政鼓励合作，增加经济效益；④多因素协同，保障粮食安全。具体保障措施为：①创建农村土地流转服务平台；②健全农村土地流转监督机制；③完善耕地保护法律法规；④促进政府管理政策落实。

参 考 文 献

蔡洁，夏显力，2017. 农地确权真的可以促进农户农地流转吗？——基于关中-天水经济区调查数据的实证分析 [J]. 干旱区资源与环境，31（7）：28 - 32.

蔡志荣，2010. 农村土地流转方式综述 [J]. 湖北农业科学，49（5）：1209 - 1212.

陈成文，赵锦山，2008. 农村社会阶层的土地流转意愿与行为选择研究 [J]. 湖北社会科学（10）：37 - 40，83.

陈海磊，史清华，顾海英，2014. 农户土地流转是有效率的吗？——以山西为例 [J]. 中国农村经济（7）：61 - 71.

陈藜藜，2018. 黑龙江省耕地系统安全预警及调控研究 [D]. 沈阳：东北大学.

陈园园，安详生，凌日萍，2015. 土地流转对农民生产效率的影响分析——以晋西北地区为例 [J]. 干旱区资源与环境，29（3）：45 - 49.

陈振，2020. 农地流转风险识别与管控研究——以安徽省为例 [D]. 南京：南京农业大学.

程帆，2018. 黑龙江省耕地资源可持续利用评价研究 [D]. 哈尔滨：东北农业大学.

程令国，张晔，刘志彪，2016. 农地确权促进了中国农村土地的流转吗？[J]. 管理世界（1）：88 - 98.

杜国明，刘彦随，2013. 黑龙江省耕地集约利用评价及分区研究 [J]. 资源科学，35（3）：554 - 560.

范荣华，2010. 我国农村集体土地流转制度研究 [M]. 北京：北京大学出版社.

戈大专，龙花楼，杨忍，2018. 中国耕地利用转型格局及驱动因素研究——基于人均耕地面积视角 [J]. 资源科学，40（2）：273 - 283.

龚月，2019. 海南省农村土地流转研究 [J]. 合作经济与科技（7）：18 - 20.

何欣，蒋涛，郭良燕，等，2016. 中国农地流转市场的发展与农户流转农地行为研究——

基于 2013—2015 年 29 省的农户调查数据 [J]. 管理世界 (6)：79 - 89.

李红，2015. 东北地区农地流转影响因素分析及驱动机制研究 [D]. 哈尔滨：东北农业大学.

李然嫣，2017. 我国东北黑土区耕地利用与保护对策研究 [D]. 北京：中国农业科学院.

李然嫣，陈印军，2017. 东北典型黑土区农户耕地保护利用行为研究——基于黑龙江省绥化市农户调查的实证分析 [J]. 农业技术经济 (11)：80 - 91.

刘小林，2017. 基于粮食安全视角下的四川省耕地保护问题研究 [D]. 荆州：长江大学.

刘彦随，乔陆印，2014. 中国新型城镇化背景下耕地保护制度与政策创新 [J]. 经济地理，34 (4)：1 - 6.

刘颖，南志标，2019. 农地流转对农地与劳动力资源利用效率的影响——基于甘肃省农户调查数据的实证研究 [J]. 自然资源学报，34 (5)：957 - 974.

刘玥汐，许恒周，2016. 农地确权对农村土地流转的影响研究——基于农民分化的视角 [J]. 干旱区资源与环境，30 (5)：25 - 29.

马婷婷，陈英，宋文，2015. 农民土地意识对农地流转及规模经营意愿的影响研究——以甘肃省武威市为例 [J]. 干旱区资源与环境，29 (9)：26 - 32.

冒佩华，徐骥，2015. 农地制度、土地经营权流转与农民收入增长 [J]. 管理世界 (5)：63 - 74.

聂建亮，钟涨宝，2014. 农户分化程度对农地流转行为及规模的影响 [J]. 资源科学，36 (4)：749 - 757.

彭俊超，2018. 延边州农村土地承包经营权抵押贷款调查研究报告 [D]. 长春：吉林财经大学.

戚焦耳，郭贯成，陈永生，2015. 农地流转对农业生产效率的影响研究——基于 DEA - Tobit 模型的分析 [J]. 资源科学，37 (9)：1816 - 1824.

孙宝民，2012. 基于粮食安全战略的耕地资源利用及保护研究——以黑龙江省为例 [J]. 人民论坛 (11)：174 - 175.

谈琰，2010. 基于粮食安全的耕地利用及保护问题研究——以河南为例 [J]. 经济经纬 (5)：111 - 114.

王小斌，邵燕斐，郑学迁，等，2015. 基于农民阶层分化视角的农地流转意愿研究——以广东省江门市为例 [J]. 山西农业大学学报（社会科学版）(2)：49 - 51.

王小斌，邵燕斐，郑学迁，等，2015. 农户阶层分化对土地流转意愿与行为影响的研究——来自广东省江门市 217 份农户的数据 [J]. 山东农业大学学报（社会科学版），16 (4)：26 - 29.

许恒周，2012. 农民分化对农户农地流转意愿的影响分析——基于结构方程模型的估计 [M]. 北京：中国农业出版社.

张文琦，姜博，罗冲，等，2017. 基于 GIS 的三江平原耕地利用效益研究 [J]. 江苏农业科学，45 (23)：243 - 247.

张辛欣，2018. 农地流转对农户耕地保护行为的影响研究——以宁夏灵武和山西定襄为例
[D]. 银川：宁夏大学.

邹杰耕，2020. 地权属细碎化与土地流转：决策与效率影响机制及政策优化 [D]. 杭州：
浙江大学.

Abubakari Z，van der Molen P，Bennett R M，et al.，2016. Land consolidation, customary
lands, and Ghana's Northern Savannah Ecological Zone：An evaluation of the possibilities
and pitfalls [J]. Land Use Policy，54：386－398.

Adamopoulos T，Restuccia D，2014. The Size Distribution of Farms and International Pro-
ductivity Differences [J]. The American Economic Review，104（6）：1667－1697.

Boone C G，Haase D，Marcotullio P，et al.，2012. Urban land teleconnections and sustain-
ability [J]. Proceedings of the National Academy of Sciences of the United States of A-
merica，109（20）：7687－7692.

Brandt L，Van Biesebroeck J，Zhang Y，2012. Creative accounting or creative destruction?
Firm－level productivity growth in Chinese manufacturing [J]. Journal of Development E-
conomics，97（2）：339－351.

Chan K W，Zhang L，1999. The Hukou System and Rural－Urban Migration in China：
Processes and Changes [J]. The China Quarterly，160：818－855.

Demetriou D，Stillwell J，See L，2013. A new methodology for measuring land fragmenta-
tion [J]. Computers, Environment and Urban Systems，39：71－80.

Di Falco S，Penov I，Aleksiev A，et al.，2010. Agrobiodiversity, farm profits and land
fragmentation：Evidence from Bulgaria [J]. Land Use Policy，27（3）：763－771.

Farley K A，Ojeda－Revah L，Atkinson E E，et al.，2012. Changes in land use, land ten-
ure, and landscape fragmentation in the Tijuana River Watershed following reform of the e-
jido sector [J]. Land Use Policy，29（1）：187－197.

Feng S，Heerink N，2008. Are farm households' land renting and migration decisions inter－
related in rural China? [J]. NJAS－Wageningen Journal of Life Sciences，55（4）：345－362.

Janus J，2018. Measuring land fragmentation considering the shape of transportation net-
work：A method to increase the accuracy of modeling the spatial structure of agriculture
with case study in Poland [J]. Computers and Electronics in Agriculture，148：259－271.

Jin S，Jayne T S，2013. Land Rental Markets in Kenya：Implications for Efficiency, Equity,
Household Income, and Poverty [J]. Land Economics，89（2）：246－271.

Ju X，Gu B，Wu Y，et al.，2016. Reducing China's fertilizer use by increasing farm size
[J]. Global Environmental Change，41：26－32.

Jürgenson E，2016. Land reform, land fragmentation and perspectives for future land consoli-
dation in Estonia [J]. Land Use Policy，57：34－43.

Kijima Y，Tabetando R，2020. Efficiency and equity of rural land markets and the impact on income: Evidence in Kenya and Uganda from 2003to 2015 ［J］. Land Use Policy，91: 104416.

Lam N S N，Cheng W，Zou L，et al. ，2018. Effects of landscape fragmentation on land loss ［J］. Remote Sensing of Environment，209: 253 – 262.